Martin Schneider

Geschichte der Sklaverei

Martin Schneider

Geschichte der Sklaverei

Von den Anfängen bis zur Gegenwart

marixverlag

Bibliografische Information der Deutschen Nationalbibliothek
Die Deutsche Nationalbibliothek verzeichnet diese Publikation in der Deutschen Nationalbibliografie; detaillierte bibliografische Daten sind im Internet über
http://dnb.d-nb.de abrufbar.

Covergestaltung: Network! Werbeagentur, München
Bildnachweis: »Feitors corrigeant des nègres« Lithographie, koloriert, nach Jean-Baptiste Debret (1768–1848) © akg-images GmbH
Satz und Bearbeitung: SATZstudio Josef Pieper, Bedburg-Hau
Der Titel wurde in der Palatino Linotype gesetzt.
Gesamtherstellung: CPI books GmbH, Leck – Germany

ISBN: 978-3-7374-0973-5

www.verlagshaus-roemerweg.de

»Die Armut ist nicht nur ein
fruchtbarer Boden für die Sklaverei,
sondern sie ist die Saatmaschine,
die Sklaven und Sklavinnen in aller
Welt hervorbringt.«

Lydia Cacho

Inhalt

Was ist Sklaverei?

Bestandsaufnahmen

Artikel 4 der 1948 von den Vereinten Nationen verabschiedeten *Allgemeinen Erklärung der Menschenrechte* besagt: »Niemand darf in Sklaverei oder Leibeigenschaft gehalten werden; Sklaverei und Sklavenhandel in allen ihren Formen sind verboten.«[1] Doch die Realität erscheint zu Beginn des 21. Jahrhunderts weit davon entfernt.

So berichtete die in Australien ansässige *Walk Free Foundation* in Ihrem *Global Slavery Index 2014* von weltweit 35,8 Mio. Menschen, die im Jahr 2013 noch immer als Sklaven lebten.[2] 61 % dieser Menschen ließen sich dem Bericht zufolge fünf Ländern zuordnen: Indien, China, Pakistan, Usbekistan und Russland. Ferner zählen Nigeria, die Demokratische Republik Kongo, Indonesien, Bangladesch und Thailand zu den zehn Ländern, in denen weltweit die meisten Sklaven leben würden.

Vergleicht man diese Angaben mit dem *Global Slavery Index 2013* (für das Jahr 2012), so scheint die Zahl der versklavten Menschen sogar noch angestiegen zu sein, da sie im Vorjahr »nur« mit 29,8 Mio. angegeben wurde.[3] Walk Free führt dies allerdings nicht auf einen tatsächlichen Anstieg zurück, sondern auf die Verbesserung der dieser Statistik zugrundeliegenden Messverfahren.[4] Die Liste der zehn Staaten denen auch im Index 2013 die höchsten Sklavenzahlen zugeordnet wurden, ist fast mit der Auflistung von 2014 identisch: Indien, China, Pakistan, Nigeria, Äthiopien, Russland, Thailand, Demokratische Republik Kongo, Myanmar und Bangladesch.

Diesen Studien zufolge gibt es kein Land auf der Erde, in dem keine Sklaven leben. Das würde somit sogar auf europäische Staaten zutreffen. In einem internationalen Vergleich, der die Einwohnerzahl eines Landes mit der geschätzten Anzahl der in ihm lebenden Sklaven in Beziehung setzt, belegte die Bundesrepublik Deutschland im *Global Slavery Index 2013* den 136. Platz. In ihr lebten laut dieser Studie zwischen 10.000 und 11.000 Sklaven.

In Frankreich seien es zwischen 8.000 und 9.000 Sklaven gewesen (Platz 139). Großbritannien lag mit geschätzten 4.200 bis 4.600 Sklaven auf dem 160. Platz.[5] Im Bericht von 2014 belegte Deutschland mit 10.500 Sklaven den 147. Platz, Frankreich mit 8.600 Sklaven Platz 148 und Großbritannien findet sich mit 8.300 Sklaven auf Platz 149.[6]

Die *International Labour Organisation (ILO)* kam in ihrem 2014 veröffentlichten Bericht *Profits and Poverty. The Economics of Forced Labour* für 2012 zu dem Schluss, dass weltweit 20,9 Mio. Menschen Zwangsarbeit leisten mussten oder unter sklavereiähnlichen Bedingungen lebten: 4,5 Mio. (= 22 %) von ihnen seien Opfer sexueller Ausbeutung und in weiteren 2,2 Mio. Fällen (= 10 %) sei die Zwangsarbeit sogar staatlich angeordnet.[7] Unter Verweis auf die ILO wird diese Zahl auch von der Menschenrechtsorganisation Anti-Slavery International genannt.[8]

Der *Sonderausschuss gegen organisiertes Verbrechen, Korruption und Geldwäsche* des Europäischen Parlaments berichtete im September 2013, dass allein in Europa 880.000 Menschen Zwangsarbeit leisten müssten. Von ihnen seien 270.000 Menschen Opfer sexueller Ausbeutung.[9]

Sklaverei und Zwangsarbeit in unserer modernen Welt sind ein verstörender Befund! Die im kalifornischen Oakland (USA) ansässige Organisation *Slavery Footprint* publizierte 2011 sogar die Website *How many slaves work for you?* Sie bietet dem Besucher einen Test, der zunächst in elf Abschnitten seine Lebensweise sowie sein Konsumverhalten abfragt und anschließend errechnet, wieviele Sklaven zur Aufrechterhaltung dieses Lebensstils notwendig sind – wieviele moderne Sklaven somit für sie oder ihn arbeiten.[10]

Auch wenn die den angeführten Studien zugrunde liegenden Methoden der Berechnung hinterfragt, kritisiert und verbessert werden können:[11] Es ist nicht zuletzt die mutige Arbeit von Menschenrechtsorganisationen, einzelner Menschenrechtler und Journalisten, die immer wieder Fälle von Sklaverei aufdecken, Zeugenaussagen sammeln, Opfer befreien und den oft traumatisierten Menschen helfen. Sie belegen, dass dieses Thema auch in der heutigen Welt nach wie vor aktuell ist.

Formen der Unfreiheit

Wie der zitierte Artikel 4 der *Allgemeinen Erklärung der Menschenrechte,* die Studie der *International Labour Organisation* und der Bericht des Sonderausschusses zeigen, sind mit der Sklaverei auch Begriffe wie »Leibeigenschaft« und »Zwangsarbeit« eng verbunden. Zwar beschreiben diese durchaus verschiedene Zustände. Sie weisen aber so große Überschneidungen mit der Sklaverei auf, dass sie umgangssprachlich häufig synonym verwendet werden. Daher soll zunächst der Frage nachgegangen werden, was denn eigentlich unter Sklaverei zu verstehen ist und wer als Sklave bezeichnet werden kann.

Sklaverei bezeichnet die völlige persönliche, rechtliche und wirtschaftliche Abhängigkeit eines Menschen von einem anderen. Dieser abhängige Mensch – der Sklave – ist das Eigentum seines Herrn – des Sklavenhalters. Letzterer kann im Extremfall über körperliche Bestrafung, Verkauf, Vererbung und Tötung, aber auch über die Freilassung seines Sklaven entscheiden.

Die erste völkerrechtlich verbindliche Definition findet sich in der *Antisklavereikonvention* des Völkerbundes von 1926. Artikel 1, Abs. 1 beschreibt Sklaverei als den »Zustand oder die Stellung einer Person, an der die mit dem Eigentumsrechte verbundenen Befugnisse oder einzelne davon ausgeübt werden«. Das 1956 von den Vereinten Nationen verabschiedete *Zusatzabkommen über Abschaffung der Sklaverei* bezog dann auch Schuldknechtschaft, Leibeigenschaft, Kinderarbeit und Zwangsehen mit ein.

Da Sklaverei vielfältige Aspekte aufweist, ist sie Untersuchungsgegenstand unterschiedlicher Fachdisziplinen. Somit finden sich Definitionsansätze von Historikern, Wirtschaftswissenschaftlern, Anthropologen, Soziologen, Juristen und Menschenrechtlern. Jedoch lässt sich eine Schnittmenge an Kriterien bilden, die erfüllt sein müssen, um in einem bestimmten Fall von historischer Sklaverei sprechen zu können, wie sie von der Antike bis in die Neuzeit existierte: Es handelte sich bei ihr um eine Institution, die sich auf rechtliche Grundlagen stützte und gesellschaftlich akzeptiert war. Sklaven galten als das Eigentum ihrer Besitzer. Sie besaßen keine persönliche Freiheit und ihre Bewegungsmöglichkeit wurde durch die Kontrolle ihres Herrn eingeschränkt. Ebenso wurden Ehe und Fortpflanzung von diesem kontrolliert: Sie konnten gestattet, verboten oder zwangsweise arrangiert werden. Sklaven waren Rechtsobjekte, keine -subjekte. Ihre Rechte waren drastisch begrenzt, gesetzlich vorgesehene Strafen waren in der Regel härter als für Freie. Allerdings finden sich kaum Gesellschaften, in denen Sklaven gar keine Rechte besaßen. Zwar galt die Züchtigung eines Sklaven durch seinen Herrn als legitim und legal, aber Misshandlungen und Tötungen waren – zumindest juristisch – häufig Grenzen gezogen. Der Sklave war immer Außenseiter in der Gesellschaft, in der er lebte. Das gilt paradoxerweise auch für diejenigen Sklaven, die hohe Positionen inne haben konnten. Sklaven waren grundsätzlich nicht vermögens- und geschäftsfähig. Sofern sie – scheinbar – selbstständig wirtschafteten, taten sie es doch immer in Abhängigkeit von ihrem Herrn sowie für dessen Nutzen.[12]

Der international renommierte Sklavereiforscher Orlando Patterson (geb. 1940) bezeichnete Sklaverei in seinem 1982 erschienenen Buch *Slavery and Social Death* als »Sozialen Tod«.[13] Der französische Ethnologe Claude Meillasoux (1925–2005) hatte in seiner *Anthropologie der Sklaverei* von »Nichtgeborenen und Toten auf Bewährung« gesprochen. Um diesen Zustand herbeizuführen, verlaufe die Versklavung über die Stufen der Entsozialisierung, der Entpersönlichung, der Entsexualisierung sowie der Entzivilisierung.[14]

Wie noch gezeigt werden soll, hat sich die moderne Sklaverei in Grundzügen gewandelt. Der amerikanische Soziologe Kevin Bales hat neben weiteren Unterschieden v.a. darauf hingewiesen, dass es sich bei der modernen Sklaverei – wie sie im 21. Jahrhundert auftritt – nicht mehr um eine akzeptierte juristische und gesellschaftliche Institution handelt, da sie inzwischen durch eine Vielzahl von Menschenrechtsabkommen und nationalen Gesetzen bekämpft wird.[15] Nichtsdestotrotz bleiben auch bei dieser Form die persönliche Unfreiheit, Gewalt und Ausbeutung bestehen.

Andere Formen von Unfreiheit unterscheiden sich von der Sklaverei in der Regel durch das Recht auf die eigene Person, Heirat und Fortpflanzung. Das ab dem 1. Jahrhundert n. Chr. entstehende Kolonat – auf das noch eingegangen werden soll – bezeichnete ein bäuerliches Pachtverhältnis. Zwar waren Kolonen zu Kopfsteuer, Kriegs- und Frondiensten verpflichtet, doch waren sie persönlich frei.

Das Rechtsverhältnis der Leibeigenschaft wird besonders mit dem mittelalterlichen und neuzeitlichen Europa verbunden, in dem v.a. Bauern oft in persönlicher und wirtschaftlicher Abhängigkeit von ihrem Gutsherrn lebten. Sie waren ihm zu Abgaben sowie zu Frondiensten verpflichtet und besaßen ohne Erlaubnis ihres Herrn keine Freizügigkeit. Im Unterschied zur Sklaverei waren sie allerdings nicht sein Eigentum. Sie besaßen auch Rechte. Dennoch konnten Abgaben- und Dienstpflichten so drückend ausgeprägt sein, dass die Betroffenen und ihre Familien in bitterer Armut lebten und die Grenzen zur Sklaverei nur noch theoretisch existierten. Die harten Formen der Leibeigenschaft in osteuropäischen und russischen Gebieten des 18. und 19. Jahrhunderts liefern dazu viele Beispiele. So ließ die russische Zarin Katharina die Große (reg. 1762–1796) zwar öffentliche Versteigerungen von Leibeigenen verbieten.[16] Dies hielt sie jedoch nicht davon ab, selbst mehrere tausend leibeigene Bauern wie eine Ware an ihre Günstlinge zu verschenken.[17] Auch in Mittel- und Westeuropa existierte die Leibeigenschaft, war oft jedoch nicht so ausgeprägt wie im Osten. Erst die im 18. und 19. Jahrhundert in vielen Staaten durchgeführten Bauernbefreiungen veränderten diesen Zustand.

Unter Zwangsarbeit versteht man jede Arbeit und Dienstleistung, die von einem Menschen unter Androhung von Strafe verlangt wird und für die er sich nicht freiwillig zur Verfügung gestellt hat.

Doch auch Zwangsarbeit unterscheidet sich von der Sklaverei im personenrechtlichen Status: Während in der Sklaverei sowohl die Arbeit als auch die arbeitende Person unfrei sind, kann Zwangsarbeit auch von personenrechtlich Freien geleistet werden.[18]

Es liegt in der Natur der Sache, dass eine Einrichtung wie die Sklaverei, in der ein Mensch zum Eigentum eines anderen bestimmt wird, der notfalls auch über Bestrafung und Tötung entscheiden darf, unter Zwang verrichteter Arbeit Tür und Tor öffnet: Aus Angst vor Strafe wird der Sklave die Arbeit ausführen, von Freiwilligkeit kann dabei keine Rede sein. Sklaverei führt damit zur bedingungslosen Ausbeutung der Arbeitskraft eines Menschen zum wirtschaftlichen Nutzen seines Besitzers. Ein besonders grausames Beispiel liefert die deutsche Geschichte: Die angeblich rassisch minderwertige, während des Zweiten Weltkriegs versklavte Bevölkerung osteuropäischer Länder musste während des Nationalsozialismus Zwangsarbeit in Konzentrations- und Vernichtungslagern sowie in kriegswichtigen Betrieben leisten. Ziele waren die wirtschaftliche Ausbeutung ihrer Arbeitskraft für einen deutschen »Endsieg« sowie ihre ethnische Vernichtung durch harte Arbeit unter unmenschlichen Bedingungen.

Sklavenhandel ist immer Menschenhandel. Er lässt sich beschreiben als die Bewegung von Menschen, um sie zu Ausbeutungszwecken zu verkaufen.[19] Seitens des Händlers wird die menschliche Ware kontrolliert. Das *Zusatzprotokoll zur Verhütung, Bekämpfung und Bestrafung des Menschenhandels* (2005) der Vereinten Nationen definiert diesen in Artikel 3a als

> die Anwerbung, Beförderung, Verbringung, Beherbergung oder Aufnahme von Personen durch die Androhung oder Anwendung von Gewalt oder anderen Formen der Nötigung, durch Entführung, Betrug, Täuschung, Missbrauch von Macht oder Ausnutzung besonderer Hilflosigkeit oder durch Gewährung oder Entgegennahme von Zahlungen oder Vorteilen zur Erlangung des Einverständnisses einer Person, die Gewalt über eine andere Person hat, zum Zweck der Ausbeutung. Ausbeutung umfasst mindestens die Ausnutzung der Prostitution anderer oder andere Formen sexueller Ausbeutung, Zwangsarbeit oder Zwangsdienstbarkeit, Sklaverei oder sklavereiähnliche Praktiken, Leibeigenschaft oder die Entnahme von Organen.[20]

Schon diese kurzen und sicher nicht erschöpfenden Ausführungen zeigen, dass eine eindeutige Abgrenzung der Sklaverei zu anderen Formen und Prozessen der Unfreiheit nicht immer einfach zu ziehen ist. Viele Themenkomplexe sind miteinander verbunden und die Grenzen verschwimmen. Auch müssen große Unterschiede in der Ausprägung sowie im gesellschaftspolitischen und wirtschaftlichen Umgang mit dieser Institution berücksichtigt werden. Zudem wäre es historisch verfehlt, die heutigen internationalen Bestimmungen der Menschenrechte gegen Sklaverei und Menschenhandel als ethischen Maßstab zur Beurteilung vergangener Kulturen heranzuziehen. Die Menschenrechte, die Versuche ihrer Umsetzung aber auch der derzeitige Zustand moderner Sklaverei stellen vielmehr den Status Quo einer Entwicklung dar, die vielfältige Wurzeln aufweist. Sie liegen in der Geschichte, in der Politik, in der Philosophie, in der Theologie sowie in der Rechtswissenschaft. Diesen Wurzeln soll im Folgenden nachgegangen werden.

Dazu gliedert sich das vorliegende Buch in zwei große Abschnitte. Zunächst wird ein historischer Überblick zur Sklaverei von der Antike bis ins 21. Jahrhundert im jeweiligen gesellschafts- und wirtschaftspolitischen Kontext gegeben. Anschließend werden verschiedene ideengeschichtliche Aspekte aus Religion, Philosophie, Wirtschaft und Menschenrechten betrachtet. Das Schlusskapitel unternimmt den Versuch, die vielen dabei skizzierten Entwicklungen in einem Deutungsversuch zusammenzuführen.

Der verbesserten Lesbarkeit halber wird im Text dieses Buches in der Regel die maskuline Form »Sklave« verwendet. Damit sind sowohl Sklaven als auch Sklavinnen gleichermaßen gemeint, sofern nicht ausdrücklich auf geschlechtsspezifische Unterschiede hingewiesen wird.

Historische Entwicklung

Sklaverei in alten Kulturen Asiens

China

Politik und Gesellschaft

Die chinesische Geschichte beginnt mit den fünf legendären Urkaisern des 3. Jahrtausends v. Chr. Sie gliedert sich bis zum Beginn des 20. Jahrhunderts n. Chr. in eine Vielzahl von Dynastien, die zum Teil regionale, teilweise überregionale Bedeutung besaßen. Sie können hier nur ansatzweise erwähnt werden. Erstmals ist ein auf Mittelchina begrenztes Reich unter der Shang-Dynastie (ca. 1600–1100 v. Chr.) belegt. Unter der nachfolgenden Zhou-Dynastie (ca. 1100–256 v. Chr.) bildete sich ein Lehnssystem heraus. Allerdings zerfiel das Reich bereits ab dem 5. Jahrhundert v. Chr.

In dieser Zeit des Umbruchs lebten die großen Philosophen Konfuzius (551–479 v. Chr.) und Lao-tse (4./3. Jahrhundert v. Chr.). Konfuzius richtete sich gegen den Verfall und strebte eine ethisch basierte Neuerrichtung des bisherigen Reiches an. Auf Lao-tse geht die Begründung des philosophischen Taoismus zurück.

Für den Feudalstaat Zheng kann 536 v. Chr. bereits eine Rechtskodifizierung nachgewiesen werden. Die im 5. Jahrhundert v. Chr. einsetzende Zeit der Streitenden Reiche sowie das sich anschließende Interregnum wurde 221 v. Chr. unter der kurzlebigen Qin-Dynastie durch Einigung des Landes beendet. Es folgte die Han-Zeit (206 v. Chr.–220 n. Chr.). Unter Kaiser Wudi (reg. 141–87 v. Chr.) begann das Reich außenpolitisch zu expandieren. In der Rechtsprechung gewannen die Konfuzianer an Einfluss. Um das gesellschaftliche Zusammenleben zu sichern, sollte – bei der Familie angefangen – eine strenge soziale und rechtliche Hierarchie bestehen. Damit wandten sie sich gegen legalistische Ansätze, die zuvor für eine Gleichheit aller Untertanen vor dem Gesetz eingetreten waren. Am Ende der Han-Zeit zerbrach das

Reich erneut, konnte in der westlichen Jin-Zeit (265–317 n. Chr.) jedoch nochmals kurzzeitig geeint werden. Bis in das 10. Jahrhundert n. Chr. folgten eine Vielzahl von Dynastien im Norden und im Süden. Das kodifizierte Recht bestand in großen Teilen aus Strafrechtsbestimmungen. Zu diesen gehörten nicht nur Todes- sondern auch Prügelstrafen, Deportationen, Verbannungen und Zwangsarbeit.

Sklaverei

Anders als im griechisch-römischen Altertum scheint der Sklaverei im alten China keine große Bedeutung zugekommen zu sein. Dennoch war sie bekannt. Versklavt werden konnten Kriegsgefangene, ebenso verurteilte Straftäter.[21] Aus der Jin-Dynastie werden in der zweiten Hälfte des 5. Jahrhunderts n. Chr. auch gezielte Überfälle berichtet.[22] Ebenso kannte man den Verkauf von Familienangehörigen. So veräußerten manche Bauern in der 2. Hälfte des 9. Jahrhunderts n. Chr. ihre Kinder und vermieteten ihre Frauen als Arbeitskräfte, um ihre Steuern zahlen zu können.[23]

Grundsätzlich kannte man in China mehrere Arten, um mit den im Krieg besiegten Staaten und Völkern zu verfahren: Zum einen konnte der besiegte Staat zwar seine Selbstständigkeit verlieren, während man dem besiegten Volk aber die eigene Identität beließ. Zum anderen konnte es auch im Reich des Siegers angesiedelt oder versklavt werden. Der Fall der Versklavung eines ehemaligen Lehnsfürsten wird aus dem Jahre 655 v. Chr. berichtet, als der Herrscher von Jin seiner Tochter den versklavten Fürsten von Yu sowie seine Minister als Aussteuer übergab.[24]

Sklaven waren ihren Besitzern ausgeliefert, vor Gericht wurden sie härter bestraft als Freie. Allerdings konnten sie durch Amnestien (bei verurteilten Straftätern) und persönliche Entscheidungen ihres Herrn auch freigelassen werden.[25] Doch erst nach einigen Generationen wurden die Freigelassenen vollwertige Mitglieder der Gesellschaft.[26] Sklavenfluchten wurden hart bestraft: Den Ergriffenen drohten Straftätowierungen oder der Totschlag. Während der Zhou-Dynastie arbeiteten sie häufig in

Haushalten, z.T. auch in der Landwirtschaft.[27] Aus der kurzen Qin-Zeit ist bekannt, dass sie für öffentliche Arbeiten im Straßenbau eingesetzt wurden.[28] In der Jin-Dynastie ist neben Arbeitsbereichen in Haushalt und Landwirtschaft auch ihre Verwendung als Handwerker sowie als Musikanten und Prostituierte bekannt.[29] Sklaven konnten ebenso in gehobenen Verwaltungspositionen eingesetzt werden, zudem als Kaufleute, die für ihren Herrn wirtschafteten. Für Frauen ist ferner das Konkubinat bekannt.[30] Ihren Besitzern galten Sklaven bis über den Tod hinaus als verfügbar. Dies belegen Sklavenbestattungen, wie sie seit der Shang-Dynastie bis ins erste 1. Jahrtausend n. Chr. vorkamen: Starb ihr Herr, so wurden auch seine Sklaven getötet und mitbestattet.[31]

Während der Han-Dynastie reformierte Kaiser Wudi (reg. 140–87 v. Chr.) die Steuer und Finanzpolitik, um die Staatsfinanzen zu stärken. Wer hier jedoch als Abgabenpflichtiger falsche Angaben machte, musste mit harten Strafen rechnen. Besonders Enteignungen scheinen in größerem Ausmaß vorgekommen zu sein, durch die nicht nur große Vermögenswerte und Immobilienbesitz, sondern auch viele Sklaven in den Besitz des Staates übergingen.[32] Ob diese Strafmaßnahmen jedoch immer gerechtfertigt waren, muss dahingestellt bleiben. Gemessen an der Gesamtbevölkerung war die Zahl der Sklaven auch während der Han-Dynastie sehr gering: Sie betrug zwischen 1 und 5 % des Volkes.[33] Doch angesichts der insgesamt großen Bevölkerungszahl muss auch die Anzahl der Sklaven hoch gewesen sein. So wurden etwa bei der Enteignung und Zerstörung vieler Klöster im Zuge der Buddhistenverfolgungen unter Kaiser Wuzong (reg. 841–846 n. Chr.) 150.000 Sklaven der Klöster in die Steuerregister aufgenommen.[34]

Indien

Politik und Gesellschaft

Um 1500 v. Chr. drangen indoarische Stämme über den Hindukusch nach Nordindien ein. Seit dieser Zeit bis etwa 600 v. Chr.

entstanden die Veden, die zu den Heiligen Schriften des Hinduismus zählen. Ab etwa 1000 v. Chr. wird das gesellschaftlich-religiöse Kastensystem erwähnt. Es unterteilt die Bevölkerung hierarchisch in die Kasten der Brahmanen, Kshatriyas (Krieger), Vaishyas (Händler und Kaufleute z. B.) sowie der Shudras (z. B. Handwerker und Bauern). Parias stehen als »Unberührbare« am untersten Ende der Gesellschaft. Sie sind Außenseiter und es gilt als verunreinigend, von ihnen berührt zu werden.

Das Auftreten des Buddhas Siddhartha Gautama (ca. 560–480 v. Chr.) markiert das Ende der vedischen Zeit. Um 360 v. Chr. entstand die Dynastie der Nandas, um 322 v. Chr. das Maurya-Reich. Am Hof seines ersten Königs Candragupta Maurya (reg. 322–300 v. Chr.) befand sich auch der griechische Ethnograph Megasthenes in seiner Funktion als Gesandter Seleukos' I. Nikator (reg. 305/304–281 v. Chr.). Sein fragmentarisch erhaltener Indienbericht ist eine wichtige Quelle dieser Zeit. Das straff organisierte Reich umfasste große Teile des indischen Kontinents und erlangte unter König Ashoka (reg. 268–232 v. Chr.) seine größte Ausdehnung. Weitere Reiche entstanden unter den Dynastien der Kusanas (50–3./4. Jahrhundert n. Chr.) und der Guptas (320–570 n. Chr.). Ab dem 13. Jahrhundert konnte sich der Islam in Indien erfolgreich behaupten.

Sklaverei

Der Indienbericht des griechischen Ethnographen Megasthenes beschreibt die politischen, geographischen und sozialen Verhältnisse des Landes. Darin findet sich auch seine Behauptung, dass es dort keine Sklaverei gebe.[35] Dennoch geht man davon aus, dass diese Institution seit der vedischen Zeit auch im indischen Kulturraum existiert hat.[36] Sie traf Kriegsgefangene, verurteilte Verbrecher und Schuldner. Auch in den dem mythischen Gesetzgeber Manu zugeschriebenen Rechtsbestimmungen des 1. Jahrhunderts v. Chr. (*Manavadharmaśastra*) werden sie erwähnt.

Eventuell wurden Sklaven v.a. als Haussklaven eingesetzt und aus Prestigegründen gehalten.[37] Sowohl ihre niederen Tätigkeiten also auch ihre Rechtsstellung unterschieden sich nicht von der Shudra-Kaste.[38] Ihr gehörten die Knechte an, sie standen am unteren Ende der Gesellschaft. Sie durften nur als unrein geltende Berufe ausüben und die Veden nicht studieren. Vor Gericht wurden sie schlechter behandelt, da das indische Recht aufgrund der Kasteneinteilung keine Gleichheit vor dem Gesetz vorsah. Die im »Dharma«-Begriff enthaltene Vorstellung von einer Weltordnung – die auch in das Rechtssystem einfloss – sah vielmehr die Ungleichheit der Menschen vor.

Japan

Politik und Gesellschaft

Die japanischen Teilstaaten wurden bis 400 n. Chr. zum Staat Yamoto vereinigt. Ihm vorausgegangen war die Yayoi-Kultur (300 v. Chr. – 300 n. Chr.), die bereits den Reisanbau kannte und von chinesischen Einwanderern zur Zeit der Han-Dynastie beeinflusst gewesen sein könnte. Die Menschen lebten in Dorfgemeinschaften, die sich zu Sippenverbänden zusammenschlossen. Ebenso machten sich ab dem 4. Jahrhundert konfuzianische Einflüsse bemerkbar. Über Korea kam im 6. Jahrhundert der Buddhismus nach Japan, den Kaiser Shotoku (reg. 593–622) zur Staatsreligion erhob. Schwere Auseinandersetzungen mit der einheimischen Shinto-Religion waren die Folge. Im 7. Jahrhundert entwickelte sich Japan dann zu einem straff organisierten Beamtenstaat.

Sklaverei

Auch in Japan gab es Sklaven. Sie rekrutierten sich aus Kriegsgefangenen sowie aus verurteilten Verbrechern.[39] In der Neuzeit kamen Tributsklaven aus Korea hinzu. Zwischen 300 v. Chr. und 300 n. Chr. wurden Sklaven sowohl in der Haus- als auch in der Landwirtschaft eingesetzt. Durch das Pachten eines Landgutes konnten sie ab dem 8. Jahrhundert den Status von Halbsklaven erlangen. Sklaven gehörten der Regierung, dem Adel sowie den

Tempeln. Durch das Lehnswesen ging ihre Bedeutung jedoch im 11. Jahrhundert zurück. Ihre Anzahl wird schon für das 8. Jahrhundert auf weniger als ein Zehntel der Bevölkerung geschätzt.[40]

Ägypten und der Orient

Ägypten

Politik und Gesellschaft

Ägypten ist seit dem 6. Jahrtausend v. Chr. besiedelt.[41] Erste politische Einheiten wurden um 3100 v. Chr. unter dem legendären König Menes zu einem Reich vereint. Hauptstadt des Landes war Memphis. In der Frühzeit der Pharaonenherrschaft (ca. 3100–2686 v. Chr.; 1. und 2. Dynastie) entstanden eine staatliche Verwaltung sowie ein sakrales Königtum. Zwar galt der Pharao als Mensch, doch hatte er Anteil am göttlichen Geist. Weltliche und göttliche Macht erscheinen im Pharao stets vereint. Während der gesamten ägyptischen Geschichte teilte sich die Gesellschaft in eine kleine, herrschende Schicht sowie in die große Masse des Volkes. Zur herrschenden Schicht zählte neben dem Königshaus auch die Beamtenschaft. Das einfache Volk war ihnen zur Arbeitsleistung verpflichtet. Kern der ägyptischen Gesellschaft waren Kleinfamilien, bestehend aus Mann, Frau und Kindern. Im Unterschied zu vielen anderen Kulturen konnten Frauen eigenes Vermögen besitzen und Rechtsgeschäfte abschließen. Die Familien lebten monogam. Dagegen gab es am Königshof Polygamie und Geschwisterehen. Sklaverei ist für das antike Ägypten seit dem Alten Reich bekannt.[42]

Das Alte Reich (2686–2181 v. Chr.; 3.–6. Dynastie) war eine Phase kultureller Blüte. Pharao Djoser (ca. 2620–2600 v. Chr.) ließ die Stufenpyramide von Sakkara errichten. Unter seinen Nachfolgern der 4. Dynastie – Cheops (2545–520 v. Chr.), Cephren (2510–2485 v. Chr.) und Mykerinos (um 2470 v. Chr.) – entstanden die Pyramiden von Gizeh. Nahm man früher an, dass diese beeindruckenden Bauwerke durch Sklaven errichtet wurden, so geht man heute davon aus, dass sie durch den Arbeitsdienst freier

Bauern entstanden. In der Ersten Zwischenzeit (2181–2055 v. Chr.; 7./8.–11. Dynastie) zerfiel die politische Zentralmacht. Stattdessen entstand die Herrschaft der Gaufürsten von Herakleopolis sowie der Fürsten von Theben.

Das Mittlere Reich (2055–1650 v. Chr.; 11.–14. Dynastie) knüpfte an die Blüte des Alten Reiches an. Es erlebte einen Aufschwung von Wissenschaft, Architektur, Kunst und Literatur. Auch kleinere Pyramiden wurden errichtet. Bedeutende Kultstätten waren der Amun-Tempel von Karnak sowie das Osiris-Heiligtum von Abydos. Ab der 13. Dynastie kündigte sich jedoch der erneute Niedergang der Zentralmacht an. Die gegen Ende des Mittleren Reiches ins Nildelta eingewanderten Hyksos regierten in der Zweiten Zwischenzeit (1650–1550 v. Chr.; 14.–17. Dynastie) zunächst parallel zu regionalen Königtümern.

Nach Vertreibung der Hyksos und erneuter Einigung des Landes erlebte Ägypten im Neuen Reich (1550–1069 v. Chr.; 18.–20. Dynastie) eine weitere Blütezeit. Durch Eroberung Syriens unter Pharao Thutmosis III. (reg. 1479–1425 v. Chr.) erreichte es seine größte territoriale Ausdehnung. In bewusster Abkehr von der traditionellen ägyptischen Götterwelt und gegen den Widerstand der Priesterschaft erhob Pharao Amenophis IV./Echnathon (reg. 1351/1350–1334 v. Chr.) den Sonnengott Aton zum einzigen Gott im Sinne eines Monotheismus. Den Königssitz verlegte er nach Amarna. Doch sein Nachfolger Tutanchamun (reg. 1347–1339 v. Chr.) stellte die traditionelle ägyptische Religion wieder her und verlegte die Residenz erneut nach Memphis. Während des Neuen Reiches ging man dazu über, nicht nur die Beamten sondern auch die Soldaten durch die Vergabe von Ländereien zu bezahlen. Deren Bewohner waren dem Gutsbesitzer ebenfalls zu Arbeitsleistungen verpflichtet. Auf Ramses II. (reg. 1279–1213 v. Chr.), der 1275 v. Chr. den Hethitern bei Kadesch unterlag, geht eine große Bautätigkeit zurück. Wirtschaftliche Schwierigkeiten und Unruhen leiteten die Dritte Zwischenzeit (1069–747 v. Chr.; 21.–24. Dynastie) ein, in der das Land in ein Nord- sowie ein Südreich gespalten war und konkurrierende Dynastien erlebte.

In der Spätzeit (747–332 v. Chr.; 25.–31. Dynastie) stand Ägypten unter Fremdherrschaft – zunächst unter den Kuschiten, dann unter Assyrern und Persern, bevor es 332 v. Chr. durch Alexander den Großen (356–323 v. Chr.) erobert wurde. Er gründete die Stadt Alexandria und ließ sie zur neuen Hauptstadt ausbauen. Nach seinem Tod im Jahre 323 v. Chr. wurde das von ihm eroberte Großreich unter den Generälen seines Heeres aufgeteilt. Es entstanden verschiedene Diadochenreiche. In Ägypten begründete sein General Ptolemaios die makedonische Dynastie der Ptolemäer, deren letzte Herrscherin Kleopatra VII. (69–30 v. Chr.) war. Caesars Großneffe und Adoptivsohn Octavian (63 v. Chr. – 14 n. Chr.) machte Ägypten 30 v. Chr. zu einem Teil des Römischen Reiches. Die griechisch-römische Zeit endete 641 n. Chr. mit der arabischen Eroberung des Landes.

Sklaverei

Im Bezug auf die Sklaverei zeigen sich terminologische Unklarheiten der Quellentexte, da für Diener, Abhängige und Sklaven nicht immer eindeutige Begriffe Verwendung fanden. Daher kann nicht in jedem Einzelfall entschieden werden, ob tatsächlich von Sklaven berichtet wird. Werden Personen jedoch direkt als Sachen bezeichnet und verkauft, ist der Bezug eindeutig.[43]

Eine wichtige Ressource für Sklaven war der Krieg. Kriegsgefangene und deportierte Völker galten als Staatssklaven. Sie wurden gebrandmarkt und gehörten dem Pharao, der sie an Tempel oder an verdiente Persönlichkeiten weitergeben konnte. Tempelsklaven wurden v.a. zur Bewirtschaftung der zum Tempel gehörenden Ländereien eingesetzt. Sklaven, die über den Sklavenhandel erworben wurden, befanden sich in privatem Besitz. Sie arbeiteten im Haushalt, im Handwerk oder in der Landwirtschaft.[44] Auch sind die Schuldsklaverei sowie die Versklavung verurteilter Verbrecher bekannt. Versklavten Frauen drohte das Schicksal des Konkubinats, wie es auch in der Zeit des Hellenismus nachzuweisen ist. In diesem Zusammenhang ist etwa die Syrerin Elaphion bekannt, die offenbar eine Art Vermittlungsbüro für Konkubinen unterhielt.[45]

Vor dem Hintergrund der mehrtausendjährigen ägyptischen Geschichte zeigen sich Veränderungen im Umgang mit Sklaven, die auf die Einflüsse anderer Kulturen wie die hellenistische oder die römische zurückzuführen sind. In ptolemaischer Zeit überwachte der Staat die Ein- und Ausfuhr von Sklaven, vermutlich wurde auch eine Sklavensteuer erhoben. In römischer Zeit war der Sklavenbesitz zwar nicht besteuert, jedoch der Verkauf sowie die testamentarische Freilassung. Kinder, die von einer Sklavin geboren wurden, erbten den Status der Mutter und wurden aufgrund ihrer unfreien Geburt ebenfalls Sklaven.[46]

Zwar ging man früher davon aus, dass die ägyptischen Pyramiden v.a. durch Sklavenarbeit errichtet worden seien, doch gilt diese Meinung heute als überholt. Wahrscheinlicher ist, dass die Bauarbeiten von Bauern zur Zeit der Nilschwemme durchgeführt wurden, wenn diese nicht auf ihren Feldern arbeiten konnten.[47] Dass es beim Pyramidenbau jedoch immer freiwillig zugegangen sei, hat bereits der griechische Geschichtsschreiber Herodot (um 490/480–ca. 424 v. Chr.) bezweifelt. In seinen *Neun Büchern zur Geschichte* berichtet er, dass Cheops das Volk für den Bau der nach ihm benannten Pyramide ausgebeutet habe:

> Cheops aber [...] stürzte das Land in eine ganz schlimme Lage; er verschloss nämlich alle Tempel und hielt die Leute von den Opfern ab; dann mussten alle Ägypter für ihn selbst arbeiten. Die einen waren angewiesen, aus den Steinbrüchen an dem arabischen Gebirge Steine bis an den Nil zu schleppen; waren die Steine über den Fluss auf Fahrzeugen gebracht, so mussten andere sie aufnehmen und nach dem sogenannten libyschen Gebirge ziehen. Es waren aber ja an hunderttausend Menschen immer auf drei Monate mit dieser Arbeit beschäftigt. So war das Volk eine geraume Zeit gedrückt: Zehn Jahre brauchten sie zur Anlage des Weges, auf welchem sie die Steine fortzogen [...] Über dem Bau der Pyramide verstrich aber eine Zeit von zwanzig Jahren. [...][48]

Man muss jedoch beachten, dass Herodots Bericht ganze zwei Jahrtausende nach der Errichtung der Pyramiden entstand. Angesichts der gewaltigen Bauwerke stand er vor der Aufgabe, zu erklären, wie die Arbeiten organisatorisch und technisch bewältigt worden sein könnten. Auch gelten seine Angaben von 100.000 eingesetzten Arbeitern heute als übertrieben. Doch zu seiner eigenen Zeit war es in Griechenland üblich, Sklaven für Bauarbeiten einzusetzen.

Die Bedeutung der Sklaverei in Ägypten scheint im Vergleich mit anderen Kulturen eher gering gewesen zu sein. Der Sklavenanteil an der Gesamtbevölkerung wird auf etwa 10 % geschätzt, wobei für Städte v.a. unter hellenistischem Einfluss höhere Werte angenommen werden dürfen.[49]

Israel

Politik und Gesellschaft

Eng mit Ägypten verbunden ist die alttestamentarische Überlieferung vom Auszug des Volkes Israel. Wie 2. Mose 1 berichtet, habe die Zahl seiner Angehörigen in Ägypten so stark zugenommen, dass der Pharao befürchtet habe, sie könnten sich im Kriegsfall mit dem Feind verbünden und eine Bedrohung darstellen. Daher habe er die Israeliten zur Zwangsarbeit in der Bau- und Landwirtschaft bestimmt. Durch sie sollen die Städte Piton und Ramses im östlichen Nildelta errichtet worden sein. Später sei die Zwangsarbeit nochmals verschärft worden,[50] bevor Gott die Israeliten aus der drückenden Knechtschaft befreit habe.[51] Die tatsächlichen Hintergründe dieser Erzählung können heute nicht mehr erfasst werden. Zwar wurden im 13. Jahrhundert v. Chr. nichtägyptische Völker im östlichen Nildelta zu Bauarbeiten herangezogen. Israel wird aber noch nicht erwähnt. Vielmehr könnte es sich beim alttestamentlichen Auszug um die Flucht einer kleinen Gruppe semitischer Nomaden gehandelt haben.[52]

Die israelitischen Stämme Ruben, Simeon, Levi, Dan, Naphtali, Gad, Aser, Issakar, Zabulon, Joseph und Benjamin wurden im 13. Jahrhundert v. Chr. im Jordanland sesshaft. Juda kam etwas später hinzu. Zunächst waren die Stämme weitgehend selbstständig, gingen im Kriegsfall jedoch Bündnisse ein. Erst unter König Saul (um 1020–1004 v. Chr.) aus dem Stamm Benjamin erfolgte ihr Zusammenschluss zu einem einheitlichen Königtum. Außenpolitisch behauptete er sich gegen die Ammoriter und Philister. Sein Nachfolger David (reg. 1004/1003–965/964 v. Chr.) aus dem Stamm Juda erweiterte Israel zu einem Großreich. Er unterwarf die Philister und machte Teile der phönikischen Küste abhängig. Jerusalem wurde Residenzstadt, wohin auch die Bundeslade überführt worden sei.[53]

Im Gegensatz zur bisherigen Stammesgesellschaft brachte die errichtete Monarchie innenpolitische und gesellschaftliche Veränderungen mit sich: Es entstand eine Klassengesellschaft, in der v.a. Kleinbauern von Großgrundbesitzern, Kaufleuten und Verwaltungsbeamten abhängig wurden. Die Gegensätze verschärften sich unter Davids Nachfolger Salomo (965–926 v. Chr.), in dessen Regierungszeit große Bauprojekte wie die Errichtung des Jerusalemer Tempels fielen. Hinzu kamen die Befestigung Jerusalems mit Ringmauern, die Erweiterung des Palastes, Prunk und Luxus. Ebenso erwähnt das Alte Testament die Errichtung einer israelitischen Streitwagenmacht. Die Finanzierung all dessen basierte auf drückenden Abgaben und Dienstleistungen der Bauern.[54]

Nach Salomos Tod kam es 926 v. Chr. zur Spaltung des Landes in das Nordreich Israel und das Südreich Juda. Die Beteiligung an antiassyrischen Koalitionen führte durch den assyrischen König Salmanassar V. (reg. 726–722 v. Chr.) zur Zerstörung Israels.

Sklaverei

Die biblischen Berichte enthalten ebenfalls terminologische Schwierigkeiten im Bezug auf die Sklaverei. Denn sowohl im Zusammenhang mit dem Auszug aus Ägypten als auch an vielen weiteren Stellen der Übersetzungen ist von »Knechten« (oder »Mägden«) oder »Knechtschaft« die Rede. »Knecht« kann jedoch mehrere Bedeutungen besitzen: So können große, einflussreiche Persönlichkeiten in hierarchischer Unterordnung unter ihren Herrscher als Knechte bezeichnet werden; ebenso wird der Begriff in mündlicher oder schriftlicher Rede als höfliche Selbstbezeichnung gegenüber dem Gesprächspartner benutzt. Allerdings ist »Knecht« auch die Bezeichnung für einen Sklaven. Nach Kessler entspricht die lutherische Übersetzung der »Knechtschaft« am ehesten dem Sklavenstatus.[55]

Unter den in Palästina siedelnden Stämmen Israels war die Institution der Sklaverei bekannt. Wichtige Sklavenmärkte befanden sich in den Städten Tyros, Gaza und Akkon.[56] Gaza, die ehemalige Hauptstadt der ägyptischen Provinz Kanaan, war im 12. Jahrhundert v. Chr. an die Philister gefallen und gehörte zum »Fünfstädtebund« (Pentapolis). Das schon im 2. Jahrtausend v. Chr. gegründete und in ägyptischen sowie assyrischen Quellen erwähnte Akkon blieb bis in hellenistische Zeit ein bedeutendes Handelszentrum. Tyros war im 10. Jahrhundert zur wichtigsten Stadt Phönikiens aufgestiegen. Unter König Hiram I. (970–936 v. Chr.) war es mit David und Salomo verbündet.[57] Es lieferte u.a. Zedern- und Zypressenholz für den Jerusalemer Tempel, Salomo lieferte Weizen und Öl an den Hof nach Tyros.[58]

Ebenso finden sich im Alten Testament Hinweise auf Sklavenhandel in Israel selbst. Zwar war der Verkauf von Juden innerhalb Israels verboten,[59] doch offenbar wurde dieses Verbot nicht immer eingehalten.[60] Nichtjüdische Sklavinnen und Sklaven konnten dagegen legal erworben werden.[61] Bei ihnen handelte es sich häufig um Kriegsgefangene. 5. Mose 20,13–14 deklariert Frauen und Kinder eroberter Städte als Beute. Männer seien dagegen zu töten:

> Und wenn sie [die Stadt; M. S.] der Herr, dein Gott, dir in die Hand gibt, so sollst du alles, was männlich darin ist, mit der Schärfe des Schwerts erschlagen. Nur die Frauen, die Kinder und das Vieh, und alles was in der Stadt ist, und alle Beute sollst du unter dir austeilen und sollst essen von der Beute deiner Feinde, die dir der Herr, dein Gott, gegeben hat.[62]

Nach 1 Könige 9,20–21 wurden die ursprünglich in Kanaan ansässigen Amoriter, Hethiter, Perisiter, Hewiter und Jebusiter von Salomo zu Fronarbeit verurteilt. Demandt interpretiert die Fronarbeit ebenfalls als Sklaverei.[63] Dieben, die den von ihnen verursachten Schaden nicht zurückzahlen konnten, drohte die gerichtliche Verurteilung zur Sklavenarbeit:

> Es soll aber ein Dieb wiedererstatten; hat er nichts, so verkaufe man ihn um den Wert des Gestohlenen.[64]

Das Problem der Versklavung eigener Landsleute begegnet in der Schuldknechtschaft.[65] Beim Selbstverkauf eines jüdischen

Schuldners an seinen Gläubiger sollte der Schuldner aber keinesfalls wie ein Sklave gehalten werden:

> Wenn dein Bruder neben dir verarmt und sich dir verkauft, so sollst du ihn nicht als Sklaven dienen lassen; sondern wie ein Tagelöhner, wie ein Beisasse soll er bei dir sein und bis an das Erlassjahr bei dir dienen. Dann soll er von dir frei ausgehen und seine Kinder mit ihm und soll zurückkehren zu seiner Sippe und wieder zu seiner Väter Habe kommen. Denn sie sind meine Knechte, die ich aus Ägyptenland geführt habe. Darum soll man sie nicht als Sklaven verkaufen. Du sollst nicht mit Härte über sie herrschen, sondern dich fürchten vor deinem Gott.
>
> Willst du aber Sklaven und Sklavinnen haben, so sollst du sie kaufen von Völkern, die um euch her sind, und auch von den Beisassen, die als Fremdlinge unter euch wohnen, und von ihren Nachkommen, die sie bei euch in eurem Lande zeugen.[66]

Der Selbstverkauf sollte ohnehin nur in Ausnahmefällen geschehen. Stattdessen findet sich die Aufforderung an die Gläubiger, in Not geratene Israeliten durch zinslose Geld- und Naturaldarlehen zu unterstützen.[67] Die Regelung diente dem Schutz des oft in seiner Existenz bedrohten Kleinbauerntums. Zu den Risikofaktoren, die es in die Verschuldung treiben konnten, zählten Kriege, Wirtschaftskrisen, Erbteilung, Unglücksfälle und verschärfte Steuerlasten.[68] Ihre Ursachen konnten verstärkte Bautätigkeiten wie zur Zeit Salomos, aber auch Tributzahlungen an fremde Mächte sein.

Nichtjüdische Sklaven mussten zwangsweise beschnitten werden.[69] Erst in der römischen Kaiserzeit wurde die Beschneidung von Sklaven durch den römischen Kaiser Antoninus Pius (86–161) untersagt.[70] Ebenso hielt er das Beschneidungsverbot für Nichtjuden aufrecht, um den Übertritt (Proselytismus) zur jüdischen Religion zu verhindern. Beschneidung wurde in ihrem Falle rechtlich der Kastration gleichgestellt und mit dem Tode bestraft.[71] Das unter seinem Vorgänger Hadrian (76–138) erlassene Beschneidungsverbot für Juden hob Antoninus Pius jedoch auf. Neben der Pflicht zur Beschneidung bestand für jüdische Sklaven ebenso die Pflicht zur Einhaltung des Sabbats.[72] Am religiösen Leben durften sie teilnehmen.[73]

Tötung und Verletzung eines Sklaven durch den Besitzer waren juristisch strafbar.[74] Eventuell erwies sich die Pflicht zur Aufnahme eines entflohenen Sklaven in der Praxis als effektives Mittel gegen mögliche Misshandlungen.[75] Das jüdische Recht unterscheidet sich in diesem Punkt von den Rechtsvorschriften altorientalischer Völker, die zur Auslieferung eines entflohenen Sklaven verpflichteten.

Nach sechs Jahren war die Freilassung eines Sklaven möglich. Allerdings konnte er selbst entscheiden, ob er tatsächlich freigelassen werden oder seinem bisherigen Herrn auf immer als Sklave dienen wollte.[76] Auch wenn die Möglichkeit eines freiwilligen Verbleibs in der Sklaverei aus heutiger Sicht verwundert, so könnten dafür im Einzelfall doch Gründe vorgelegen haben: etwa eine gute Behandlung durch den Herrn, aber auch das in 2. Mose 21,3–11 geregelte Besitzrecht für Sklaven. Demnach durfte er zwar alles, was er in die Sklaverei eingebracht hatte, auch wieder in die Freiheit mitnehmen. Er musste jedoch alles, was er in der Sklaverei erworben hatte – z.B. Frau und Kinder – bei seiner Freilassung zurücklassen. Für den Fall lebenslanger Versklavung schrieb das Alte Testament folgende Kennzeichnung vor:

> Spricht aber der Sklave: Ich habe meinen Herrn lieb und mein Weib und Kind, ich will nicht frei werden, so bringe ihn sein Herr vor Gott und stelle ihn an die Tür oder den Pfosten und durchbohre mit einem Pfriemen sein Ohr, und er sei sein Sklave für immer.[77]

Auffällig daran ist, dass die während des Sklavendaseins aufgebauten familiären Bindungen offenbar ganz bewusst als Mittel eingesetzt werden konnten, einen Sklaven für immer zu behalten. Die anstehende Freilassung konnte somit legal umgangen werden.

Für freigelassene Sklaven regelt 5. Mose 15, 12–15 eine wirtschaftliche Übergangshilfe in den neuen Lebensabschnitt:

> Wenn sich dein Bruder, ein Hebräer oder eine Hebräerin, dir verkauft, so soll er dir sechs Jahre dienen; im siebenten Jahr sollst du ihn als frei entlassen. Und wenn du ihn freigibst, sollst du ihn nicht mit leeren Händen von dir gehen lassen, sondern du sollst ihm aufladen von deinen Schafen, von deiner Tenne, von deiner Kelter, so daß du gibst

von dem, womit dich der Herr, dein Gott, gesegnet hat, und sollst daran denken, daß du auch Knecht warst in Ägyptenland und der Herr, dein Gott, dich erlöst hat [...].[78]

Freilassungen konnten aber auch mittels Freikauf durch den Sklaven selbst erfolgen[79] oder durch generelle Freilassungen, die von den jeweiligen Machthabern angeordnet wurden. Im 2. und 3. Jahrhundert n. Chr. wurden die Freilassungsbedingungen verschärft, indem etwa ein zweites rituelles Tauchbad und ein Dokument zur Bescheinigung der Freilassung gefordert wurden.[80]

Die erwähnten alttestamentarischen Regelungen können den Eindruck erwecken, dass man versuchte, das schwere Schicksal der Sklaverei für die Betroffenen abzumildern. Vielleicht beruht dieses Bemühen auf der traditionell-religiösen Sichtweise, dass Israel selbst vor der Sklaverei aus Ägypten geflohen ist. Doch es drängt sich auch die Frage auf, ob die genannten Bestimmungen in der täglichen Praxis tatsächlich befolgt wurden oder ob es nicht gerade bestehende Missstände waren, die religiös fundierte Schutzbestimmungen notwendig machten.

Der alte Orient

Politik und Gesellschaft

Der sogenannte alte Orient umfasst die heutigen Gebiete Palästinas, Syriens, Kleinasiens, Mesopotamiens und des Iran. Parallel zu Ägypten ist auch er seit ca. 3000 v. Chr. Schauplatz der Entstehung von Hochkulturen. Er besitzt eine komplexe Geschichte verschiedenster Völker, deren »Kern« die Reiche der Sumerer, Babylonier und Assyrer bilden. Sie erwiesen sich jedoch nicht als stabil und wechselten sich in der Herrschaft ab.

Unter sumerischem Einfluss entstanden ab 2700 v. Chr. Staaten um die Städte Uruk, Ur, Kisch und Lagasch. Ihre Fürsten sahen sich als Stellvertreter des jeweiligen Stadtgottes. Doch erst um 2050 v. Chr. konnte Akkad als einheitliches Reich geschaffen werden. Es existierte jedoch nur ein gutes Jahrhundert. Erneut bildeten sich rivalisierende Einzelstaaten um Städte wie Isin, Larsa,

Eschnunna und Mari. Dem bis dahin unbedeutenden babylonischen König Hammurabi (reg. 1728–1686 v. Chr.) gelang es, wieder ein Großreich zu errichten. Dazu musste er sich u.a. gegen das mächtige Assyrien behaupten. Unter Hammurabis Regierung wurde der berühmte Gesetzescodex geschaffen, der dazu beitragen sollte, das vielfältige orientalische Recht zu vereinheitlichen und so eine gemeinsame juristische Grundlage für sein Reich zu schaffen. Nur der König hatte in der babylonischen Gesellschaft eine herausgehobene Stellung. Die Masse seiner Untertanen unterschied sich ausschließlich in rechtlicher und wirtschaftlicher Hinsicht sowie im sozialen Ansehen. Durch Schuldknechtschaft konnten die bürgerlichen Rechte jedoch eingebüßt werden.

Unter Hammurabis Nachfolgern zerfiel das Reich erneut. Stattdessen wuchs ab 1350 v. Chr. der assyrische Einfluss. Den Königen Adad-nerari II. (reg. 911–891 v. Chr.) und Assurbanipal II. (reg. 883–859 v. Chr.) gelang es, das Neuassyrische Reich zur wichtigsten Macht in Vorderasien werden zu lassen. Salmanassar V. konnte 722 v. Chr. das israelische Nordreich Samaria erobern. Allerdings war auch das neuassyrische Reich nicht von Dauer.

Unter Führung König Nabopolassars (reg. 626–605 v. Chr.) wurde es im 7. Jahrhundert durch das Neubabylonische Reich abgelöst. Sein Sohn Nebukadnezar II. (reg. 605–562 v. Chr.) dehnte es bis Südpalästina aus. Die Einwohner des israelischen Südstaates Juda führte er in die Babylonische Gefangenschaft. Babylon wurde 539 v. Chr. durch Kyros II. (reg. 559–530 v. Chr.) aus dem Geschlecht der Achaimeniden erobert. Es brachte Großkönige wie Darius I. (reg. 522–486 v. Chr.) und dessen Sohn Xerxes I. (reg. 486–465 v. Chr.) hervor. Beide versuchten in mehreren Feldzügen (Perserkriege der Jahre 492–490 v. Chr. und 480–479 v. Chr.) ihre Herrschaft bis nach Griechenland auszudehnen, was aber misslang. Die Griechen der klassischen Zeit glaubten sogar, dass im Achaimenidenreich ausschließlich der König frei und alle seine Untertanen versklavt seien – eine aufgrund der absoluten Machtstellung des Herrschers aus der Sicht von Außenstehenden zwar nachvollziehbare aber nicht haltbare Annahme. Demgegenüber hatte ein großer Teil der Unterschicht den Status von Hörigen.[81] Minderfreie konnten im achaimenidischen Reich Ehen schließen und Eigentum besitzen. Angesichts der Gefahr, die für die Griechen durch das persische Expansionsbestreben ausging, ist es naheliegend, solche Berichte auch als abschreckende Propaganda zu interpretieren.

Unter Dareios III. (reg. 336–330 v. Chr.) unterlag das Achaimenidenreich 333 v. Chr. bei Issos und 331 v. Chr. bei Gaugamela Alexander dem Großen. Wie Griechenland und Ägypten wurde auch der alte Orient Teil des alexandrinischen Reiches, dessen Grenzen bis an den Indus vorgeschoben wurden. Nach Alexanders Tod wurde es unter seinen Feldherrn aufgeteilt. Aus den rivalisierenden Diadochenreichen gingen letztlich drei stabile Reiche hervor: Das unter der Ptolemäer-Dynastie regierte Ägypten; das Reich der Seleukiden-Dynastie, umfassend Syrien, Mesopotamien und den Iran; sowie Makedonien unter der Herrschaft der Antigoniden.

Sklaverei

Sklaverei kann im alten Orient anhand mesopotamischer Keilschrifttexte bereits ab dem 3. Jahrtausend v. Chr. nachgewiesen werden.[82] Doch bezüglich der terminologischen Schwierigkeit, Sklaven von zwar abhängigen aber freien Einwohnern zu unterscheiden, macht auch der alte Orient keine Ausnahme. Im Reich der Sassaniden wurde der Sklavenbegriff auch auf königliche Gefolgsleute angewandt.[83] Minderfreie konnten hohe Positionen bekleiden.

Neben der ökonomischen besaßen Sklaven eine soziale Bedeutung, da sie als bewegliches Zubehör zum Wohlstand galten.[84] Für die orientalische Frühzeit sind v.a. Kriegsgefangenschaft, Sklavenhandel und unfreie Geburt wichtige Quellen zur Sklavengewinnung.[85] Hinzu kamen die Schuldknechtschaft sowie die Verurteilung von Verbrechern. Unterschiedliche Ansichten gibt es dazu, ob die nach einem Sieg deportierten Völker versklavt wurden oder schlicht als umgesiedelte Untertanen angesehen werden müssen.[86] Nicht zuletzt musste Israel mehrfach Deportationen erleiden. Seine Beteiligung an einer antiassyrischen Koalition führte 722 v. Chr. durch Salmanassar V. (reg. 726–722 v. Chr.) zur Zerstörung des Nordreiches. Ein Teil der Bevölkerung wurde verschleppt.[87] Das Gebiet wurde zur assyrischen Provinz Samaria, in der fremde Völker angesiedelt wurden. Ein ähnliches Schicksal ereilte 701 v. Chr. das Südreich Juda.[88]

Juda musste 597 und 587 v. Chr. weitere Deportationen durch die Babylonier ertragen,[89] die als »Babylonische Gefangenschaft« in die Geschichte eingingen. Nach der 597 erfolgten Unterwerfung Jerusalems durch Kronprinz Nebukadnezar II. wurden sowohl die Königsfamilie als auch die Oberschicht nach Babylon verschleppt. Dadurch sollte das Land politisch geschwächt, mögliche Aufstände unterbunden und der babylonische Herrschaftsanspruch betont werden. Doch auch der eingesetzte Vasallenkönig Zedekia fiel 589 v. Chr. von Babylon ab. Nebukadnezar II. eroberte das Land erneut und konnte Jerusalem 587 v. Chr. nach über einjähriger Belagerung einnehmen. Stadt und Tempel wurden zerstört und die überlebenden Bewohner deportiert. Auch Juda machte er nun zur Provinz.[90] Nach Dandamaev wurden die von Nebukadnezar II. ins Exil geführten Juden allerdings nicht versklavt, da die große Masse der Gefangenen nicht durch Zwangsarbeit absorbiert werden konnte.[91] Vielmehr hatten sie den Status unfreier Fronarbeiter inne, deren Nachkommen sich jedoch an die neue Gesellschaft anpassten und z.T. sogar aufstiegen. Aus dem Perserreich der Achaimeniden ist bekannt, dass Kriegsgefangene geschlossen angesiedelt und teilweise wieder zum Kriegsdienst im eigenen Heer herangezogen wurden.[92] Ähnlich verfuhr das Herrschergeschlecht der Sassaniden.[93] Hier waren es v.a. Griechen, Abessinier und Bewohner aus dem Gebiet der heutigen Türkei.

In seleukidischer Zeit galt Delos als wichtiger Sklavenmarkt. Es profitierte ab 146 v. Chr. von der römischen Zerstörung Korinths, das bis dahin ebenfalls ein mächtiges Handelszentrum gewesen war. Zur wirtschaftlichen Blütezeit sollen in Delos täglich bis zu 10.000 Sklaven angeboten worden sein.[94] Der Menschenhandel wurde zudem durch die kleinasiatische Seeräuberei gefördert. Doch schon 88 v. Chr. wurde Delos durch Mithridates VI. (ca. 130–63 v. Chr.), König von Pontus, geplündert, 69 v. Chr. von Piraten verwüstet.

Sklavinnen und Sklaven fanden in früher Zeit im Orient besonders im Haushalt Verwendung. Weitere Einsatzmöglichkeiten waren das Handwerk und die Landwirtschaft. Zum Teil wurden

Kriegsgefangene genauso wie Frauen und Kinder in Tempeln eingesetzt,[95] wo sie in angeschlossenen Manufakturen arbeiteten.[96] In der babylonischen Landwirtschaft scheint Sklaverei jedoch nur eine geringe Rolle gespielt zu haben, da sich die Beaufsichtigung der Sklaven als problematisch erwies. Vielmehr optimierte man das System, indem man Sklaven zu Unterpächtern machte, die ebenfalls andere Sklaven beaufsichtigten. Große Handelshäuser konnten mehrere hundert Sklaven besitzen, was Dandamaev für die Häuser Egibi und Manasu beschreibt. Egibi besaß 16 Häuser in Babylon und Borsippa, Manasu bewirtschaftete große Ländereien in Süd- und Mittelbabylon. Auch bei ihnen zeigt sich, dass die Ländereien v.a. an Freie vermietet und nur zu einem geringen Teil von Sklaven bewirtschaftet wurden. Von den Sklaven des Hauses Egibi besaßen manche einen eigenen Haushalt, betrieben ein eigenes Gewerbe, mussten allerdings Abgaben an die Egibi zahlen. Andere arbeiteten im Haushalt oder wurden vermietet. Auch der Einsatz von Tempelsklaven war nicht unproblematisch, da es immer wieder zu Fluchtversuchen und Widerständen bei der Arbeitsverrichtung kam. Da Sklaven zudem nicht alle anfallenden Aufgaben verrichten konnten, war man auch hier auf freie Arbeitskräfte angewiesen.[97]

Sklavengesetze finden sich neben vielen weiteren Rechtsbestimmungen in umfangreichen Gesetzessammlungen, wie sie im Codex von Eschnuna oder im berühmten Codex Hammurabi überliefert sind. Der 1902 in Susa gefundene Codex Hammurabi stammt aus der ersten babylonischen Dynastie. Erlassen unter König Hammurabi (reg. 1728–1686 v. Chr.) enthält er 282 Rechtssätze, die sumerische sowie babylonische Rechtstraditionen weiterführten und sich besonders mit dem Vergeltungsprinzip an semitische Stammesrechte anlehnten. Auch in diesem Codex findet sich das Wort »Knecht« in mehreren Bedeutungen: etwa im Sinne von »Untertan des Königs« oder im Sinne von »Sklave«. § 7 zeigt, dass Sklaven durchaus als geschäftsfähig angesehen wurden, da in ihrem Falle für den An- und Verkauf von Gütern die gleichen Bedingungen galten wie für Freie. Wer einen Sklaven »zum Stadttor hat hinausgehen lassen« – wer also die Flucht eines Sklaven unterstützte –, dem drohte genauso die Todesstrafe (§ 15) wie jemandem, der einen flüchtigen Sklaven versteckte.

(§§ 16, 19) Stattdessen war das Ergreifen und Zurückbringen flüchtiger Sklaven Pflicht. § 17 schrieb vor, dass der Herr eines entlaufenen Sklaven, der zu ihm zurückgebracht wurde, dem »Finder« 2 Sekel Silber als Belohnung zu zahlen hatte. Dies ging natürlich nur, wenn der Name des Herrn bekannt war. Sollte sich der Sklave jedoch weigern, den Namen zu nennen, so musste er im Palast abgeliefert werden, dessen Beamte seinen Fall dann untersuchten. (§ 18) Sollte der Sklave allerdings dem seiner Pflicht zur Ergreifung nachgekommenen Bürger erneut entfliehen, dann drohten auch dem Bürger rechtliche Schwierigkeiten – allerdings nicht, wenn er seine Unschuld vor Gott beteuerte:

> [...] [W]enn der Knecht aus der Hand dessen, der ihn ergriffen hat, entlaufen ist, so schwört dieser Bürger dem Herrn des Knechtes bei dem Gott und geht frei aus.[98]

Kinder, die ein Herr mit seiner Sklavin gezeugt hatte, konnten freikommen und waren neben frei geborenen Kindern unter Umständen sogar erbberechtigt. (vgl. §§ 170, 171) Die Kinder, die ein Sklave mit der »Tochter eines Bürgers« gezeugt hatte, erbten den freien Status der Mutter und waren vor dem Zugriff des Sklavenbesitzers geschützt. § 175 schloss diesbezüglich einklagbare Ansprüche des Besitzers auf die Kinder ausdrücklich aus:

> Wenn sei es ein Palastknecht oder der Knecht eines Untergebenen die Tochter eines Bürgers genommen und sie Kinder geboren hat, so hat der Herr des Knechts gegenüber den Kindern der Bürgertochter auf deren Sklaveneigenschaft keinen einklagbaren Anspruch.[99]

Für den Fall, dass sich die bei einem Sklavenhändler gekaufte »menschliche Ware« im Nachhinein als »mangelhaft« erwies, sah der Codex Hammurabi ein Rückgaberecht vor, das jedoch an Bedingungen geknüpft war. § 278 geht dabei ausdrücklich auf die sogenannte bennu-Krankheit ein, bei der es sich eventuell um Epilepsie handeln könnte.[100]

> Wenn ein Bürger einen Diener oder eine Magd gekauft und er/sie, da der Monat noch nicht voll ist, die bennu-Krankheit befallen hat, so gibt er (ihn) seinem Verkäufer zurück, und der Käufer nimmt das Silber, das er gezahlt hat, wieder an sich.[101]

Somit konnte der Käufer den erkrankten Sklaven als offensichtlich »mangelhafte Ware« gegen Erstattung des Kaufpreises an den Verkäufer zurückgeben. Sollte auf einen zum Verkauf stehenden Sklaven von anderer Seite Eigentumsanspruch geltend gemacht werden, so war der Verkäufer verpflichtet diesem nachzukommen. (§ 279) Sollte ein Sklave das Eigentumsrecht seines rechtmäßigen Herrn an ihm bestreiten und sein Besitzer konnte es in der Folgezeit nachweisen, so wurde der Sklave durch das Abschneiden eines Ohres bestraft. (§ 282)

Der Codex Hammurabi machte einen Unterschied zwischen den Sklaven fremder Völker und den eigenen Landsleuten, die im Ausland in die Sklaverei geraten waren. Auch ihr Freikauf wurde geregelt:

> Wenn ein Kaufmann einen Soldaten oder einen Netzkämpfer, der auf dem Feldzuge des Königs weggeführt worden ist, ausgelöst und ihn zu seiner Stadt hat hingelangen lassen, so löst dieser, wenn in seinem Hause etwas zum Auslösen vorhanden ist, sich selbst aus; wenn in seinem Hause nichts zu seiner Auslösung vorhanden ist, so wird er im Hause des Gottes seiner Gemeinde ausgelöst; wenn im Hause des Gottes seiner Gemeinde zu seiner Auslösung nichts vorhanden ist, so löst ihn der Palast aus; sein Feld, sein Baumgarten und sein Haus wird nicht als Lösung für ihn hingegeben.[102]

Schuldsklaverei kam zwar vor, wurde im 1. Jahrtausend aber selten praktiziert. Die Gründe dürften in dem generell hohen Lebensstandard liegen und in der Möglichkeit eines Schuldners, sich als Tagelöhner zu verdingen. Familienoberhäupter durften zwar ihre Kinder verpfänden. Diese kamen jedoch frei, sobald die Schuld beglichen war. Der Codex Hammurabi begrenzte die Schuldsklaverei auf maximal drei Jahre. (§ 117) Der Verkauf der Ehefrau war verboten. Auch war die Freilassung von Sklaven erlaubt, was aber selten geschah.[103] Wollte sich ein Sklave der Seleukidenzeit freikaufen, musste er seine Ersparnisse (»peculium«) einem Gott stiften, damit dieser ihn symbolisch von seinem Herrn auslöste.[104]

In neubabylonischer und achaimenidischer Zeit nahm die Tendenz zu, Sklaven eine eigene wirtschaftliche Existenz zu gewähren. Zum einen arbeiteten sie nun auf eigene Verantwortung, was ihre Arbeit für ihren Herrn profitabler machte, zum anderen nahmen sie aktiv am Wirtschaftsleben teil. Außerdem sank die Fluchtgefahr.[105]

Griechenland und Rom

Athen

Politik und Gesellschaft

Athen war der Hauptort der Halbinsel Attika, die es im Zuge seines ab dem 10. Jahrhundert v. Chr. erfolgten Aufstiegs politisch beherrschte. Zunächst ein Königtum, teilte man in der Zeit der klassischen Polis königliche Funktionen auf Staatsbeamte (Archonten) auf. Die Bürgerschaft wurde durch Stammes- und Familienbindungen (Phylen und Phratrien) strukturiert. In der Anfangszeit scheint es vier Phylen gegeben zu haben: die der Bauern, Handwerker, Priester und Krieger.[106] An der Spitze der Gesellschaft stand der erbliche Adel, der Grundbesitz und politische Rechte besaß. Wirtschaftliche und soziale Spannungen machten ab dem 7. Jahrhundert politische und soziale Reformen notwendig. Unter dem Gesetzgeber Drakon erfolgte 621 v. Chr. die erstmalige Aufzeichnung des athenischen Strafrechts, das auch das Schuldrecht umfasste. Die Kodifizierung stellte den Versuch dar, durch harte staatliche Rechtsprechung (»drakonische« Strafen) die übliche Blutrache einzudämmen.

Weitere Änderungen, die 594 v. Chr. unter Solon (640–560 v. Chr.) vorgenommen wurden, machten den politischen Einfluss des Einzelnen nicht mehr von seiner Herkunft sondern von seinem Vermögen abhängig. Die solonischen Reformen waren eine wichtige Grundlage zur Entstehung der athenischen Demokratie. Gleichwohl gelang es noch Peisistratos (um 600–527 v. Chr.) und seinen Söhnen, eine Tyrannis zu errichten, die aber 510 v. Chr. gestürzt wurde. Die Verfassungsreform des Kleisthenes ab 509 v. Chr. baute auf den solonischen Reformen auf. Sie bemühte sich um die Gleichstellung der Bürger, indem die verschiedenen sozialen Gruppen durch eine veränderte Phylenstruktur vermischt wurden.

Doch die athenische Demokratie beruhte keineswegs auf einer Gleichstellung aller Bevölkerungsschichten. Man kann davon ausgehen, dass nur 2/5 der Bevölkerung tatsächlich freie Personen waren.[107] Frauen durften zwar an kultischen Handlungen teilnehmen. Doch ihnen standen ebenso wenig wie Metöken politische Rechte zu. Somit reduzierte sich die Zahl der Bürger, die alle politischen Rechte ausüben konnten, auf eine Minderheit. Obwohl die in Athen ansässigen Metöken einen wichtigen Wirtschaftsfaktor darstellten, waren sie vielfältig benachteiligt: etwa durch Zahlung einer Metökensteuer, sie durften keinen Grundbesitz erwerben und keine athenische Bürgerin heiraten. In einem Gerichtsprozess mussten sie sich von einem athenischen Bürger vertreten lassen.[108] Sollten sie versuchen, sich das athenische Bürgerrecht unrechtmäßig anzueignen, drohte ihnen die Sklaverei.[109]

Durch die erfolgreiche militärische Abwehr persischer Eroberungsversuche der achaimenidischen Großkönige Darius I. in den Jahren 492–490 v. Chr. sowie Xerxes I. von 480–479 v. Chr. war Athen zu Beginn des 5. Jahrhunderts neben Sparta zu einer Großmacht aufgestiegen. Im Anschluss an die Perserkriege bemühten sich die Athener, ihre Stellung als Seemacht auszubauen. Allerdings entstand dadurch ein gefährlicher Dualismus zwischen beiden Mächten. Themistokles (525–459 v. Chr.) baute den Piräus zum Kriegshafen aus und setzte 483 v. Chr. den Bau einer athenischen Flotte durch. Zwar war der Attisch-Delische Seebund 477 v. Chr. mit dem Ziel gegründet worden, Griechenland vor den Persern zu schützen, doch entwickelte er sich bald zu einem athenischen Machtinstrument. Hatte man die Bundeskasse zunächst auf der Insel Delos deponiert, auf der auch die Bundesversammlung tagte, so wurde die Kasse 454 v. Chr. nach Athen überführt. Sparta besaß mit dem Peloponnesischen Bund ein eigenes Bündnissystem.

Die Spannungen zwischen beiden Mächten entluden sich im Peloponnesischen Krieg (431–404 v. Chr.). Er endete mit einer verheerenden Niederlage Athens: Seine Mauern wurden geschliffen und der Seebund löste sich auf. Unter spartanischem Einfluss wurde die sogenannte Herrschaft der Dreißig Tyrannen (404–403 v. Chr.) errichtet, die sich jedoch nicht halten konnte. Innenpolitisch kehrte man zu einer demokratischen Ordnung zurück.

Zur Abwehr des spartanischen Vorherrschaftsanspruchs in Griechenland wurde 378 v. Chr. der Attische Seebund neu gegründet. Er zerfiel 354 v. Chr. nach dem athenischen Krieg gegen abgefallene Bundesgenossen (357–355 v. Chr.). Weiter geschwächt wurde der Stadtstaat durch den Kampf gegen das aufstrebende Makedonien unter Philipp II. (382–336 v. Chr.), dem Vater Alexanders des Großen. In der Schlacht von Chaironeia verlor Athen 338 v. Chr. seine Unabhängigkeit. Da es im ersten Mithridatischen Krieg (89–84 v. Chr.) Roms Mithridates VI. von Pontos (130–63 v. Chr.) unterstützt hatte, wurde es 86 v. Chr. unter Konsul Lucius Cornelius Sulla (138–78 v. Chr.) geplündert und kam unter römische Herrschaft.

Sklaverei

Vom Einsetzen der Geldwirtschaft profitierte auch der Sklavenhandel ab dem 6. Jahrhundert v. Chr. Er entwickelte sich zu einer gesellschaftlichen Institution. Der Händler musste die im Gegenzug erhaltenen Münzstücke nicht eigens zu prüfen, da sie einen bestimmten Wert garantierten, mit dem gerechnet werden konnte. Als Tauschmittel waren sie leicht zu transportieren.

Neben dem Krieg war der gewerbliche Handel eine bedeutende Sklavenquelle. Außer Kriegsgefangenen drohte auch der Bevölkerung eroberter Städte die Sklaverei, sofern man sie am Leben ließ. Hinzu kam Menschenraub durch Piraterie. Es konnte aber auch vorkommen, dass Väter als Familienoberhäupter gezwungen waren, ihre Kinder aus Armut zu verkaufen. Sofern der von Xenophon berichtete Fall des syrakusanischen Arztes Menekrates der Wahrheit entspricht, stellt er sicher eine extreme Ausnahme dar: Die von ihm behandelten Kranken mussten sich zur Sklaverei verpflichten, wenn sie aufgrund seiner Behandlung wieder gesund wurden.[110]

Einmal mehr erwies sich Delos als wichtiger Markt. Hinzu kamen Chios, Samos, Byzantion und Zypern.[111] Im Gegensatz zur großen Nachfrage nach Sklaven besaßen professionelle Händler jedoch nur geringes Ansehen, besonders wenn sie Griechen verkauften.[112] Durch die landwirtschaftliche Krise und die auf Landgüter aufgenommenen Hypotheken zu Beginn des 6. Jahrhunderts hatte das Problem der Schuldknechtschaft große Bedeutung erhalten. Da man ähnlich wie in vielen anderen Kulturen auch in Athen eine Scheu davor hatte, Landsleute zu eigenen Sklaven zu machen, wurden sie außerhalb Athens verkauft. Die solonischen Reformen hoben jedoch nicht nur Hypothekenschulden für Grundbesitz auf und untersagten die Schuldknechtschaft. Zudem wurden in ihrem Zuge auch Athener freigekauft, die sich bereits in Schuldknechtschaft befanden.

Sklaven konnten grundsätzlich zu fast allen Tätigkeiten eingesetzt werden, die Freien möglich waren. Haussklaven arbeiteten in der Hauswirtschaft oder als Diener. Aufgrund des mitunter hohen Bildungsstandes sind – nicht nur für Athen – Fälle überliefert, in denen Sklaven als Erzieher oder Ärzte eingesetzt wurden. Sie arbeiteten in der Landwirtschaft ebenso wie in Handel und Gewerbe. Inschriftenfunde auf der Akropolis zeigen, dass sie die gleichen Arbeiten wie freie Handwerker verrichteten. Der Unterschied war jedoch, dass Sklaven den Lohn an ihre Besitzer abliefern mussten.[113] Versklavte Skythen wurden in Athen sogar als Polizeieinheit eingesetzt und erhielten einen täglichen Sold von 3 Obolen.[114] Die 1.000 Mann starke Einheit war 476 v. Chr. begründet worden und auf dem Areopag stationiert.[115] Versklavte Frauen konnten zur Prostitution gezwungen werden. Der Sklavenbesitz war nicht nur auf athenische Bürger beschränkt, auch Metöken konnten Sklaven besitzen. So weiß man, dass in der Waffenfabrik des Kephalos 120 Sklaven arbeiteten.[116]

Eines der schwersten Schicksale kam sicherlich den Sklaven zu, die für Bergbauarbeiten eingesetzt wurden. Die Silberminen von Laureion bieten dazu ein berüchtigtes Beispiel. Laureion war ein attisches Bergbaugebiet, in dem seit der Zeit des Peisistratos bis in die römische Zeit hinein Silber und Blei abgebaut wurden. Die Minen befanden sich seit dem 5. Jahrhundert in Staatsbesitz. Sie dienten als Hauptquelle für die staatlichen Finanzen, da die Bergbauunternehmer unabhängig von der geförderten Menge eine feste Pacht an den Staat zahlen mussten. Der Abbau war lukrativ und förderte im 5. Jahrhundert jährlich bis zu 20 Tonnen Silber, das nicht zuletzt für die Münzprägung im Rahmen der Geldwirtschaft benötigt wurde. Die großen Silbermengen, die durch die Eroberungs- und Beutezüge Alexanders des Großen auf den griechischen Markt kamen, führten jedoch zum Einbruch des Silberpreises.[117]

Der Abbau war körperlich belastend und gefährlich. Bei schlechter Belüftung und Beleuchtung arbeiteten die Menschen auf den Knien oder im Liegen. Zum Teil handelte es sich um freie Lohnarbeiter, zum größten Teil jedoch um Sklaven. Sie konnten von ihren Besitzern auch zu Bergbauarbeiten vermietet werden. Besonders reichen Besitzern, die sich viele Sklaven leisten konnten, war es auf diese Weise möglich, Gewinne zu erzielen. So vermietete der athenische Politiker Nikias (470–413 v. Chr.), der 421 v. Chr. während des Peloponnesischen Krieges den zeitweisen »Nikiasfrieden« mit Sparta schloss, 1.000 Sklaven an den Bergbauunternehmer Sosias (um 470–413 v. Chr.), der selbst Sklave war. Für jeden der 1.000 Sklaven erhielt Nikias täglich eine Obole. Daraus ergab sich nach Cech eine tägliche Menge von 0,72 kg Silber. Kam ein Sklave ums Leben, hatte Sosias für Ersatz zu sorgen.[118]

Die benachbarte Festungsstadt Thorikos bot neben einem wichtigen Hafen auch einen Sklavenmarkt, auf dem Menschen ebenfalls für die Bergbauarbeit gekauft werden konnten. Man geht heute davon aus, dass im 4. Jahrhundert ca. 30.000 Sklaven in den Bergwerken Laureions arbeiteten. Angesichts der Schwere und Gefährlichkeit dieser Arbeiten erscheinen gerade hier Sklavenfluchten und Aufstände als logische Konsequenz. Für 413 v. Chr. überliefert Thukydides eine Massenflucht von 20.000 Sklaven während des Peloponnesischen Krieges.[119] Nach Demandt handelte es sich bei ihnen v.a. um Bergwerkssklaven.[120] Beeinflusst von den römischen Sklavenkriegen der Jahre 136–132 v. Chr. und 104–101 v. Chr. kam es auch in Laureion zu Aufständen.[121] Nachdem Athen 86 v. Chr. unter Sulla geplündert und in das Römische Reich eingegliedert worden war, fand der Bergbau in Laureion ein Ende.[122]

Ähnlich wie Sklaven für Bergbauarbeiten vermietet wurden, bestand diese Möglichkeit auch für landwirtschaftliche Tätigkeiten auf den Feldern von Kleinbauern. Für einen Sklaven war nicht nur der Kaufpreis aufzubringen, sondern auch der tägliche Unterhalt. Dies konnte die finanziellen Möglichkeiten kleiner

Bauern durchaus übersteigen, obwohl sie bei der Feldarbeit auf Hilfe angewiesen waren. Demgegenüber konnte sich die Anmietung von Sklaven für bestimmte Tätigkeiten von reichen Bürgern oder Metöken als wirtschaftlich günstiger erweisen.[123]

Juristisch gesehen waren athenische Sklaven nur mit Erlaubnis ihres Herrn ehe- und geschäftsfähig. Im Strafrecht wurden sie strenger bestraft als Freie und in einem Prozess durften sie ausschließlich unter der Folter aussagen.[124] Zwar besaß ihr Herr das Recht zur Züchtigung, doch die Ermordung eines Sklaven wurde auch rechtlich als Mord geahndet. Freilassungen waren möglich. Freigelassene erhielten den Status von Metöken, d.h., sie waren ortsansässigen Fremden gleichgestellt. Diese besaßen keine politischen Rechte, durften keinen Grundbesitz erwerben, mussten jedoch Steuern zahlen und waren zur Heeresfolge verpflichtet. Jedoch blieben Freigelassene auch ihrem ehemaligen Herrn zu Dienstleistungen verpflichtet. Aus hellenistischer Zeit sind viele Freilassungsurkunden bekannt.[125]

Demographische Schätzungen zeigen die Bedeutung der Sklaverei in klassischer Zeit: Man geht davon aus, dass vor dem Peloponnesischen Krieg ungefähr 250.000 bis 300.000 Menschen in Attika lebten. Nur 30.000 bis 50.000 Männern kamen politische Rechte im Rahmen der athenischen Demokratie zu. Weitere 25.000 Menschen waren Metöken und ca. 80.000 Sklaven. Demnach betrug der Sklavenanteil zwischen einem Viertel und einem Drittel der attischen Gesamtbevölkerung. Nimmt man die Gesamtzahl aller in Griechenland lebenden Sklaven mit etwa 850.000 an, dann dürften allein in Attika 10 % aller griechischen Sklaven gelebt haben.[126]

Es finden sich Beispiele, dass Sklaven auch zu militärischen Zwecken eingesetzt wurden, etwa als Ruderer in der Flotte oder als Waffenknechte im Heer. Während der Perserkriege kämpften sie 490 v. Chr. bei Marathon und während des Peloponnesischen Krieges 406 v. Chr. in der Seeschlacht der Argenusen. Mit einer möglichen Freilassung als Ziel vor Augen scheint sich ihr Einsatz in beiden Fällen bewährt zu haben. Doch obwohl sie dabei ihr Leben für ein Gemeinwesen riskierten, in dem sie selbst als Sklaven auf der untersten gesellschaftlichen Stufe lebten, brachte ihr Einsatz nicht automatisch eine Veränderung ihres Sklavenstatus mit sich. Und auch zum Kriegsdienst Freigelassene scheinen nur den Status von Metöken und nicht etwa das Bürgerrecht erhalten zu haben.[127]

Sklavenfluchten während des Kampfes kamen vor, doch waren sie riskant. Da sich der Sklave in der Regel nicht in seiner Heimat befand, war es für ihn schwierig, Zuflucht zu finden. Daher hätte er sich unter der permanenten Gefahr, ergriffen zu werden, durchschlagen müssen. Das Heer des Gegners bot nur dann ein sicheres Ziel, wenn Aussicht auf Freilassung bestand. Doch auch dies war nicht gesichert und der Gegner konnte ihn ebenfalls als Sklaven oder – noch schlimmer – als entlaufenen Sklaven behandeln. Andererseits besaßen Sklaven möglicherweise Kenntnisse lokaler Gegebenheiten, die für den Gegner wertvolle Informationen waren, so dass er von Überläufern durchaus profitieren konnte. Aus dem Peloponnesischen Krieg ist bekannt, dass die Athener 412/411 v. Chr. entlaufene Sklaven aus Chios aufnahmen, deren Ortskenntnisse sie bei der Belagerung verwendeten.[128] Ähnliches gilt für die Flucht spartanischer Heloten.

Sparta

Politik und Gesellschaft

Das antike Sparta – von seinen Bewohnern Lakedaimon genannt – lag im Eurotasbecken, am Fuße des Taygetosgebirges. Im Zuge der dorischen Wanderung entstanden dort im 10. Jahrhundert v. Chr. vier einzelne Siedlungsgruppen, die ihren Herrschaftsbereich ab dem 8. Jahrhundert in mehreren Feldzügen über Nordlakonien, Teile Südarkadiens sowie über das Grenzgebiet zur Argolis erweiterten. Zwei schwere Kriege des 8. und 7. Jahrhunderts führten zur Unterwerfung Messeniens (Erster und Zweiter Messenischer Krieg). Die in Messenien und Lakonien ansässige Bevölkerung wurde helotisiert, d.h., ihre Angehörigen behandelte man fortan als Staatssklaven. Doch gerade Messenien sollte sich in den kommenden Jahrhunderten als ständiger Unruheherd erweisen, weshalb die spartanische Herrschaft über dieses Gebiet nie als gesichert gelten konnte. Die ständige Furcht vor Aufständen hatte weitreichende Konsequenzen.

So entwickelte sich Sparta gesellschaftlich und politisch zu einem Militärstaat, der auch außenpolitisch zu einer Großmacht heranwuchs. Ihm stand ein Doppelkönigtum aus den Geschlechtern der Agiaden und Eurypontiden vor, zu deren Aufgaben priesterliche Funktionen und die Heeresführung gehörten. Die Könige waren Mitglieder des 30-köpfigen Ältestenrates (Gerusia), der schwere Gerichtsprozesse verhandelte und über Anträge beriet, die anschließend der Volksversammlung (Apella) vorgelegt wurden. Zugang zur Apella hatten alle Vollbürger ab dem 30. Lebensjahr. Fünf Ephoren berieten und beaufsichtigten die Könige, konnten diese notfalls auch anklagen und beriefen die Vollversammlung ein. Gemeinsam mit der Gerusia leiteten die Ephoren die Außenpolitik.

Eventuell aus Angst vor messenischen Aufständen wurde im 6. Jahrhundert unter Spartas Führung mit benachbarten Staaten der Peloponnesische Bund begründet. Er sah die gemeinsame Kriegführung auf Basis eines Bundesbeschlusses vor. Den außenpolitischen Höhe – aber zugleich auch Wendepunkt seiner Macht erlangte Sparta 404 v. Chr. durch den Sieg über Athen im Peloponnesischen Krieg. Der Peloponnesische Bund zerfiel im Anschluss an die 371 v. Chr. bei Leuktra erlittene Niederlage Spartas gegen Theben. Von 192/191 bis 146 v. Chr. gehörte Sparta dem Achaischen Bund an. Da es im Krieg des Bundes gegen Rom nicht gegen die letztlich siegreichen Römer vorgegangen war, erhielt es 146 v. Chr. den Status einer freien Stadt.

Spartas Gesellschaft kann als demographische Pyramide beschrieben werden, die drei große Bevölkerungsgruppen umfasst: Im 5. Jahrhundert v. Chr. herrschten 5.000 spartanische Vollbürger über 60.000 Perioiken, bei denen es sich um freie Bauern oder Handwerker des Umlandes handelte. Zwar waren sie zu Abgaben und zur Heeresfolge verpflichtet, doch ihre politischen Rechte waren beschränkt. Die unterste Schicht der Gesellschaft bildeten ca. 200.000 Heloten.[129] Macht man sich den helotischen Widerstand gegen ihre Unterwerfung bewusst, so wird deutlich, welche Gefahr aus spartanischer Sicht seitens dieser Bevölkerungsgruppe drohte.

Um sie niederzuhalten, wurden sie militärisch und politisch unterdrückt, wirtschaftlich und sozial ausgebeutet. Die beständige Repression konnte auf Dauer nur durch die Herausbildung eines Militärstaates gesichert werden. Spartanische Männer durchliefen bis zu ihrem 20. Lebensjahr ein hartes militärisches Training, das sie zu gefürchteten Soldaten erzog. Sie führten ein strenges Gemeinschaftsleben in Speisegemeinschaften (Syssitien). Daraus folgte, dass spartanische Frauen im Vergleich zu anderen griechischen Städten viel größere wirtschaftliche und soziale Rechte besaßen. Denn sie mussten anstelle des kasernierten Mannes die Verwaltung der Wirtschaftsgüter leiten und die wichtigen Beiträge zu den Speisegemeinschaften sicherstellen. Zusätzlich mussten sie Gymnastik betreiben, um möglichst kräftige Kinder zu gebären. Schwächliche Kinder wurden dagegen in einen Erdschlund des Taygetosgebirges geworfen.[130]

Sklaverei

Die Heloten wurden unter den Spartanern aufgeteilt und bebauten deren Ländereien. Dabei hatten sie hohe Abgaben zu leisten.[131] Ähnlich mittelalterlichen Leibeigenen besaßen sie eigene Häuser und Werkzeuge.[132] Heloten durften nicht verkauft werden, denn dies hätte das spartanische Ideal der Besitzgleichheit gefährden können. Zum anderen trugen die helotischen Erträge und Abgaben dazu bei, die spartanische Gesellschaftsordnung aufrecht zu erhalten. Ein Verkauf dieser Staatssklaven in größerem Umfang hätte die bestehende Ordnung gefährden können. Somit befanden sie sich in einer schier ausweglosen Situation, die in Aufständen und Befreiungsversuchen mündete und die aus spartanischer Sicht die harte militärische und soziale Unterdrückung dieser Bevölkerungsgruppe erforderte.

Dadurch, dass man den Heloten jedes Jahr erneut den Krieg erklärte, befand man sich nicht nur in einem permanenten Kriegszustand mit ihnen, sondern konnte sie auch jederzeit als Kriegsgegner töten, ohne die Götter zu erzürnen. Um die Gewalt zur Unterdrückung aufrecht zu erhalten und Furcht zu verbreiten, gehörte es zur Ausbildung junger Spartaner, einmal im Jahr Heloten zu erschlagen. Sie stellten somit das »Freiwild« für militärische Übungen.[133] Auch ansonsten scheint man nichts ausgelassen zu haben, um zu versuchen, das Selbstbewusstsein dieser Bevölkerungsgruppe zu brechen und ihr beständig den niedrigen Sklavenstatus vorzuhalten: Heloten erhielten jährliche Stockschläge, beim Tod eines spartanischen Königs wurden sie zur öffentlichen Trauer gezwungen, und nachdem man sie zuvor zum Weintrinken genötigt hatte, wurden betrunkene Heloten der Bevölkerung als abschreckende Beispiele vorgeführt. Doch Kinder, die Spartaner mit Helotenfrauen gezeugt hatten, erbten nicht den Status der Mutter, sondern nahmen an der staatlichen Erziehung teil.[134]

Nichtsdestotrotz griff man für Hilfsdienste im Krieg auf Heloten zurück. Ein Spartaner konnte bis zu sieben von ihnen als Schwert- und Schildträger mit ins Feld nehmen. In den Perserkriegen kämpften sie 479 v. Chr. unter Pausanias (gest. 467/466 v. Chr.) in der Schlacht von Plataiai als Leichtbewaffnete. Ebenso dienten sie im 4. Jahrhundert als Ruderer in der spartanischen Flotte.[135] Freilassungen waren zwar möglich, doch konnten sie nur vom spartanischen Staat vorgenommen werden. Kämpften Heloten als schwerbewaffnete Hopliten im Krieg, scheinen sie auch freigelassen worden zu sein.[136] Als Neubürger (Neodamoden) besaßen sie dann jedoch nur eingeschränkte Rechte. Militärisch bildeten sie eigene Einheiten.[137]

Um 500 v. Chr. ging Sparta auch aus dem Dritten Messenischen Krieg siegreich hervor, ebenso schlug es den Aufstand der Jahre 464–460 v. Chr. nieder. Erst nach der Niederlage, die es 371 v. Chr. bei Leuktra gegen Theben erlitt, und dem daraus resultierenden militärischen Machtverlust konnte Messenien durch weitere Feldzüge des thebanischen Feldherrn Epiminondas (um 420–362 v. Chr.) befreit werden und 369 v. Chr. erneut ein unabhängiger Messenischer Staat entstehen. Auch zum Kampf gegen Theben hatte Sparta Heloten rekrutiert, denen die Freiheit versprochen worden war.[138]

Um sich außenpolitisch abzusichern und Schutz vor Sparta zu finden, war dieser neue messenische Staat um gute Beziehungen zu Theben, Argos, Athen und Makedonien bemüht. Damit verlor die spartanische Staats- und Gesellschaftsordnung einen großen Teil ihrer Existenzgrundlage. Nach der Niederlage von Leuktra kam der Zerfall des Peloponnesischen Bundes hinzu. Von diesen

Schlägen konnte sich Sparta nicht mehr erholen. Zwar standen die lakonischen Heloten noch bis in die römische Zeit unter spartanischer Herrschaft, doch auch die Zahl der Vollbürger sank, so dass einschneidende gesellschaftspolitische Veränderungen notwendig wurden.[139] Unter König Nabis (reg. 207–192 v. Chr.) wurde die inzwischen stark verringerte Bürgerzahl durch Heloten aufgestockt, ohne allerdings das Helotenwesen insgesamt abzuschaffen.[140]

Zwar hatte die Helotisierung Messeniens und Lakoniens im 8. und 7. Jahrhundert fundamentale Auswirkungen auf die Herausbildung und Aufrechterhaltung der spartanischen Lebensweise. Doch als Staatssklaverei und durch die angewandten Mittel zur Unterdrückung unterschied sie sich deutlich von der Sklaverei im herkömmlichen Sinne. In der historischen Forschung wird der helotische Sklavenstatus auch angezweifelt, da sie beispielsweise nicht verkauft werden durften.[141] Auch Demandt, der in ihrem Falle selbst den Begriff der »Kollektivsklaverei« vorschlägt, verweist darauf, dass Heloten eine Mittelstellung zwischen Freien und Sklaven zukam. Ähnliche Arten der »Kollektivsklaverei« sind aus Byzanz, Milet, Thessalien und Kreta bekannt. In Thessalien wurden die dort siedelnden Penesten von den späteren Einwanderern unterworfen und zu Zinsbauern gemacht.[142]

Rom

Politik und Gesellschaft

Das um 650 v. Chr. als Siedlung in der mittelitalienischen Region Latium entstandene Rom wurde zunächst von etruskischen Königen beherrscht, unter denen es sich zu einem Stadtstaat entwickelte. Das politischen Einfluss besitzende Patriziat bestand aus etwa 300 Geschlechtern (Gentes). Nach Vertreibung des letzten Königs 509 v. Chr. übernahmen die Patrizier in der neu entstandenen Republik Regierung und Verwaltung.

Die Zahl der Bürger wird zu dieser Zeit auf ca. 80.000 Personen geschätzt.[143] An der Spitze der römischen Familien stand der pater familias mit sehr weitreichenden Machtbefugnissen. Sie umfassten sogar die Todesstrafe gegenüber Familienangehörigen. Erst um 370 v. Chr. wurden seine Befugnisse eingeschränkt. Die römische Gesellschaft war landwirtschaftlich geprägt. Höchstes politisches Organ war der Senat. Seine Mitglieder stammten zunächst ausschließlich aus dem Patriziat, das auch die beiden Prätoren/Konsuln stellte. Die Macht der Patrizier beruhte auf dem Klientelwesen, d.h., eine Person war umso mächtiger, je mehr Hörige sie um sich scharen konnte. Zu dieser Klientel gehörten auch freigelassene Sklaven, von denen man erwartete, dass sie sich aus Dankbarkeit und Treue gegenüber ihrem bisherigen Herrn in die Schar der Klienten einreihten.[144]

Demgegenüber besaß die plebejische Unterschicht zunächst keine politischen Rechte, doch erkämpfte sie sich diese in den kommenden zwei Jahrhunderten. Während der Ständekämpfe erreichte sie um 450 v. Chr. die Kodifizierung des römischen Rechts im Zwölf-Tafel-Gesetz. Zugang zum Konsulat erhielt sie 363 v. Chr., zu den Priesterämtern 300 v. Chr. Die rechtliche Gleichstellung ihrer Plebiszite mit den Leges erfolgte 287 v. Chr.

In republikanischer Zeit dehnte sich Rom zunächst über Süditalien aus. Der Erste Punische Krieg (264–241 v. Chr.) brachte erstmals Kämpfe außerhalb Italiens, den Sieg über das mächtige Karthago und den Gewinn Siziliens. Ebenso siegte Rom im Zweiten Punischen Krieg (218–201 v. Chr.), in dem es sich mit einer von Hannibal (247/246–183 v. Chr.) über die Alpen geführten Streitmacht konfrontiert sah, und eroberte Spanien. Die karthagische Flotte hatte in diesem Krieg 5.000 Rudersklaven gekauft. Sklaverei war zwar auch in Rom bekannt, doch erst in dieser Zeit gewann sie durch die Massenversklavung von Kriegsgefangenen und eroberten Städten wirtschaftliche Bedeutung.[145]

Das Seleukidenreich unter Antiochus III. (242–187 v. Chr.) wurde 188 v. Chr. geschlagen. Hatte Rom bereits im Zweiten Makedonischen Krieg (200–197 v. Chr.) gesiegt, so brachte der Dritte Makedonische Krieg (172/171–168 n. Chr.) die Zerschlagung Makedoniens in vier Republiken, die 148 v. Chr. als Provinz Macedonia in das expandierende Reich eingegliedert wurden. Der Dritte Punischen Krieg (149–146 v. Chr.) endete mit der endgültigen Zerstörung Karthagos. Zugleich siegte Rom im Krieg gegen den Achaischen Bund, dem inzwischen auch Sparta angehörte, in dessen Verlauf 146 v. Chr. auch die Handelsmacht Korinth zerstört wurde.

Damit war Rom im zweiten vorchristlichen Jahrhundert zur Großmacht aufgestiegen und beherrschte den gesamten Mittelmeerraum. Die Zahl seiner Bürger war bis um 200 v. Chr. auf etwa 214.000 angestiegen.[146] Doch der Preis dafür bestand in wirtschaftlichen, sozialen und innenpolitischen Konflikten. Der beständige Kriegseinsatz hatte das zur Heeresfolge verpflichtete italische Bauerntum dezimiert. Im Kontrast zu seiner eigenen Lage, sah sich dieses nun einem immer reicher gewordenen Adel und der neuen Schicht des Ritterstandes gegenüber. Die Bewirtschaftung großen Grundbesitzes (Latifundien) nahm zu und erforderte einen hohen Sklavenbedarf. Die von dem Volkstribunen Tiberius Sempronius Gracchus (162–133 v. Chr.) vorgeschlagene Neuverteilung staatlichen Landes lehnte der Senat ab, da es v.a. von adeligen Gutsbesitzern beansprucht wurde. In dem folgenden Machtkampf wurden Gracchus und seine Anhänger erschlagen. Sein 123 und 122 v. Chr. zum Volkstribunen gewählter Bruder Gaius Sempronius Gracchus (153–121 v. Chr.) versuchte, die Reformpolitik fortzusetzen und die Vormachtstellung des Senats zu brechen. Bei weiteren Unruhen kam auch er ums Leben. Es wird berichtet, er habe sich von einem Sklaven töten lassen.

Erst das unter Gaius Marius (156–86 v. Chr.) geschaffene Berufsheer konnte den Bauernstand entlasten, schuf mit der erforderlichen Versorgung seiner Veteranen aber ein neues Problem. Auch die römischen Bündnispartner forderten ihren Anteil und erkämpften im Bundesgenossenkrieg (91–89 sowie 82 v. Chr.) die Verleihung des römischen Bürgerrechts. Der römische Senat war in die Parteien der Optimaten und Popularen gespalten. Während sich die Optimaten zur herkömmlichen Vorrangstellung des Adels bekannten, verfolgten die Popularen das Ziel, die Politik unter Umgehung des Senats mit dem Volk zu bestimmen. Zu Letzteren zählten auch Marius und Gaius Julius Caesar (100–44 v. Chr.). Die Situation eskalierte, nachdem Konsul Lucius Cornelius Sulla (138–78 v. Chr.) auf Betreiben der Optimaten den Oberbefehl gegen Mithridates VI. (130–63 v. Chr.) erhalten hatte, ihn aber auf Basis eines Volksbeschlusses durch die Popularen gegen Marius wieder verlor. Sulla marschierte mit seinem Heer gegen Rom und stellte in einem brutalen Bürgerkrieg die Herrschaft der Optimaten wieder her. Obwohl der Kampf gegen Marius noch nicht beendet war, wandte er sich anschließend gegen Mithridates.

Caesar, der 60 v. Chr. ein politisches Bündnis mit Marcus Licinius Crassus (115–53 v. Chr.) und Gnaeus Pompeius (106–48 v. Chr.) geschlossen hatte (Erstes Triumvirat), gelang zwischen 58 und 51 v. Chr. die Unterwerfung Galliens. Dadurch dehnte Rom seine Herrschaft bis zum Rhein aus. Durch die beutereichen Feldzüge war Caesars finanzielle und militärische Macht immens gewachsen. Inzwischen hatte der Senat seinen ehemaligen Verbündeten Pompeius mit diktatorischen Vollmachten ausgestattet. Um für 48 v. Chr. erneut zum Konsul gewählt werden zu können, hätte Caesar jedoch sein inzwischen zehn Legionen umfassendes Heer auflösen und seine Provinzen abgeben müssen. Doch er weigerte sich und stürzte Rom in einen weiteren Bürgerkrieg, an dessen Ende Pompeius besiegt wurde. Damit war Caesar nicht nur endgültig zum mächtigsten Mann des Römischen Reiches aufgestiegen, sondern auch zu einer Bedrohung für die Republik geworden. 44 v. Chr. wurde er ermordet.

Innerhalb des 43 v. Chr. »zur Wiederherstellung des Staates« eingesetzten Zweiten Triumvirats zwischen Caesars Großneffen und Adoptivsohn Octavian (63 v. Chr.–14 n. Chr.), Marcus Aemilius Lepidus (87–13/12 v. Chr.) und Marcus Antonius (82–30 v. Chr.) entwickelten sich neue Machtkämpfe, aus denen Octavian als Sieger hervorging. Zwar gab er alle erhaltenen Ausnahmegewalten an Volk und Senat zurück und stellte die Republik offiziell wieder her. Der Senat veranlasste ihn jedoch, den Schutz des Reiches zu übernehmen und verlieh ihm 27 v. Chr. den Beinamen »Augustus« (»der Erhabene«). Er konnte sich als Alleinherrscher behaupten und führte das Römische Reich in die Kaiserzeit (27 v. Chr.–476 n. Chr.).

Rom wurde nicht nur zur größten Finanz- und Handelsmacht im Mittelmeerraum, sondern es expandierte weiterhin. Seine größte Ausdehnung erreichte es unter Kaiser Trajan (53–117 n. Chr.). Es erstreckte sich bis nach Dakien, Arabien, Mesopotamien, Armenien und Assyrien. Doch wurde die Verwaltung des Großreiches immer schwieriger. Nach dem Tode Kaiser Theodosius I. (347–395 n. Chr.) teilte man es unter seinen Söhnen Arkadius (377–408 n. Chr.) und Honorius (384–423 n. Chr.) in ein Ost- und ein Weströmisches Reich auf. Da die Kaiser des Weströmischen Reiches in Mailand und Ravenna residierten, verlor die Stadt Rom an Bedeutung. Im Zuge der Völkerwanderung zwischen dem 4. und 6. Jahrhundert wurde das Weströmische Reich zerrieben. Auch die Stadt Rom musste durch Westgoten (410 n. Chr.), Vandalen (455 n. Chr.) und Ostgoten (546 n. Chr.) mehrere Eroberungen und Plünderungen über sich ergehen lassen. Das Oströmische Reich mit seiner Hauptstadt Konstantinopel (Byzanz) konnte sich behaupten und bestand als Byzantinisches Reich bis 1453.

Sklaverei

Sklaven wurden bereits um 450 v. Chr. im Zwölf-Tafel-Gesetz erwähnt. Auch in Rom war die Kriegsgefangenschaft die wichtigste Ressource zum Sklavenerwerb. Gefangene wurden normalerweise noch auf dem Kriegsschauplatz verkauft.[147] Während der römischen Expansion gewann die Kriegsgefangenschaft zwischen dem 3. und 1. Jahrhundert v. Chr. große Bedeutung, da die Einwohner der eroberten Gebiete massenhaft in die Sklaverei geführt wurden. Dieses Vorgehen wurde ab dem Zweiten Punischen Krieg üblich. Ein Beispiel bietet Tarent im Jahre 209 v. Chr. In Epirus sollen nach dem Ersten Makedonischen Krieg 150.000 Menschen versklavt worden sein.[148] Führt man den Begriff »servus« auf das etruskische »sóru« (»Beute«) zurück, könnte er »Erbeuteter« bedeuten.[149]

Während der späten Republik kam Menschenraub durch Piraten als Sklavenquelle hinzu.[150] Für Schuldner bestand die Möglichkeit, in Schuldknechtschaft zu geraten.[151] Zudem konnten Verbrecher zur Sklavenarbeit verurteilt werden. Eine gefürchtete Strafe war die Verurteilung zur Bergwerksarbeit (»damnatio ad metalla«). Das im Zweiten Punischen Krieg eroberte Spanien wurde ein wichtiger Lieferant für Gold, Silber, Eisen, Kupfer, Blei, Quecksilber und Zinn. In römischen Bergbaugruben wurden auch Fußfesseln gefunden, was belegt, dass die Arbeit dort nicht unbedingt freiwillig geleistet wurde.[152]

Nach der Zerstörung Korinths im Jahre 146 v. Chr. und dem dadurch geförderten Aufstieg von Delos gehörten die Römer zu den wichtigsten Abnehmern der auf dem delischen Sklavenmarkt verkauften Menschen. Über Aquileia kamen viele Sklaven aus dem Balkan nach Italien.[153] Weitere Herkunftsländer waren Gallien, Spanien, Germanien, Nordafrika, Griechenland, Syrien und Kleinasien.[154] Während Gallier, Germanen, Spanier und Nordafrikaner quasi als »Massenware« galten, zeigten v.a. Griechen und Syrer ein dem römischen teilweise überlegenes Niveau kultureller Bildung. Unter ihnen fanden sich Handwerker, Schreiber und Gelehrte. Als die Zahl der Sklaven aufgrund der Massenversklavungen stark zunahm, hatte dies auch zur Folge, dass der Kaufpreis für Sklaven sank. Besonders für reiche Sklavenhalter wurden sie zum Mittel des Profitstrebens: Denn bei geringen Kaufpreisen, gerade notwendigster Versorgung und maximaler Ausbeutung konnte die Gewinnspanne sehr groß gestaltet werden. Nachschub war zu weiterhin niedrigen Preisen leicht zu erhalten.

Ähnlich wie in Athen konnten römische Sklaven praktisch allen Tätigkeiten nachgehen, sofern diese nicht ausdrücklich freien Bürgern vorbehalten waren. In der mittleren Republik finden sich viele Sklaven zur Bewirtschaftung der Landgüter von Rittern und Senatoren. Ebenso wurden sie in Handel und Gewerbe eingesetzt sowie als Munizipal- und Staatssklaven (»servi publici«). Auch findet sich erneut die Ausbeutung in der Prostitution. Gegen Ende der Republik hielten sich reiche Römer verstärkt Luxussklaven und Konkubinen. Kaiser Claudius (reg. 41–54 n. Chr.) betrieb in seiner Amtszeit eine großzügige Bürgerrechtspolitik, die freien Nichtitalikern den Zugang zum Senat gestattete. Ebenso wurden unter ihm Freigelassene in der Reichs- und Hofverwaltung eingesetzt, wo sie sehr hohe Positionen innehaben konnten.[155] Obwohl inzwischen frei, blieben sie dennoch vom Kaiser abhängig, dem sie ihren jetzigen Status zu verdanken hatten. Zu ihnen zählte Narcissus (gest. 54 n. Chr.), der unter Claudius als Kanzleichef wirkte. Zur gleichen Zeit war der ursprünglich aus Griechenland stammende Marcus Antonius Pallas (gest. 62 n. Chr.) als Freigelassener in der kaiserlichen Finanzverwaltung tätig. Beide besaßen großen Einfluss und Reichtum. Auf Betreiben Agrippinas der Jüngeren (15–59 n. Chr.), der Gemahlin und

Nichte des Claudius, wurde Narcissus ermordet. Zuvor hatte sie bereits Claudius vergiftet, um ihren Sohn Nero (reg. 54–68 n. Chr.) auf den Thron zu bringen. Pallas wurde 55 n. Chr. unter Nero abgesetzt und später vermutlich vergiftet.

Die Sklaverei unterlag vielfältigen rechtlichen Bestimmungen. Hatte das Zwölf-Tafelgesetz statt der Tötung eines Schuldners dessen Verkauf ins Ausland vorgesehen – womit zugleich vermieden wurde, dass man sich die eigenen Landsleute zu Schuldsklaven machte – so wurde Schuldsklaverei im *Lex Poetelia Papiria* von 326 v. Chr. für Römer vollends verboten.[156] Das *Lex Aquilia* von 286 v. Chr. bewertete Sklaven als Sachen, ähnlich wie Hausrat, Werkzeug oder Vieh des Eigentümers. Der Jurist Ulpian (170–228 n. Chr.) verglich noch im 2. Jahrhundert n. Chr. die Flucht eines Sklaven mit dem Entlaufen von Tieren.[157]

Sklaven galten als vermögensunfähig. Sofern sie durch ihre Tätigkeiten Einnahmen erzielten, ging dieses Geld an ihren Besitzer. Allerdings war es möglich, dass sie sich mit seiner Genehmigung ein sogenanntes »peculium« anlegten, das neben Geld auch Vieh, Werkzeug oder sogar andere Sklaven enthalten konnte – je nachdem, wie viel Freiheit ihr Besitzer zuließ. Grundsätzlich stand das »peculium« dem Sklaven zur eigenen Verfügung. Er konnte damit – je nach seiner Tätigkeit – selbst wirtschaften oder sich bei seinem Herrn freikaufen. Da Sklaven allerdings kein Vermögen besitzen durften, war auch das »peculium« strenggenommen Eigentum des Sklavenhalters. Wenn der Sklave starb, ging es in den Besitz seines Herrn über.[158]

Die Verfahren zur Freilassung änderten sich im Laufe der Zeit. Ein Sklave konnte durch »Vindication« freigelassen werden, wobei nach einer Berührung des Sklaven mit einem Stab erklärt wurde, dass er frei sei. Ferner gab es die Möglichkeit, dass ihn der Censor in die Bürgerliste eintrug. Die häufigste Methode war jedoch die Freilassung durch ein Testament (»manumissio testamento«).[159] In späterer Zeit konnte die Freilassung unter Zeugen (»inter amicos«) oder durch Ausstellung eines Freiheitsbriefes (»per epistolam«) erklärt werden.[160] Da Freilassungen jedoch stark zunahmen und z.T. offenbar auch zur Schädigung von Gläubigern missbraucht wurden, schränkte man sie zu Beginn der Kaiserzeit unter der Regierung des Augustus ein: Nach der *Lex Fuvia*

Canina (2 v. Chr.) durfte bei testamentarischer Freilassung nur ein Teil der vorhandenen Sklaven davon profitieren. Die *Lex Aelia Sentia* erklärte 4 n. Chr. Freilassungen zur Benachteiligung von Gläubigern für nichtig.[161] Unter Kaiser Marc Aurel (reg. 161–180 n. Chr.) betrug die Freilassungssteuer 5 % des Sklavenwertes.[162]

Nach erfolgter Freilassung erhielt ein ehemaliger Sklave beschränktes Selbstbestimmungsrecht und den Status eines Metöken. Diese besaßen das latinische, nicht aber das römische Bürgerrecht. Aus Dankbarkeit und Gehorsam war er seinem Herrn jedoch weiterhin verpflichtet und übernahm dessen Familiennamen. Sein ehemaliger Besitzer wurde zu dessen Patron, der auch eine Aufsichtspflicht ausübte. Für freigelassene Frauen und Kinder nahm der Patron die Vormundschaft wahr. Starb ein Freigelassener ohne ein Testament zu hinterlassen, so erbte der Patron dessen Nachlass.[163]

Der römische Dichter Horaz (65–8 v. Chr.), dessen Dichtungen vollständig überliefert sind, war der Sohn eines Freigelassenen. Der Philosoph Epiktet (ca. 50–140 n. Chr.) wurde nach dem Tode Kaiser Neros freigelassen und gründete später eine bedeutende Schule der Stoa in Nikopolis.

War einer/einem Freigelassenen in der römischen Frühzeit noch die Eheschließung mit einer/einem Freigeborenen untersagt, so wurde dieses Verbot später so weit gelockert, dass unter Augustus nur noch die Ehe mit Angehörigen des Senatorenstandes ungesetzlich war.[164] Doch konnte man dieses Eheverbot umgehen, indem eine freigelassene ehemalige Sklavin die Konkubine eines Senators wurde.

Ähnlich wie in anderen Kulturen waren Sklaven auch im römischen Strafrecht von Beginn an schlechter gestellt als freie Bürger. So rekapitulieren die *Institutiones* des römischen Juristen Gaius im 2. Jahrhundert n. Chr. Bestimmungen zur Körperverletzung aus dem Zwölf-Tafel-Gesetz:

> Die Strafe jedoch für rechtswidrige Übergriffe war nach dem Zwölftafelgesetz wegen Versehrung eines Körpergliedes zwar die Vergeltung auf gleiche Art und Weise; wegen Bruchs oder Zertrümmerung eines Knochens aber betrug sie dreihundert Asse zum Beispiel, wenn einem Freien ein Knochen gebrochen worden war, doch wenn einem Sklaven, 150.[165]

Ebenso kannte das Zwölf-Tafel-Gesetz die Möglichkeit, einen Dieb körperlich zu züchtigen, um ihn – sofern er persönlich frei war – anschließend an das Opfer des Diebstahls zu übergeben. Schon zur Zeit des Gaius fragte man sich, ob diese Übergabe der Verurteilung zur Sklaverei gleichkam oder ob der Täter nur die Rechtsstellung eines Schuldners inne hatte. Doch auch in diesem Zusammenhang findet sich die härtere Bestrafung für einen Sklaven, den man des Diebstahls überführt hatte. Denn diesem drohte nach der körperlichen Züchtigung zwangsweise die Todesstrafe. Doch verweisen die *Institutiones* auch darauf, dass die Bestrafung später zugunsten des Sklaven abgemildert und »auf die vierfache Höhe des Schadens eingerichtet« worden sei.[166]

Zeugenaussagen eines Sklaven vor Gericht waren nicht möglich.[167] Hier stellte sie das Zwölf-Tafel-Gesetz mit Frauen, minderjährigen Jugendlichen, Tauben, Stummen und Tobsüchtigen auf eine Stufe. Verhöre unter der Folter waren jedoch möglich.

Der Besitzer des Sklaven übte die Aufsicht über ihn aus und war im Falle eines durch diesen verursachten Schadens auch haftbar zu machen. Das Zwölf-Tafel-Gesetz sah hier keinen Unterschied, ob der Schaden durch den Sklaven oder durch den Sohn seines Herrn verursacht worden war, für den dieser ja ebenfalls die Aufsicht ausübte.[168] Doch für strafrechtlich relevante Vergehen hafteten Sklaven selbst. Wurde ein Todesurteil ausgesprochen, so erwartete Sklaven die Kreuzigung oder der Kampf gegen wilde Tiere im Circus.[169] Wie bereits erwähnt, kannte auch das römische Recht die Verurteilung eines ursprünglich freien Straftäters zur Sklavenarbeit, etwa als Folge eines Kapitalverbrechens.

Seit Augustus galt, dass alle Sklaven, die bei Ermordung ihres Herrn durch einen anderen Sklaven in seinem Haus lebten oder mit ihm auf Reisen waren, hingerichtet wurden. Ausgenommen waren jedoch diejenigen, die ihm unter Einsatz ihres Lebens zu Hilfe gekommen waren.[170]

Aus der Kaiserzeit Marc Aurels, der philosophisch von der Stoa beeinflusst war, sind mehrere rechtliche Bestimmungen zur Sklaverei überliefert. Es ist jedoch umstritten, ob er vor dem Hintergrund der stoischen Philosophie eine Humanisierung oder gar Abschaffung der Sklaverei erreichen wollte.[171] Für die Aufnahme eines entflohenen Sklaven und die Behinderung behördlicher

Untersuchungen drohten Geldstrafen.[172] Zwar durfte seit der Zeit des Augustus ein Sklave nicht unter Folter gegen seinen Besitzer aussagen. Doch konnte man diese Regelung auch missbrauchen, indem man einen Sklaven einer Person, gegen die er aussagen könnte, gerade zu dem Zweck übergab, damit er nicht mehr gegen sie aussagen durfte. Unter Marc Aurel und seinem Mitkaiser Verus (reg. ab 161 v. Chr.) galt dann jedoch eine Ausnahme vom Folterverbot.[173] Ebenso war ein Verhör bei der Anklage wegen Ehebruchs möglich.

Kaiser Konstantin (reg. 306–337 n. Chr.) verbot die Haltung christlicher Sklaven sowie ihren Verkauf an nichtchristliche Völker. Der Grund dürfte in der Gefahr gelegen haben, dass ein christlicher Sklave zur Religion seines Herrn konvertieren könnte. Nach jüdischem Recht etwa musste ein Sklave nach sechs Jahren freigelassen werden.[174]

Aufgrund der oft schlechten Lebens- und Arbeitsbedingungen kam es gerade in Zeiten politischer Instabilität immer wieder zur Sklavenflucht.[175] Regelrechte Sklavenkriege entstanden gegen Ende der Republik auf Sizilien. Anführer des Ersten Sklavenkrieges (136–132 v. Chr.) war ein aus Apameia stammender Haussklave namens Eunus, der angeblich weissagen könne. Er rief sich selbst zum König Antiochus aus und befehligte eine Truppe aus Landwirtschafts- und Hirtensklaven.[176] Nach Niederschlagung dieses Aufstandes wurde Sizilien zwischen 104 und 101 v. Chr. erneut Schauplatz eines Sklavenkrieges. Ausgangspunkt scheint ein Brief gewesen zu sein, in dem Nikomedes II. (reg. 149–128/127 v. Chr.), römischer Vasallenkönig von Bithynien, dem Senat erklärte, dass er der römischen Aufforderung, Truppen zu stellen, nicht nachkommen könne, da sein Reich durch römische Massenversklavungen entvölkert sei. Der römische Senat überprüfte daraufhin den Sklavenstatus auf Sizilien und ließ bithynische Sklaven frei. Proteste der Sklavenbesitzer führten jedoch zur Beendigung dieses Vorgehens, wodurch aber ein Aufstand ausgelöst wurde, da sich viele weitere Sklaven um ihre erhoffte Freilassung gebracht sahen. Der Aufstand wurde unter dem Konsul Manius Aquilius (gest. 88 v. Chr.) niedergeschlagen.[177] Beide Ereignisse besaßen zudem Auswirkungen auf die Sklaven der attischen Bergwerke von Laureion.

Die gefährlichste Revolte initiierte jedoch der aus einer Gladiatorenschule in Capua entflohene Spartacus (gest. 71 v. Chr.) zwischen 73 und 71 v. Chr. Seine Bewegung erhielt starken Zulauf, so dass er zeitweise über ein 40.000 Mann starkes Heer aus Sklaven und einigen Freien befahl. Thébert weist darauf hin, dass es v.a. ländliche Sklaven waren, die sich ihm anschlossen, allerdings kaum die städtischen.[178] Sie führt dies u.a. darauf zurück, dass die städtischen Sklaven in der Verrichtung ihrer täglichen Geschäfte für ihren Besitzer eine größere Unabhängigkeit besaßen als die auf dem Land eingesetzten.

Zunächst konnte Spartacus ein 3.000 Mann starkes römisches Heer am Vesuv in die Flucht schlagen. Nach Raubzügen durch Süditalien, die von Rom nicht verhindert werden konnten, wandte sich Spartacus nach Gallia Cisalpina, dann jedoch wieder nach Süditalien.[179] Eine Gruppe von Aufständischen unter dem Gallier Krixos (gest. 72 v. Chr.) wurde am Monte Gargano besiegt.[180] 72 v. Chr. konnten die Aufständischen durch Marcus Licinius Crassus nach Bruttium abgedrängt werden, wodurch ihnen die erneute Rückkehr ins Innere Italiens versperrt wurde. Spartacus' Versuch, mit seinem Heer nach Sizilien überzusetzen, scheiterte. 71 v. Chr. fiel er bei Lucania im Kampf gegen die Truppen des Crassus.[181] Eine weitere versprengte Gruppe von Aufständischen wurde durch den aus Spanien zurückkehrenden Pompeius vernichtet.[182] Damit war auch dieser Aufstand niedergeschlagen. Crassus ließ 6.000 gefangene Sklaven an der Via Appia nach Capua kreuzigen.

Ähnlich wie in Athen und Sparta wurden auch im römischen Militär Sklaven eingesetzt. Im Bundesgenossenkrieg des 1. Jahrhunderts dienten 21.000 ehemalige Sklaven, die man für ihren Kriegsdienst zuvor freigelassen hatte. Von Sulla und Pompeius ist bekannt, dass sie die Gruppe der Sklaven als Reservoir zur Rekrutierung von Soldaten verwendeten.[183] Auch nutzte man sie und ihre Hoffnung auf Freiheit nach der Ermordung Caesars, um die auf Proskriptionslisten veröffentlichten politischen Feinde zu denunzieren.

Die Bedeutung der römischen Sklaverei sank in der Spätantike, ohne dass diese Institution jedoch verschwand. Auch wenn der Nachschub im Sklavenhandel nun schwieriger wurde, da die

Kaiser nach Trajan auf die Eroberung neuer Gebiete verzichteten, konnten neue Sklaven noch immer durch die unfreie Geburt gewonnen werden.[184] Parallel zum Bedeutungsverlust der Sklaverei stieg die Bedeutung des Kolonats. Ein Kolone (»colonus«) pachtete öffentliches oder privates Land, das er eigenständig bewirtschaftete. Gegenüber dem Landbesitzer war er jedoch zu Abgaben verpflichtet. Allerdings wurde die abhängige Situation der Kolonen mit der Zeit so drückend, dass sich aus dem Kolonat ein sklavereiähnlicher Stand entwickelte. Eine direkte Entwicklung von der Sklaven- zur Kolonenwirtschaft ist jedoch umstritten. Wahrscheinlich hing der Einsatz von Sklaven oder Kolonen davon ab, welche Arbeitskräfte gerade regional zur Verfügung standen. Ebenso können die Kolonen nicht als die direkten Vorläufer der mittelalterlichen Leibeigenen gelten.[185]

Der römische Geschichtsschreiber Tacitus (um 55–115 n. Chr.) verglich 98 n. Chr. in seiner *Germania* die Situation der germanischen Sklaven mit derjenigen in Rom:

> […] [J]eder Sklave steht einem eigenen Anwesen, einem eigenen Hof vor. Sein Herr erlegt ihm lediglich eine bestimmte Menge Brotgetreide, Vieh oder Zeug [von Wolle oder Leinen] auf wie einem Kleinpächter, und nur insofern besteht eine Verpflichtung für den Sklaven; die übrigen hauswirtschaftlichen Dienste versehen Frau und Kinder [des Grundherrn]. Selten wird ein Sklave geschlagen und durch Zwangsarbeit in Ketten bestraft; eher schon schlagen sie einen nieder, nicht in Wahrung strenger Zucht, sondern im Jähzorn, wie man einen persönlichen Feind erschlägt, nur daß es [für die Tötung eines Sklaven] keine Strafverfolgung gibt. Die Freigelassenen stehen im Range nicht viel über den Sklaven; selten kommt ihnen im Hause, niemals im Stamme irgendeine entscheidende Bedeutung zu, mit Ausnahme der Stämme, an deren Spitze ein König steht. Dort steigen sie nämlich über Freigeborene und selbst über Adelige empor; bei den übrigen ist die untergeordnete Stellung der Freigelassenen ein Beweis dafür, daß dort wirklich Freiheit herrscht.[186]

Tacitus stellt Sklaven in Germanien also auf die gleiche Stufe mit Kleinpächtern, die ihrem Grundherrn zu Abgaben verpflichtet sind. Dabei hebt er ausdrücklich die niedere Stellung der Freigelassenen hervor, die sich im Ansehen nur knapp über den Sklaven befänden und denen mit Ausnahme der Königtümer kein

Einfluss zugekommem sei. Den Aufstieg Freigelassener über Freigeborene und sogar Adelige kannte er jedoch aus der römischen Kaiserzeit. Die hohe Stellung etwa des Narcissus als Kanzleichef unter Claudius wurde bereits erwähnt. Tacitus wandte sich in seinen Werken gegen den aus seiner Sicht vorhandenen gesellschaftspolitischen Verfall in der römischen Kaiserzeit. Daher muss seine spitze Bemerkung über die wirkliche Freiheit eher als Kritik an den römischen Verhältnissen verstanden werden denn als realitätsgetreue Beschreibung der germanischen Sklaverei. Ohnehin kann ein größerer Einfluss von Freigelassenen erst für die spätere germanische Zeit erkannt werden (z.B. der Marschalk oder die Ministerialen).[187]

Das christliche Mittelalter

Das Byzantinische Reich

Politik und Gesellschaft

Die Völkerwanderung des 4. bis 6. Jahrhunderts n. Chr. zerstörte das Weströmische Reich. Durch Vermischung der antiken mit der germanischen Kultur und dem Christentum entstanden die Grundlagen der mittelalterlichen Welt. Neben kleineren Reichen mit zum Teil nur temporärem Bestand stellten das aus dem Oströmischen hervorgegangene Byzantinische Reich, das Frankenreich, das Papsttum sowie der islamische Kulturraum die maßgeblichen Machtfaktoren dar. Die Wirtschaft war v.a. landwirtschaftlich ausgerichtet. Geprägt wurde die Zeit durch eine ständisch organisierte Gesellschaft, den Wandel von der Adels- und Gutsherrschaft zum Lehnswesen, durch den Aufstieg des Rittertums im Hoch- sowie des Bürgertums und der Städte im Spätmittelalter. Ferner musste sich die christliche Welt mit der neuen islamischen Kultur auseinandersetzen. Zu einem machtpolitischen Dauerkonflikt entwickelten sich die mit unterschiedlicher Intensität ausgetragenen Spannungen zwischen Kaiser und Papst.

Das Byzantinische Reich überstand im Gegensatz zu Westrom die Wirren der Völkerwanderung und hielt sich trotz eigener schwerer Krisen bis zur osmanischen Eroberung 1453. Es entwickelte eine eigene Kultur, mit dem Kaiser als Stellvertreter Christi im Mittelpunkt des Staates. Man bewahrte die hellenistischen Wissenschaften, entwickelte eine eigene Geschichtsschreibung, Literatur und Kunst.

In frühbyzantinischer Zeit (Ende 4.–Anfang 7. Jahrhundert) wurde zunächst der eigene Machtbereich vergrößert. Justinian I. (reg. 527–565) schlug die Vandalen in Afrika, die Ostgoten in Italien und setzte sich gegen persische Ansprüche auf Kleinasien und Syrien durch. Doch verlor sein Nachfolger Justinian II. (reg. 685–695 und 705–711) Teile Italiens an die Langobarden. Schon in der Frühzeit war es zu Auseinandersetzungen mit der römischen Kirche gekommen. Seit dem Konzil von Chalkedon (451) begann die theologische Spaltung zwischen West- und Ostkirche. Dieser Gegensatz fand in mittelbyzantinischer Zeit (610–1204) einen neuen Höhepunkt im sogenannten Bilderstreit (Ikonoklasmus) des 8. und 9. Jahrhunderts.

Die mittelbyzantinische Zeit ist eine Phase großer innen- und außenpolitischer Konflikte. Syrien, Palästina, Mesopotamien und Ägypten gingen im 7. Jahrhundert an die Araber verloren, selbst Konstantinopel war zur Zeit Kaiser Konstantins IV. (reg. 668–685) von ihnen bedroht. Das 9. Jahrhundert begann mit einem Macht- und Prestigeverlust, da der Papst den Frankenkönig Karl den Großen (768–814) Weihnachten 800 ebenfalls zum Kaiser krönte. Der Gegensatz zwischen Rom und Konstantinopel vergrößerte sich weiter. Innenpolitisch musste ein Volksaufstand niedergeschlagen werden (820–823), im Anschluss gingen Kreta, Palermo und Kleinasien an die Araber verloren. Erst unter der von Kaiser Basileos I. (reg. 867–886) begründeten makedonischen Dynastie gelangte Byzanz bis 1056 auf den Höhepunkt seiner Macht.

Zur endgültigen Trennung der Ost- von der Westkirche kam es 1054 im Morgenländischen Schisma. Zwar konnten große Teile des 1071 an die Seldschuken verlorenen Kleinasiens in Folge des Ersten Kreuzzuges (1096–1099) wieder zurückerobert werden. Doch Konflikte mit den Nachbarstaaten, Aufstände und Thronwirren führten weiter in den Untergang des Reiches. 1204 richtete sich der Vierte Kreuzzug (1202–1204) unter venezianischem Einfluss sogar gegen Konstantinopel selbst. Das Reich wurde in die Lehnsstaaten Thessaloniki, Athen und Achaia aufgeteilt, das Kaisertum beschränkte sich nur noch auf Konstantinopel und seine Umgebung. Byzanz hatte seinen Großmachtstatus endgültig verloren. Unter Sultan Mehmed II. (reg. 1444–1446 und 1451–1481) gelang den Osmanen die Eroberung im Jahr 1453.

Sklaverei

Auch im Byzantinischen Reich finden sich terminologische Schwierigkeiten, durch welche die Entscheidung erschwert wird, ob es sich bei einer Person um einen Sklaven handelte. So konnten die Begriffe »dúlos« oder »dúle« sowohl für einen Sklaven/eine Sklavin, als auch für einen Diener/eine Dienerin verwendet werden.[188] Ab 1061 ist für byzantinische Quellen der Begriff »sclábos« belegt.[189]

Wichtige Möglichkeiten zur Rekrutierung von Sklaven waren die Kriegsgefangenschaft und der Handel. Bedeutende Zentren des Sklavenhandels lagen in Konstantinopel selbst und auf der Krim. Dort standen vom 9. bis zum 12. Jahrhundert byzantinische Kaufleute mit den Fürsten von Kiew in geschäftlichem Kontakt.[190] Da die Kiewer Fürsten gut am Sklavenhandel verdienten, plante Fürst Svjatoslov I. (reg. 945–972), der den Herrschaftsbereich der Kiewer Rus vergrößerte, den Aufbau eines Sklavenmarktes an der unteren Donau. Die nach Kiew verkauften Sklaven wurden in der Viehhaltung, bei Bauarbeiten, aber auch in der Verwaltung und am Fürstenhof eingesetzt.[191]

Straftäter konnten im Byzantinischen Reich zur Zwangsarbeit verurteilt werden.[192] Die Einsatzmöglichkeiten für Sklaven waren vielfältig: Sie fanden sowohl in privaten Haushalten, in Palästen und am kaiserlichen Hof Verwendung. Sie arbeiteten in kaiserlichen Werkstätten, in der Landwirtschaft und wurden sogar im Militär eingesetzt.

Das byzantinische Recht regelte den Erwerb und Verkauf, die Vererbung und Verpfändung sowie die Freilassung von Sklaven. Untereinander durften Sklaven keine Ehe eingehen und seit dem 6. Jahrhundert galt, dass ein Sklavenbesitzer, der eine Sklavin heiraten wollte, diese zuvor freilassen musste.[193] Erst 1095 wurde es christlichen Sklaven gestattet, sich kirchlich trauen zu lassen.[194] Kaiser Nikephoros I. (802–811) erhob wieder eine Sklavensteuer.[195]

Das Frankenreich der Merowinger und Karolinger

Politik und Gesellschaft

Der Merowinger Chlodwig I. (reg. 481/482–511), zunächst König der salischen Franken, schuf nach dem Sieg über Syagrius (reg. 464/465–487), den letzten römischen Statthalter in Gallien, sowie über die Alemannen und Westgoten ein fränkisches Einheitsreich. Seine Residenz war Paris. Es wurde nach seinem Tod in 511 unter seinen Söhnen wieder aufgeteilt.

Das Merowingerreich war ein Vielvölkerstaat mit wachsender Einwohnerzahl. Die Oberschicht der Gesellschaft lebte sowohl in den Städten als auch auf dem Land. Ebenso gab es eine städtische sowie eine ländliche Unterschicht. Letztere – die »plebs rustica« – hatte v.a. den Status von Kolonen und war ihren Grundherren zu Diensten und Abgaben verpflichtet. Die unter Chlodwig I. zwischen 507 und 511 entstandene *Lex Salica* stellt das älteste bekannte westgermanische Volksrecht dar. Es unterscheidet drei Stände: freie Franken, zu denen auch der grundbesitzende Adel zählte, Minderfreie (»liti«) und Sklaven (»servi«).[196] Die Kolonen zählten zu den Minderfreien. Auch freigelassene Sklaven erhielten diesen Status.

In der Merowingerzeit entstand die Grundlage des mittelalterlichen Lehnswesens. Dazu verschmolz die personenrechtliche Vasallität, die gegen Schutz und Unterhalt zu Treue und Gehorsam gegenüber dem Herrn verpflichtete, mit dem Brauch der herrschaftlichen Landvergabe (Benefizialleihe). Dies bedeutet, dass Vasallen für ihren eigenen Unterhalt von ihrem Herrn ländlichen Grundbesitz (ein Lehen) erhielten, den sie nutzen konnten bzw. von den ihrerseits abgaben- und dienstpflichtigen Untertanen bewirtschaften ließen. Die Wirtschaftsweise wandelte sich unter den Merowingern zu einer Selbstversorgerwirtschaft. Während das auf römische Zeit zurückgehende Handwerk zwar noch existierte, verloren Steinbau, Glasbläserei und Töpferei an Bedeutung.[197]

Die merowingische Macht verfiel im 7. Jahrhundert. So gelang es dem karolingischen Hausmeier (maiordomus) Pippin II. (reg. 679–714), zunächst die Alleinherrschaft im östlichen Reichsteil Austrasien, später im gesamten Frankenreich zu gewinnen. Sein Sohn Karl Martell (ca. 688–741) musste bis 720 erneut um die Macht kämpfen. Er besiegte 732 die Araber, die den islamischen Herrschaftsbereich inzwischen bis nach Spanien ausgedehnt hatten, zwischen Tours und Poitiers. Damit konnte die Gefahr einer weiteren Ausdehnung nach Europa gebannt werden. 751 setzte sein Sohn Pippin III. (reg. 751–768) den letzten Merowingerkönig Childerich III. (reg. 743–751) ab und krönte sich selbst zum König der Franken. Die Reichseinheit stellte er durch Eingliederung der thüringischen, alemannischen, aquitanischen und bayerischen Stammesherzogtümer wieder her.

Der Karolinger Karl der Große (reg. 768–814) unterwarf die Awaren, die Sachsen und gab dem Reich seine größte Ausdehnung. Er ließ die einzelnen Stammesrechte aufzeichnen. Die Tätigkeit der mit dem Erstarken des Königtums als königliche Beamte eingesetzten Grafen wurde durch Königsboten überprüft, die jährlich die Reichsteile bereisten. Zentren königlicher Macht waren Pfalzen wie Aachen, Ingelheim oder Nimwegen, die der Herrscher selbst auf seinen Reisen aufsuchte. Die politische Vormachtstellung des Frankenreiches in Europa wurde durch Papst Leo III. (Papst von 795 bis 816) anerkannt, der Karl an Weihnachten 800 zum Kaiser krönte. Damit galt er offiziell als Herrscher des Römischen Reiches. Doch führte dies zu einem Dualismus mit dem byzantinischen Kaisertum, das den abendländischen Kaiser erst 812 offiziell anerkannte.

Nach der 843 in den Verträgen von Verdun erfolgten Aufteilung des Frankenreiches unter die Söhne Kaiser Ludwigs des Frommen (reg. 814–840) wurde es unter der Herrschaft Kaiser Karls III. (reg. als Kaiser 881–887) nochmals für kurze Zeit geeint, bevor es sich endgültig in ein west- und ostfränkisches Reich spaltete. Der Westteil bildete die Basis für die Entwicklung des späteren Frankreichs.

Die frühmittelalterliche Sklaverei wurde aus der Antike übernommen. Terminologisch sprechen die Quellen von »servi«, »ancillae« oder »mancipia«. Während die ersten beiden Begriffe eine maskuline bzw. feminine Form besitzen, handelt es sich bei letzterem um ein Neutrum, wodurch von den Personen als einer Sache gesprochen wurde. Allerdings konnten »servi« oder »ancillae« nicht nur Knechte oder Mägde, sondern auch Sklaven bezeichnen.[198] In rechtlichen Bestimmungen wurden Sklaven oft auf eine Stufe mit Tieren gestellt. So sieht die *Lex Salica* etwa für den Diebstahl von Pferden, Zugvieh und Sklaven die gleiche Strafe vor.[199]

Zu merowingischer Zeit wurde in den Städten weiterhin Sklavenhandel betrieben.[200] Zugleich bestand auch aus dem islamischen Kulturraum Nachfrage.[201] Viele mittelalterliche Sklavenhändler kamen aus Skandinavien und Friesland.[202] Wichtige Handelsplätze waren für sie Birka, Haithabu und Gotha. Normannische Händler verkauften ihre im Osten erworbene »Ware« sowohl in Skandinavien selbst als auch bis nach Bagdad und Cordoba.[203] Sklaven wurden im Handwerk, in der Landwirtschaft und als Facharbeiter im Eisen- und Goldschmiedehandwerk eingesetzt.[204]

Im Frankenreich konnten Sklaven aber auch durch die schon genannten Kolonen ersetzt werden. Zwar waren diese persönlich frei, allerdings »an die Scholle«, d.h. an das für ihren Gutsherrn zu bewirtschaftende Landgut gebunden. Rechts- und Sozialstatus von Sklaven und Kolonen hatten sich bis zu Beginn des 8. Jahrhunderts stark angenähert, so dass sie fast als einheitliche Abhängigkeitsgruppe angesehen werden können. Es entstand eine neue Schicht von Hörigen.[205] Hörige waren ihrem Grundherrn zu »Dienst und Hilfe« verpflichtet. Im Gegenzug musste ihnen dieser »Schutz und Schirm« bieten. Rein rechtlich handelte es sich dabei also nicht um Sklaverei. Doch auch hier konnte ein drückendes Abhängigkeitsverhältnis entstehen, weshalb die Erwähnung an dieser Stelle sinnvoll erscheint. Delacampague weist darauf hin, dass die im Vergleich mit der Sklaverei rechtlich besser gestellte Hörigkeit der Bauern gegenüber ihrem Grundherrn diesem sogar Vorteile bot: Da den Hörigen auch selbst etwas Land zur Bewirtschaftung zur Verfügung stand – trotz in manchen Fällen knebelnder Dienstpflichten –, musste der Grundherr sie nicht das gesamte Jahr über ernähren. Dies galt natürlich auch für ihre Kinder. Sklavenkinder hätten ebenfalls von ihm versorgt werden müssen. In diesem Fall waren jedoch die hörigen Bauern selbst dafür verantwortlich. Kinder waren allerdings auch zusätzliche Arbeitskräfte, weshalb seitens des Grundherrn keine weiteren Sklaven gekauft werden mussten.[206]

Die auf Anordnung des Merowingerkönigs Chlodwigs I. zusammengestellte *Lex Salica* enthielt viele Bestimmungen, die Sklaven außerhalb der Gesellschaft stellten. Auf ihre Gleichsetzung mit Vieh wurde bereits verwiesen. Für sich widersetzende Sklaven sah sie verschärfte körperliche Strafen vor. Wer dagegen einen Sklaven tötete, hatte nur mit einer geringfügigen Strafe zu rechnen. Das in diesem Fall zu entrichtende Sühnegeld (Wergeld) durfte den Preis eines Ochsen oder eines Pferdes nicht übersteigen.[207] Freikauf und Freilassungen waren möglich. Für rechtliche Vergehen des Sklaven haftete der Besitzer.[208] Auf der anderen Seite mussten Bußen, die für die Schädigung eines Sklaven zu entrichten waren, an den Besitzer gezahlt werden. Dies galt für Überfälle genauso wie für Vergewaltigungen. Wurde ein Sklave unerlaubt frei gelassen oder von einem Dritten getötet, musste seinem Herrn eine Entschädigung gezahlt werden. Dagegen stand dem Herrn selbst jedoch das Recht auf Tötung seines Sklaven zu. Sklaven galten in der *Lex Salica* als nicht vermögensfähig. Ihre Ehefähigkeit war eingeschränkt und vom Willen des Besitzers abhängig.[209]

Vor dem Hintergrund der Christianisierung des Abendlandes musste die Bedeutung von Freilassungen neu überdacht werden. Im Frühmittelalter nahmen sie solche Ausmaße an, dass einzelne Konzilien wie 517 in Epao oder 626 in Clichy sogar versuchten, ihnen entgegen zu wirken. Auch in der Frage, ob christliche Sklaven an jüdische oder heidnische Besitzer verkauft werden durften – was in der Praxis vorkam –, gab es Klärungsbedarf. Auf dem Konzil von Mácon erhielten Christen 583 das Recht, christliche Sklaven von einem jüdischen Besitzer loszukaufen.[210] Die Synode von Meaux schlug vor, dass heidnische Sklaven von Christen zurückgekauft werden sollten, um sie zu taufen. Auf diese

Weise wollte man ein weiteres Anwachsen der Zahl der »Ungläubigen« verhindern. Bischof Agobard von Lyon (769–840) beschuldigte jüdische Sklavenhändler, kleine Jungen als Kastraten nach Spanien zu liefern. Dabei griff er wahrscheinlich auf Berichte zurück, nach denen in Verdun Sklaven vor dem Weiterverkauf zu Eunuchen gemacht würden.[211]

Auch seitens der karolingischen Herrscher versuchte man, den Sklavenhandel gesetzlich zu regulieren. So verbot Pippin II. den Verkauf christlicher Sklaven an Heiden. Weitere Verordnungen gehen auf Karl den Großen in den Jahren 779 und 781 zurück. Der Sklavenhandel blieb ein Bestandteil der Wirtschaft mit dem Orient. Aus Böhmen führte die Handelsroute über Raffelstetten, Regensburg, Mainz und Verdun zu den Häfen des Mittelmeeres. Über Spanien, Marseille, Venedig, Aquileia und Rom wurden Sklaven nach Ägypten, Nordafrika, in den Orient und nach Cordoba weiterverkauft. Da der Emir von Cordoba, al Hakam I. (reg. 796–822) seine Verwaltung und seinen Harem ausbauen wollte, hatte er 822 den Kauf von 5.000 Sklaven beschlossen.[212]

Das Heilige Römische Reich

Politik und Gesellschaft

Im Ostfränkischen Reich war 936 Otto I. (reg. 936–973) zum König erhoben worden. Eine Neuordnung des Reiches gelang ihm, indem er die Reichskirche zur Stütze seiner Herrschaft machte. Durch seinen ersten Italienzug nach dem Tod des italienischen Königs Lothar II. (reg. 946–950) erwarb er das Regnum Italiae. Die Einfälle der Ungarn beendete er 955 durch ihre vernichtende Niederlage auf dem Lechfeld bei Augsburg. Ein zweiter Italienfeldzug erfolgte 961 bis 965 aufgrund eines Hilferufes Papst Johannes XII. (reg. 955–964) gegen den italienischen König Berengar II. (reg. 950–961). Während diesem wurde Otto 962 zum Kaiser gekrönt, wodurch das abendländische Kaisertum erneuert wurde. Byzanz erkannte es 972 an.

Unter der von Konrad II. (reg. 1024–1039) begründeten Dynastie der Salier erlangte das Heilige Römische Reich seine größte politische Macht. Doch das Reichskirchensystem, dessen Wurzeln bis in die Zeit Karls des Großen zurückreichen, führte zu einem schweren Konflikt mit dem Papsttum. Zur Zeit Heinrichs IV. (reg. 1056–1106) eskalierte er im Investiturstreit, in dessen Verlauf er von Papst Gregor VII. (reg. 1073–1085) gebannt wurde. Dem Kaiser blieb 1077 nichts anderes als der sprichwörtliche Bußgang nach Canossa, wo der Papst den Kirchenbann aufhob. Zwar wurde Heinrich 1080 erneut gebannt, doch in dieser Situation setzte er die Erhebung Wilberts von Ravenna auf der Synode von Brixen zum Gegenpapst Klemens III. (Papst von 1080–1100) durch, der ihn nach seiner eigenen Inthronisation 1084 zum Kaiser krönte. Der Investiturstreit wurde erst 1122 unter Heinrich V. (reg. 1106–1125) im Konkordat von Worms durch einen Kompromiss beigelegt.

Besonders die staufische Dynastie entwickelte sich zu einer geistigen Blütezeit. Zu ihren herausragenden Herrschern zählen Friedrich I. Barbarossa (reg. 1152–1190) sowie sein Enkel Friedrich II. (reg. 1196–1250). Das Spätmittelalter erlebte eine Schwächung der Reichsgewalt und einen Verfall des Reiches.

Im Heiligen Römischen Reich vollzogen sich zwischen 1000 und 1300 grundlegende wirtschaftliche und gesellschaftliche Veränderungen. Die abendländische Bevölkerung verdoppelte sich. Durch Übergang von der Grundherrschaft zur Zinsgutbewirtschaftung im 12. Jahrhundert verringerte sich die bäuerliche Schollenbindung und Frondienste konnten abgelöst werden. Die Städte, deren Bürger die wirtschaftliche Entwicklung trugen, wurden zu einer wichtigen Stütze des Königtums. Besonders mächtigen Städten gelang es sogar, sich von der Hoheit des Stadtherrn zu lösen, womit sie direkt dem Reich unterstanden. Zu diesen Freien Reichsstädten gehörten Worms, Speyer, Regensburg, Basel, Straßburg, Augsburg, Konstanz, Köln und Mainz. Es entstanden politisch und wirtschaftlich wichtige Städtebünde wie der Schwäbische oder der Rheinische Bund. Zu ihnen gehörte auch die Hanse, die eine Vormachtstellung in Nordeuropa errang. Zu ihrer Blütezeit zählte sie 70 städtische Mitglieder, über 100 weitere Städte waren angegliedert. Den Höhepunkt ihrer Macht erlebte sie im 14. Jahrhundert. Doch die wirtschaftliche Entwicklung stagnierte. Die Gründe liegen im verstärkten Auftreten verheerender Pestepidemien und in einer wirtschaftlichen Rezession. Die geographischen Entdeckungen der frühen Neuzeit führten zu einer Verlagerung der Handelswege.[213]

Sklaverei

Sklaven wurden im Verlauf des Mittelalters immer teurer und waren schwieriger zu beschaffen. Zudem konnte ihre Arbeitskraft auch anderweitig gedeckt werden: Zum einen nahm die Bevölkerung ab 1000 zu, so dass vermehrt auf freie Arbeitskräfte zurückgegriffen werden konnte. Zum anderen wurden die gutsherrlichen Lehen bereits von Hörigen bestellt, deren Status sich aus rechtlicher Sicht von der Sklaverei unterschied. Das führte dazu, dass die herkömmliche Sklaverei im Frankenreich des 10. Jahrhunderts an Bedeutung verlor.[214]

Bei der Hörigkeit handelte es sich zumindest der Theorie nach um eine gegenseitige Verpflichtung zwischen Hörigem und Gutsherrn: »Dienst und Hilfe« gegen »Schutz und Schirm«. Doch die Verpflichtung wurde nicht unter gleichermaßen mächtigen Partnern geschlossen, das Übergewicht der Macht lag auf Seiten der Gutsherren. Nicht selten nutzten sie diese für knebelnde Dienst- und Lebensverhältnisse aus.

Zudem verschmolzen zwischen dem 9. und 12. Jahrhundert allmählich Guts- und Leibbesitz zur Leibeigenschaft. Gegenüber dem Gutsbesitz an Land bezeichnet sie den Herrenbesitz an Menschen.[215] Hier unterschied man »mansionarii« oder »servi casati«, die innerhalb eines Fronhofverbandes eine Hufe bebauten; »homines proprii«, die im Herrenhaus wohnten und als Gesinde dienten; zu nennen sind auch die »servi quotidiani«, die als Tagelöhner arbeiteten.

Allerdings lebte der Sklavenhandel im Spätmittelalter erneut auf. Neben jüdischen und arabischen Kaufleuten, die schon den frühmittelalterlichen Handel beherrscht hatten, waren nun auch türkische und mongolische Händler sowie Piraten beteiligt. Von den Sarazenen war bekannt, dass gefangen genommene Seefahrer erst gegen die Zahlung eines hohen Lösegelds wieder freigelassen wurden. Dies wurde auch von Avaren und Ungarn berichtet.[216] Mit Blick auf die sarazenische Lösegeldpraxis gestattete Papst Nikolaus V. (reg. 1447–1455) in der Bulle *Dum diversas* von 1452 das christliche Eindringen in die Sarazenenreiche und die Versklavung der dort gemachten »menschlichen Beute«.[217] Weitere Quellen für die Rekrutierung von Sklaven waren Kriege, die unfreie Geburt und die Aufnahme ausgesetzter Kinder.[218] Ferner sind venezianische, genuesische, toskanische, provenzalische und katalanische Kaufleute zu nennen, die sich am Sklavenhandel beteiligten. Ab dem 15. Jahrhundert kamen Portugiesen hinzu. Da die Sklaven aus weit entfernten Ländern nach Europa importiert werden mussten und dabei hohe Transportkosten anfielen, stiegen ihre Preise.[219] Doch durch das Vordringen der Türken wurde der Sklavenhandel zwischen dem Schwarzmeergebiet – aus dem viele Sklaven kamen – und dem Mittelmeerraum wieder unterbrochen.[220]

Juden war der Besitz christlicher Sklaven nach wie vor untersagt. Stattdessen gab es bis in das 14. Jahrhundert muslimische Sklaven in jüdischen Haushalten. Diese kamen aus Südfrankreich und Spanien. Sklavinnen wurden u.a. als Konkubinen eingesetzt. Kinder aus dem Konkubinat erbten den Sklavenstatus der Mutter. Konvertierte ein Freigelassener zum jüdischen Glauben, wurde er ehefähig und bekam alle Rechte jüdischer Gemeindemitglieder. Im innerjüdischen Sklavenhandel musste der Verkäufer dem Käufer eine Garantie für den Ausschluss von Mängeln seiner »Ware« geben. So musste ausgeschlossen sein, dass ein Eigentumsanspruch Dritter auf den Sklaven bestand und der Verkäufer musste die Gesundheit des Sklaven bestätigen.[221]

Für die Zeit der normannischen Eroberung Englands beziffert Delacampague den versklavten Anteil der dortigen Bevölkerung mit 10 %. Ebenso führt er den Verkauf von Kindern aus armen englischen Familien als Sklaven nach Irland an. In Frankreich verschwand die Haussklaverei erst um 1300 durch die Anstellung einer Dienerschaft.[222]

Der islamische Kulturraum

Politik und Gesellschaft

Der Islam teilt sich mit dem Juden- und Christentum viele Texte des Alten Testaments. Als Religionsstifter gilt der Prophet Mohammed (um 570–632), der als Kaufmann auf seinen Reisen mit Juden- und Christentum in Kontakt kam. Nach einem eigenen Berufungserlebnis 610 sah er sich als Gesandter Gottes. Vor den Anfeindungen seiner Gegner wanderte er 622 während der Hidjra von Mekka nach Medina aus, wo er die islamische Lehre schuf. Die Hidjra markiert daher den Beginn der islamischen Zeitrechnung. Von Medina aus besetzte er 630 Mekka und machte das altarabische Heiligtum der Kaaba zum Mittelpunkt der neuen Religion. Mit ihr gilt für die Muslime die Offenbarung des wahren Glaubens – der Religion Abrahams – als abgeschlossen. Dem Koran, der Heiligen Schrift der Muslime, die Mohammed offenbart wurde, kommt oberste Autorität zu.[223]

Es gelang Mohammed, die arabischen Stämme unter der neuen Religion zu einigen. Zur Zeit der Wahlkalifen (632–661) vergrößerte es Abu Bakr (reg. 632–634) durch syrische und persische Gebiete. Umar (reg. 634–644) baute es zu einer Theokratie aus. Mohammeds Cousin und Schwiegersohn Ali (reg. 656–661) verlegte seine Residenz nach gewaltsamen Auseinandersetzungen mit dessen Witwe Aischa (613–678) nach Kufa. Damit wurde Medina politisch bedeutungslos. Doch es kam zur Spaltung der islamischen Anhänger: Während die Sunniten auch die Kalifen Abu Bakr, Umar und Uthman als rechtmäßige Nachfolger Mohammeds anerkennen, sehen die Schiiten nur in Ali den legitimen Kalifen.[224] Von den Schiiten spalteten sich die Charidschiten ab.

Während der Umayyaden-Dynastie (661–750) mussten schiitische und charidschitische Aufstände niedergeschlagen werden. Muawiya (reg. 661–680) stellte die innenpolitische Verwaltung und das Steuerwesen wieder her. Er vergrößerte den islamischen Machtbereich durch Eroberung Kabuls, Bucharas und Samarkands. Die Einnahme Karthagos 698 sicherte die Herrschaft über Nordafrika. Ihren Höhepunkt erreichte die umayyadische Herrschaft unter Walid I. (reg. 705–715). Er eroberte das Indusgebiet und es gelang sogar, über Spanien nach Europa vorzudringen. Die Westgoten unter Roderich (reg. 710–711) wurden 711 vernichtend geschlagen. Erfolglos blieb 718 die Belagerung von Konstantinopel. Die 732 zwischen Tours und Poitiers gegen das Heer Karl Martells erlittene Niederlage stoppte den weiteren Vormarsch nach Europa. Beständige innenpolitische Konflikte führten Mitte des 8. Jahrhunderts zum Untergang der Umayyaden-Dynastie.

Sie wurde von den Abbasiden abgelöst, die sich bis 1258 halten konnten.[225] Begründer dieser Dynastie ist al-Mansur (reg. 754–775), der 762 die Residenz Bagdad schuf. Die bisherige arabische Vormachtstellung fand ein Ende, der Staat wurde nach persischem und byzantinischem Vorbild neu geordnet. Doch schon unter Harun al-Raschid (reg. 786–809) zeigten sich Auflösungserscheinungen: In Marokko und Tunesien entstanden lokale Dynastien. Weitere Aufstände entmachteten die Kalifen, die aber die geistlichen Oberhäupter aller Gläubigen blieben. Die Leitung des Staates übernahm ab 936 allerdings ein Emir. Im 10. Jahrhundert erfolgte die Islamisierung der Türken in Zentralasien, im 11. Jahrhundert weitete man die Herrschaft bis nach Indien aus.

Die 1031 beginnende Reconquista zur Rückeroberung Siziliens und Spaniens für das Abendland führte zur weiteren Schwächung der islamischen Macht. Nach dem 1256 von Dschingis Khan geführten Einfall der Mongolen in Persien und der 1258 erfolgten Eroberung Bagdads brach die Abbasiden-Dynastie zusammen. Unter den Osmanen konnte 1453 Konstantinopel erobert werden.

Die islamische Welt vereinigte verschiedenste Kulturen und Religionen. Zwar wurden die unterworfenen Völker einer speziellen Besteuerung unterworfen, aber nicht bekehrt. Städte wie Bagdad, Damaskus, Kairo, Mekka und Samarkand entwickelten sich zu bedeutenden Kulturzentren. Hier wurden orientalisches und hellenistisches Wissen zu einer islamischen Wissenschaft verschmolzen, die ihren Höhepunkt im 9. und 10. Jahrhundert hatte. In ihr wurde das Erbe der europäischen Antike bewahrt, das in Europa selbst mit dem Verfall des Römischen Reiches verloren gegangen war. Über das islamische Spanien und die Kreuzzüge gelangte es auf Umwegen zurück nach Europa, wo es ab dem Mittelalter und dann v.a. in der Neuzeit wiederentdeckt wurde.

Sklaverei

Bereits in vorislamischer Zeit wurde Sklaverei in Arabien praktiziert, die als Institution nun vom Islam übernommen wurde.[226] Ab dem 8. Jahrhundert wurde ein umfangreicher Sklavenhandel betrieben, der einen wichtigen Wirtschaftsfaktor darstellte. Zentren waren das spanische Almeria, Farama, das ägyptische Alexandria, Derbent, Buchara, Samarkant und Mekka.[227] Sofern Kriegsgefangene nicht getötet wurden, versklavte man sie. Falls ein Gefangener aber noch auf dem Schlachtfeld zum Islam übertrat, konnte er seine Freiheit behalten. Erfolgte der Übertritt erst später, wurde er trotzdem versklavt.[228]

Die Tätigkeiten für Sklaven umfassten eine große Spannweite. Zur Zeit Harun al-Raschids waren offenbar nur wenige Sklaven in der Landwirtschaft tätig. Allerdings wird für das 10. Jahrhundert die Zahl der im Palast des Kalifen von Bagdad lebenden Sklaven auf 11.000 geschätzt.[229] Sklavinnen, die am Hof als Konkubinen dienten, ließ man in Musik, Gesang und Poesie ausbilden. Dadurch, dass viele Kalifen ihren Harem durch Sklavinnen vergrößerten, waren auch die meisten ihrer Söhne die Kinder von Sklavinnen. Dies trifft auch auf Harun al-Raschid zu. Clot verweist darauf, dass Sklaven zu Generälen und hohen Würdenträgern aufsteigen konnten.[230]

Ferner konnten Sklaven zur Abwicklung von Handelsgeschäften eingesetzt werden. Auch hier war die Spannweite sehr groß: Ihre Tätigkeit reichte von Gehilfen bis hin zu »selbstständigeren« Arbeiten. Allerdings waren sie nicht voll rechtsfähig und besaßen auch kein Recht auf Eigentum. Ihre Tätigkeit war immer von der Zustimmung ihres Herrn abhängig, für dessen Vermögen sie auch wirtschafteten.[231]

Seit dem 9. Jahrhundert kam es zum verstärkten Einsatz von Sklaven als Soldaten im Militär. Die Gründe dafür dürften in den religionspolitischen Kämpfen der Zeit liegen, für die man Soldaten benötigte, ebenso in der Bekämpfung eines Aufstandes der Zandsch. Bei ihnen handelte es sich um dunkelhäutige Sklaven, die aus Ostafrika in das südliche Zweistromland importiert worden waren und dort auf Plantagen arbeiteten.[232] Militärsklaven türkischer und slawischer Herkunft dienten unter ägyptischen und syrischen Herrschern. Sie wurden als Mamelucken bekannt, die Mitte des 13. Jahrhunderts diese Gebiete selbst eroberten und eine eigene Herrschaft errichteten, die bis zu Beginn des 16. Jahrhunderts Bestand hatte. Die Mamelucken betrieben selbst Sklavenhandel mit südrussischen Gebieten, aus dem sie eigene Soldaten rekrutierten.

Zum Islam konvertierte Kriegsgefangene wurden im türkischen Militär seit der ersten Hälfte des 14. Jahrhunderts eingesetzt. Sie rekrutierten sich aus dem ein Fünftel betragenden Anteil des Herrschers an importierten Sklaven.[233] Aus ihnen gingen die Janitscharen hervor. In Friedenszeiten dienten sie in Konstantinopel als Polizeieinheit, betätigten sich als Kaufleute und erlangten großen politischen Einfluss. Erst 1826 wurden die Janitscharentruppen aufgelöst.

Ähnlich wie die Bibel setzt der Koran die Sklaverei als eine gegebene Institution voraus.[234] Der Umgang mit Sklaven wurde stark von seinen Vorschriften sowie von den Auslegungen der Rechtsschulen bestimmt. Der Koran ermahnte Sklavenbesitzer, ihren Sklaven die Freiheit zu schenken oder sie zumindest freundlich zu behandeln.[235]

Auch das Ehe- und Familienrecht im Bezug auf Sklaven wurde im Koran geregelt. Grundsätzlich war es Muslimen zwar in Sure 4, 3 gestattet, so viele Frauen zu heiraten wie sie wollten. Sofern aber nicht genug Geld für eine Ehefrau vorhanden war, wurden auch gläubige Sklavinnen als Ersatz für eine Ehefrau akzeptiert.[236] Die Kinder, die eine Sklavin mit ihrem Herrn hatte, erbten den Status ihrer Mutter, blieben also zunächst Sklaven. Doch wenn ihr Herr sie anerkannte, erlangten sie genauso wie die Mutter die Freiheit und wurden den ehelichen Kindern gleichgestellt. Die ehemalige Sklavin besaß dann den Status einer Ehefrau. Zwar durften Sklaven auch miteinander verheiratet werden, doch es war Vorschrift, dass sie dann nicht mehr getrennt werden durften.[237]

Ferner galt für muslimische Sklaven, dass sie genauso wie freie Muslime ihren religiösen Pflichten nachkommen mussten. Belohnungen oder Bestrafungen durch Gott, die freie Muslime für ihre Lebensweise zu erwarten hatten, galten nach islamischer Auffassung grundsätzlich auch für Sklaven. Von Wallfahrten oder der Teilnahme am Heiligen Krieg (Djihad) waren sie jedoch ausgenommen, da sie sich dazu frei hätten bewegen müssen.[238]

Zwar war die Zeugenaussage eines Sklaven vor Gericht nicht zugelassen, doch wurde er bei einer Verurteilung – sofern er selbst angeklagt worden war – anders als in anderen Kulturen nicht härter als ein freier Angeklagter bestraft. Stattdessen hatte er in manchen Fällen nur die Hälfte des jeweiligen Strafmaßes zu fürchten. Hughes wertet dies als Ausgleich dafür, dass Sklaven ansonsten benachteiligt wurden. Eine Ausnahme stellte allerdings die Verurteilung für Diebstahl dar: Hier drohte sowohl Freien als auch Sklaven die Amputation der Hand. Eine andere Ausnahme war der Abfall vom Glauben (Apostasie).[239]

Ähnlich wie im christlich geprägten Europa, wo Juden keine christlichen Sklaven besitzen durften, galt unter dem islamischen Recht, dass ihnen die Haltung muslimischer Sklaven untersagt war.[240] Sklaven eines Juden mussten entsprechend den jüdischen Gesetzen beschnitten werden. War das Ritual vollzogen, konnten sie nur noch an Juden weiterverkauft werden. Sklaven, die sich der Beschneidung verweigerten, wurden wahrscheinlich bald an Nicht-Juden verkauft. Sexueller Verkehr zwischen Freien und Sklaven wurde durch das jüdische Gesetz untersagt. Konkubinen mussten vor dem Konkubinat freigelassen werden. Sklaven wurden oft beim Tod ihres Besitzers freigelassen und wurden dann Mitglied der jüdischen Gemeinschaft.[241]

Bei Freilassungen sind mehrere Arten zu unterscheiden: »Ataq« bezeichnete die bedingungslose und sofortige Freilassung. Dazu musste der Besitzer, der die Freilassung vornahm, selbst frei, geistig gesund und volljährig sein. »Kitaba« war die Möglichkeit des Freikaufs durch den Sklaven selbst. Hier hatte der Besitzer, der ihm zuvor die Ansparung eines Vermögens gestattet hatte, sogar die Pflicht zur Freilassung. Kam es vor, dass ein Sklave, der sich freikaufen wollte, noch nicht die vollständige Summe dafür besaß, so konnte er den Status eines »Mutakab« erhalten, dem größere Freiheiten als anderen Sklaven gewährt wurden. »Takbir« bezeichnete die Freilassung entsprechend dem Willen des Besitzers nach dessen Tod.[242] Ebenso bestand die Möglichkeit, Sklaven als Buße für eine Sünde ihres Herrn freizulassen. Dies galt zum Beispiel für die Nichteinhaltung der Fastenpflicht.[243]

Die ab dem 9. Jahrhundert verstärkt einsetzende Rekrutierung von Militärsklaven mit oftmals türkischen oder kaukasischen Wurzeln erwies sich jedoch als ein zweischneidiges Schwert. Sie gewannen selbst machtpolitischen Einfluss und begründeten die Dynastie der Mamelucken. In Ägypten lösten sie die Herrschaft der Ayyubiden ab und machten Kairo zum Zentrum des sunnitischen Islam. Sie bauten ihre Macht im Vorderen Orient aus und bezwangen mit Tripolis (1291) und Akkon (1298) die letzten Hochburgen der Kreuzritter. 1534 gelang ihnen die Eroberung Bagdads.[244]

Sklavenhandel zwischen Afrika und der Neuen Welt

Afrika

Politik und Gesellschaft

Die europäischen Kenntnisse der afrikanischen Küsten sowie über das Innere des Kontinents waren zu Beginn der Neuzeit gering. Doch das unbekannte Afrika rückte ab dem 14. Jahrhundert allmählich ins Zentrum des öffentlichen Interesses, so dass der portugiesische Prinz Heinrich der Seefahrer (1394–1460) ab 1418 mehrere Entdeckungsfahrten zur nord- und westafrikanischen Küste beauftragte. Neben der Verbreitung des christlichen Glaubens verfolgte er das Ziel, sowohl die arabischen Gebiete als auch die mit den Arabern Handel treibenden Venezianer und Genuesen wirtschaftlich zu umgehen.[245] Auf dem Landweg erschien das nicht möglich, doch ein direkter Seeweg nach Asien konnte dabei sehr hilfreich sein. Finanziert wurden die Fahrten aus Heinrichs Einnahmen als Großmeister des Christusordens. Weitere Dringlichkeit erfuhr die Erforschung eines Seeweges nach Asien durch die osmanische Eroberung Byzanz' 1453.

Die Unternehmungen konnten Erfolge vorweisen: Sie führten 1427 zur Wiederentdeckung der bereits auf früheren Karten eingezeichneten Azoren und 1455/1456 zur Entdeckung von Kap Verde (Kapverdische Inseln). V.a. aber bereicherten sie die portugiesischen Kenntnisse der afrikanischen Küsten, der dort gehandelten Produkte sowie der politischen und wirtschaftlichen Strukturen. Kapitän Gil Eanes konnte 1434 sogar das bislang für unumschiffbar gehaltene Kap Bojador umsegeln, an dem er noch im Vorjahr gescheitert war. 1435 erreichte er die heute zu Ghana gehörende Goldküste. In Lagos wurde ab 1445 die portugiesische *Companhia da Lagos* gegründet, die das Handelsmonopol mit Afrika besaß. Diego Cao (gest. 1486) segelte 1482 die Westküste entlang bis zur Kongomündung, die er für Portugal in Besitz nahm. Bartholomeu Diaz (um 1450–1500) gelang 1487 die Umsegelung der afrikanischen Südspitze.

Um unliebsame Konkurrenz fernzuhalten, hatte sich Portugal schon 1455 das Recht der Inbesitznahme und des Handels für alle auf den Forschungsreisen entdeckten Gebiete durch Papst Nikolaus V. (reg. 1447–1455) in der Bulle *Romanus Pontifex* bestätigen lassen. Ihre Christianisierung war ein Jahr später in der Bulle *Inter Caetera* von Papst Calixtus III. (reg. 1455–1458) dem Christusorden übertragen worden.[246]

Durch ihre Forschungsfahrten kamen die europäischen Entdecker mit vielen afrikanischen Völkern in Kontakt, gründeten Niederlassungen, knüpften Handelsbeziehungen und vergrößerten ihren politischen Einfluss. So handelten die portugiesischen Entdecker beispielsweise mit den Yoruba, die an der Goldküste ab dem 10. Jahrhundert einen Bund aus Stadtstaaten errichtet hatten. Politisches Zentrum war das Königreich Oyo. Es konnte seine Herrschaft im 17. Jahrhundert nach Süden und Südwesten vergrößern. Unter Abiodun (reg. 1770–1789) gedieh der Handel, insbesondere der Sklavenhandel mit den Europäern. Ihr Gebiet kam Ende des Jahrhunderts unter britische Herrschaft.

Das nordöstlich von den Yoruba gelegene Königreich der Nupe wurde im 15. oder 16. Jahrhundert errichtet. Trotz aller Konkurrenz unterhielt es Handelsbeziehungen sowohl zu den Yoruba als auch zu den Staaten der Haussa im Norden. Die Haussa hatten mehrere Staaten im nigerianischen Nordwesten gegründet, deren Zentrum jeweils eine befestigte Stadt war. Sie verfügten selbst über weite Handelsbeziehungen mit Nordafrika, dem Westsudan und Guinea.[247]

Nordwestlich der Haussa und westlich des Tschad-Sees lag das Reich Kanem-Borno mit der Hauptstadt Ndschimi. Es war unter Einfluss nomadischer Völker entstanden und betrieb Handel bis nach Ägypten sowie Nordafrika, bei dem auch der Sklavenhandel einen bedeutenden Faktor darstellte. Um 1400 wurde Borno das neue Machtzentrum und stieg zum mächtigsten Staat des Zentralsudan auf. Im 19. Jahrhundert geriet es unter die Herrschaft der islamischen Al-Kanemi-Dynastie, bevor es zwischen 1899 und 1901 Deutsche, Briten und Franzosen eroberten.[248]

Das Reich der Kongo erstreckte sich vom Atlantik zum Kongo-, Kwango- und Bengofluss. Sein Herrscher Nsinga Nkuw ließ sich 1483 taufen, womit man entsprechend dem christlichen Missionsauftrag des Papstes handelte. Auch sein Nachfolger Afonso I. (reg. 1506–1543/1545) öffnete das Land für Christentum und Schulwesen. Gegen die Angriffe der Jaga-Krieger musste 1571 portugiesisches Militär zu Hilfe gerufen werden. Dadurch nahm der portugiesische Einfluss am kongolesischen Hof zu. Dies führte jedoch auch zu scharfen Spannungen, so dass sich Diogo Garcia II. (reg. 1641–1661) sogar mit den inzwischen ebenfalls in Afrika aktiven Niederländern verbündete. Jedoch war deren Eroberung der portugiesischen Gebiete nur kurzfristig. Der Kongo wurde von Portugal erobert, die politischen Strukturen des Gebiets durch den bis 1710 anhaltenden Bürgerkrieg nachhaltig geschädigt. Es folgten über eineinhalb Jahrhunderte weitere Kriege und eine bis 1870 anhaltende Ausbeutung des Landes durch den Sklavenhandel. Auf der Berliner Kongo-Konferenz wurde es 1885 aufgeteilt.[249] Argumentativ machte man sich seitens der europäischen Mächte dabei sogar die inzwischen v.a. von britischer Seite betriebene Bekämpfung des Sklavenhandels zu Nutze.

Die Königreiche der Luba und Lunda lagen östlich des Kongo-Reiches im Landesinnern. Sie befanden sich auf dem Gebiet der heutigen Demokratischen Republik Kongo und bestanden zwischen dem 16. und 19. Jahrhundert. Hauptstadt des Lubareiches war Mwibele am Boyasee. Der König regierte unter Berufung auf göttliches Recht über mehrere parallele Häuptlingstümer, die tributpflichtig waren. Die Lunda konnten ihren Herrschaftsraum im 19. Jahrhundert zwar vergrößern, doch kam es zu innenpolitischen Machtkämpfen. König Kasango (gest. 1885) stützte seine Macht auf die in Ostafrika tätigen arabischen Sklavenhändler. Auseinandersetzungen nach seinem Tod führten zum Niedergang des Reiches.[250]

Südöstlich der Lunda entstand im 15. Jahrhundert das Monomotapareich zwischen dem Sambesi und dem Limpopo im heutigen Simbabwe. Dort wurden seit mehreren Jahrhunderten Eisen, Kupfer und Gold, das als Handelsware mit arabischen Küstenniederlassungen diente, abgebaut. Die Portugiesen gründeten ab 1530 Handelsniederlassungen in Sete und Tete. Sie übernahmen den Goldhandel, für den sie zunächst Abgaben an den König zahlen mussten. 1629 wurde der König gestürzt und ein Vasallenkönigtum unter portugiesischer Hoheit errichtet.[251]

Der Islam, der sich seit dem 7. Jahrhundert bereits in Nordafrika bis nach Europa auf die Iberische Halbinsel verbreitet hatte, dehnte sich weiter nach Süden in das Innere Afrikas aus. Im 11. Jahrhundert erreichte er die westafrikanischen Savannenvölker. Unter der Sefawa-Dynastie erfolgte Ende des 11. Jahrhunderts die Islamisierung Kanem-Bornos. Bei den Nupe trat der König im 18. Jahrhundert zum Islam über. Obwohl die Haussa bereits mit dem Islam in Kontakt gekommen waren, nahm sein Einfluss hier erst im 19. Jahrhundert zu.

Sklaverei

Schon lange vor dem Auftreten europäischer Händler war die Sklaverei in afrikanischen Kulturen bekannt. In der Antike hatten sudanesische Völker Sklavenhandel mit Ägypten betrieben. Er ist auch für die Zeit des 16. bis 19. Jahrhunderts nachweisbar, in der jährlich zwischen 1.000 und 1.500 in Razzien gefangene Menschen nach Ägypten verkauft wurden. Im Kairo des 18. Jahrhunderts galten sudanesische Sklaven als teures Luxusgut.[252] Von den Berbern weiß man, dass sie im 1. Jahrtausend n. Chr. die schwarzen Bafour versklavten, als sie in das Gebiet der Westsahara und nach Mauretanien einwanderten.[253] Jedoch übertraf das Ausmaß der seit Beginn der Neuzeit an der Westküste betriebenen Sklaverei durch europäische und arabische Händler alle Grenzen.

Oftmals machten sie sich die Hilfe regionaler Herrscher zunutze. Westafrikanische Händler wurden dabei als gleichberechtigte Geschäftspartner angesehen.[254] Diese nahmen die Sklaven im Landesinneren durch Kriege und Razzien gefangen. Razzien führten zudem die Europäer selbst durch. So nahm die Royal English African Company im 17. Jahrhundert jährlich etwa 10.000 Menschen in der Region des Senegal und Sierra Leones gefangen.[255] Sie wurden zur Küste gebracht, wo sie von den europäischen Händlern weitertransportiert wurden. Im Rahmen ihres 1568 begonnenen Befreiungskampfes gegen die spanische Herrschaft beteiligten sich auch die Niederlande am Sklavenhandel. Für Spanien bedeutete das eine zusätzliche wirtschaftliche Konkurrenz. Ende des 18. Jahrhunderts waren neben britischen, französischen und portugiesischen Kaufleuten zudem schweizerische, dänische und schwedische Händler involviert.[256] Bekannt ist auch der Befehl des brandenburgischen Kurfürsten Friedrich Wilhelm (der Große Kurfürst, reg. 1640–1688) an seinen Kapitän Mattheus de Voß, 600 Sklaven einzukaufen und nach St. Thomas in Westindien zu bringen. Zudem sollten 20 große Sklaven im Alter zwischen acht und 16 Jahren direkt nach Hamburg geliefert werden.[257]

Der Sklavenhandel war fester Bestandteil des europäischen Handels mit den afrikanischen und ab dem 16. Jahrhundert mit den amerikanischen Kolonien. Besonders in Letzteren war der Bedarf an Arbeitskräften gestiegen, da spanische und portugiesische Versuche gescheitert waren, die einheimische Bevölkerung zu versklaven. Stattdessen importierte man ersatzweise schwarze afrikanische Sklaven. Hatte Kaiser Karl V. (reg. ab 1516–1556 als König von Spanien, 1519–1556 als römisch-deutscher König, ab 1530 Kaiser) noch 1503 die Einfuhr afrikanischer Sklaven nach Amerika untersagt, so hob er dieses Verbot 1517 wieder auf. Das in Augsburg ansässige Handelshaus der Welser verpflichtete sich bereits im darauffolgenden Jahr, 4.000 Sklaven aus Afrika in die spanischen Kolonien nach Amerika zu transportieren.[258]

Bis Ende des 17. Jahrhunderts war der Sklavenhandel das Vorrecht privilegierter Handelskompanien. Zu nennen sind die portugiesische Casa de Contracio (gegründet 1510), die niederländische Westindische Handelsgesellschaft (1621), die französische Compagnie des Cent-Associés (1627), die Massachusetts Bay Company (1629), die portugiesische Brasilianische Handelsgesellschaft (1649), die English Company of Royal Adventurers (1660), die französische Westindische Handelsgesellschaft (1664), die britische Hudson Bay Company (1670), die Royal African Company (1672) oder die spanische Compañia de Caracas (1728).[259]

Es etablierte sich ein Wirtschaftssystem, das als Transatlantischer Dreieckshandel in die Geschichte eingegangen ist. Seine Struktur kann in groben Umrissen folgendermaßen beschrieben werden: Zunächst wurden aus Europa Metallwaren, Waffen, Glas, Schmuck, Stoffe oder Alkohol in die afrikanischen Kolonien transportiert. In Afrika angekommen, wurden die Ladungen gelöscht. Schiffe, die nicht direkt mit Kolonialwaren nach Europa zurückkehrten, sondern ihre Fahrt in die Neue Welt fortsetzten, wurden nun mit Sklaven beladen, die dort als Arbeitskräfte benötigt wurden. Ihre hauptsächlichen Einsatzgebiete waren die Zuckerrohr-, Tabak- und Baumwollplantagen Brasiliens, der Westindischen Inseln und des südlichen Nordamerika. In Südamerika mussten sie auch im Gold- und Silberbergbau arbeiten.[260] In den amerikanischen Häfen nahmen die Schiffe dann amerikanische Waren wie Zucker, Kaffee, Baumwolle, Kakao oder Tabak auf, mit denen sie nach Europa zurückkehrten. Besonders im 18. Jahrhundert war dort die Nachfrage nach Kolonialprodukten stark angestiegen. Einblicke in die Vorgänge und in die Zustände eines Sklaventransports bietet die Autobiographie des Kapitäns und Sklavenhändlers Théodore Canot (1804–1860):

> Ein afrikanischer Händler von gutem Ruf geht immer davon aus, seine menschliche Ladung mit der größten Vorsicht auszuwählen, um nicht nur seinen Auftraggebern kräftige Arbeiter zu verschaffen, sondern auch alle Krankheiten zu vermeiden, die Sklaven auf der Überfahrt nach Kuba oder dem amerikanischen Festland befallen könnten. Zwei Tage vor der Einschiffung wird jedem Sklaven der Kopf kahlgeschoren, und wenn die Ladung von verschiedenen Eigentümern herstammt, wird das Zeichen eines jeden Besitzers am Körper des betref-

fenden Negers eingebrannt; diese Operation geschieht mit Stempeln aus Silber oder Eisen, welche die Form der Initialen des Kaufmanns haben und gerade so heiß gemacht werden, daß sie eine Blase ziehen, aber die Haut nicht verbrennen. Wenn die ganze Ladung einem einzigen Besitzer gehört, unterläßt man das Brennen immer.

Am festgesetzten Tage wird die ganze Sklavenbaracke mit einem sehr reichlichen ›Festmahl‹ erfreut, das die letzten Stunden des Negers in seinem Heimatland auszeichnet. Wenn das vorbei ist, werden sie in Kanus zum Schiff gebracht und an Deck völlig entkleidet, so dass die Frauen ebenso wie die Männer Afrika so verlassen, wie sie darin zur Welt kamen – nämlich nackt. Diese Vorsorge ist, wie man begreifen wird, unvermeidlich, denn völlige Nacktheit während der ganzen Reise ist die einzige Möglichkeit, um Reinheit und Gesundheit zu verbürgen. In diesem Zustand wird ihnen sofort befohlen hinabzugehen, die Männer in den unteren Raum, die Frauen in die oberen Decks oder die Kajüte, während Knaben und Mädchen Tag und Nacht auf Deck bleiben, wo ihr einziger Schutz vor den Elementen bei gutem Wetter ein Segel, bei schlechtem Wetter ein geteertes Segeltuch ist. [...]

Es ist auf Sklavenschiffen wohl vorgekommen, daß Neger freiwillig den Hungertod sterben wollten. Wenn also der Aufseher merkt, daß einer simuliert, dann wird sein Appetit mit einer Dosis Medizin, mit der ›Katze‹ [Peitsche], angeregt. Ist der Sklave jedoch wirklich krank, dann kommt er sofort auf die Krankenliste, als Zeichen dessen wird ihm eine Kugel oder ein Knopf umgehängt, und er wird in das Spital in der Back geschickt. [...]

An bestimmten Tagen, meistens dreimal in der Woche, müssen sie ihren Mund sorgfältig mit Essig spülen, und beinahe jeden Morgen bekommen sie einen Schnaps als Vorbeugung gegen Skorbut. [...]

Einmal per Woche schabt ihnen der Barbier das Kinn ab, wobei keine Seife verwendet wird. Gleichzeitig werden ihnen die Nägel ganz kurz geschnitten, damit sie einander bei den Raufereien nicht verletzen können, die jede Nacht entstehen, wenn einer dem andern jedes Stückchen Liegeboden streitig macht. [...]

Soweit die Sicherheit dies gestattet, verwendet man auf der Reise die größte Sorgfalt für die Gesundheit und Reinheit der Neger. In jedem guten Sklavenschiff sind der Kapitän, die Steuerleute und die Bemannung andauernd bemüht, die Ladung in gutem Zustand zu erhalten. [...]

Mit Sonnenuntergang beginnt die Arbeit, die Sklaven für die Nacht unterzubringen. Der Zweite Steuermann und der Bootsmann gehen mit einer Peitsche hinab in den Raum und weisen den Sklaven ihren festen Platz an; diejenigen, die an der rechten Seite liegen, schauen nach vorwärts, und es liegt einer im Schoß des andern, während diejenigen, die links liegen, mit dem Gesicht nach Achtersteven in derselben Weise verstaut werden. [...]

In Sklavenschiffen ist strenge Zucht beim Verstauen für die Nacht von größter Wichtigkeit, weil es sich sonst jeder Neger so bequem machen würde, als ob er ein Passagier wäre.

Um dafür zu sorgen, daß es bei Nacht völlig still und ordentlich ist, wird von je zehn Sklaven einer als Aufseher angestellt, dieser bekommt dann eine Peitsche, damit er, wenn er Wache hat, seinen Befehlen Nachdruck verleihen kann. Als Belohnung für seinen Dienst, den er voll Eifer ausübt, bekommt er ein altes Hemd oder eine geteerte Hose. [...]

In den Baracken und bei der Einschiffung werden die Sklaven gewöhnlich dadurch in Schach gehalten, daß man zehn Mann zusammen an eine Kette legt; da dies aber auf See sehr lästig wäre, werden die Fesseln sofort abgenommen und durch Fußfesseln ersetzt, womit sie zu je zwei zusammengekoppelt werden.[261]

Deutlich wird die entwürdigende Behandlung der Sklaven, die zu einer lebenden Ware degradiert wurden: Gegen ihren Willen mussten sie eine Deportation aus ihrer Heimat ertragen, die in einer jegliches Schamgefühl verletzenden völligen Nacktheit vonstatten ging. Sie waren gefesselt und wurden gezüchtigt. Wenn sich die Schiffsmannschaft um Gesundheit, Ernährung und Hygiene kümmerte, so verfolgte sie ausschließlich den Zweck, ihre Ware unversehrt an den Bestimmungsort zu bringen. Andernfalls drohte Wertverlust. Die Sterblichkeit auf den Transporten war enorm. Pinker geht davon aus, dass während des 16. und 17. Jahrhunderts ungefähr 1,5 Millionen Menschen die katastrophalen Transportbedingungen in den vollgepferchten Sklavenschiffen nicht überlebten.[262] Auch Canot, der sich im 19. Jahrhundert zu einer Zeit am Sklavenhandel beteiligte, als die britische Marine bereits Sklavenschiffe aufbrachte, um das Sklavereiverbot umzusetzen, berichtet, dass nur dann größte Sorgfalt aufgewendet werde, wenn die Sicherheit es gestatte. Ebenso zeigt der Bericht, dass sich die Schiffsbesatzung einzelne Sklaven dienstbar machte, indem sie ihnen Aufgaben wie die nächtliche Bewachung zuwies. Auf diese Weise stiegen sie in der Hierarchie auf und erhielten Vergünstigungen. An ihrem Sklavenstatus änderte das freilich nichts.

Die versklavten Menschen stammten aus den westafrikanischen Gebieten zwischen Sierra Leone und Angola. Aus Sierra Leone selbst wurden 1563 durch den englischen Seefahrer und Freibeuter John Hawkins (1532–1595) die ersten Sklaven nach Haiti gebracht.[263]

Schon zur Mitte des 15. Jahrhunderts – also noch vor der Entdeckung Amerikas – waren portugiesische Sklavenhändler in Marokko aktiv.[264] Neben Elfenbein und Gold waren Sklaven die wichtigste Ware und wurden nach Europa verkauft.[265] Zur selben Zeit wurden auch die Gebiete der heutigen Westsahara zunächst unter den Portugiesen, dann unter spanischen Händlern zur Deckung des europäischen Bedarfs herangezogen. Ein Fünftel des Gewinns fiel an die Krone. Da sich der Sklavenhandel für sie als sehr lukrativ erwies, wurden Razzien sogar von Ferdinand II. (reg. 1479–1516 als König von Aragon), Isabella I. (reg. 1474–1504 als Königin von Kastilien und Leon, 1479–1504 als Königin von Spanien) und Karl V. angeregt.[266] Zwar erweiterten portugiesische Stützpunkte an der Küste von West-Guinea das Handelsnetz nach Süden. Doch aufgrund schwieriger Umweltbedingungen und der örtlichen politischen Verhältnisse gewann der Sklavenhandel dort nicht die gleiche wirtschaftliche Bedeutung wie in anderen Regionen.[267]

Der Höhepunkt der kapverdischen Sklaverei begann Ende des 15. und hielt bis Ende des 16. Jahrhunderts an. Hier besaßen zunächst die Portugiesen das Monopol zum Sklavenhandel, bevor es ihnen Spanier und Engländer streitig machten. Viele Sklaven stammten aus den Kriegen zwischen den westafrikanischen Mandingo und den Fula. Verkauft wurden sie nach Brasilien, in die Karibik und zum Teil nach Europa. Im späten 17. Jahrhundert erhielten zwei Handelsgesellschaften der Kapverden Monopole in Cacheu (Guinea Bissau). Ab 1753 wurde der Handel in Bissau von einer brasilianischen Handelsgesellschaft kontrolliert, die Sklaven für die brasilianischen Staaten Maranhão und Grão-Pará erwarb.[268]

Die Gebiete des heutigen Benin – die Heimat der Ewe und Adja – waren zwischen dem 16. und 18. Jahrhundert eine wichtige

Region für den Sklavenhandel. Dort wurde er so bedeutend, dass sein Rückgang im Zuge der Antisklavereibewegung des 19. Jahrhunderts sogar den wirtschaftlichen und politischen Niedergang der Region verursachte.[269] Im Osten Nigerias setzte der portugiesische Sklavenhandel im 16. Jahrhundert ein. Auch dort stieg er zu großer Bedeutung auf. Im Landesinnern und an der Küste wurde er von einer Oligarchie von Großhändlern kontrolliert, der auch die politische Macht zufiel. Die an der Küste gelegenen Handelsorte Calabar und Bonny entwickelten sich zu großen Sklavenmärkten und Umschlagplätzen. Auch die Yoruba waren am Handel beteiligt. Erst im 19. Jahrhundert wurde die menschliche Ware durch den Handel mit Palmöl und Baumwolle abgelöst.[270] Der deutsche Afrikaforscher Gustav Nachtigal (1834–1885) beschrieb einen Sklavenmarkt in Bornu:

> Auf der Südseite des Marktes haben im östlichen Theile desselben die Sklavenmakler grosse Buden aufgeschlagen, in deren Schutz gegen Sonne und Regen ihre Waare in langen Reihen, in Ketten und ungefesselt, ausgestellt ist. Sclaven beiderlei Geschlechts […], jeden Alters und Preises, aus den verschiedensten südlich von den Sudan-Staaten gelegenen Heidenländern erwarteten dort ihr Schicksal. Neben kleinen Kindern, die der zärtlichen Sorge einer liebenden Mutter entrissen wurden […] sitzen lebensmüde Greise; zwischen hässlichen Weibern […] blicken frische junge Mädchen mit den vollen, prallen Formen der ersten Jugendblüthe […].[271]

Ähnlich wie in West-Guinea schränkten naturbedingte Hindernisse den Sklavenhandel auch im westafrikanischen Gabun ein. Große Flächen des Gebietes sind mit Regenwald bedeckt. Flüsse, die man als Handelswege hätte nutzen können, besitzen Sandbänke und Stromschnellen. Dennoch waren im 18. und 19. Jahrhundert – mit Ausnahme der Fang – die meisten dort lebenden Völker in den Sklavenhandel involviert. Das heute kongolesische Luango entwickelte sich zu einem wichtigen Zentrum des französischen Sklavenhandels. Noch Mitte des 19. Jahrhunderts wurden von Gabun aus jährlich mehrere tausend Sklaven nach Südamerika und Kuba verkauft, manche auch in die USA.[272]

In die zentralafrikanischen Waldgebiete des Kongo drangen im 19. Jahrhundert arabische Sklavenhändler ein und richteten gemeinsam mit einheimischen Verbündeten große Schäden an. Nyangwe und Kasongo entwickelten sich unter ihnen zu wichtigen afrikanischen Sklavenmärkten. Arabische Sklavenhändler belieferten v.a. den asiatischen Raum.[273] Die Zahl der zu Beginn der 1840er Jahre in Indien lebenden Sklaven wird auf 8 bis 9 Millionen Menschen geschätzt. Dabei muss allerdings auch der innerasiatische Sklavenhandel berücksichtigt werden, der von Arabern, Chinesen, Malaien und Indern betrieben wurde.[274]

Bekannt wurde der Händler Tippu Tip (eigentlich Hamed bin Juma Rajab bin Mohammed bin Said el-Murjebi, 1837/1838–1905), der ein großes Handelsimperium errichtete. Im Auftrag der belgischen Krone bekleidete er von 1890 bis 1891 sogar den Gouverneursposten des Freistaates Kongo.[275] Die Kongogebiete waren zwischen 1879 und 1885 im Auftrag Leopolds II. (reg. als belgischer König 1865–1909) aufgekauft worden und bildeten quasi eine »Privatkolonie« des Königs, welche die Grundlage eines Kolonialreiches werden sollte. Zur Kautschukgewinnung musste die Bevölkerung Zwangsarbeit leisten. Widerstand wurde brutal geahndet: Dörfer und Ernten wurden verbrannt, Menschen als Geiseln genommen und durch Abhacken der Hände verstümmelt.[276] Nachdem diese Verbrechen öffentlich gemacht wurden, musste Leopold II. 1904 eine internationale Untersuchungskommission einsetzen. Diese bestätigte die Vorwürfe. Der »Freistaat Kongo« wurde 1908 an den belgischen Staat verkauft und in die Kolonie Belgisch-Kongo umgewandelt. Erst 1910 wurde die Zwangsarbeit abgeschafft.

In Angola wütete der Sklavenhandel besonders schlimm. Als im 17. Jahrhundert der portugiesische Handel in Senegambia und Guinea-Bissau durch das zunehmende Eingreifen anderer europäischer Mächte gestört wurde, wandten sich die portugiesischen Kaufleute nach Angola. Zum Zentrum des Handels entwickelte sich Luanda.[277] Zwischen dem 16. und 19. Jahrhundert wurden die Sklaven zunächst auf die ostafrikanische Insel São Tomé, dann nach Brasilien und in die Karibik exportiert. Nach Amerika, v.a. nach Brasilien, wurden insgesamt 3 bis 4 Millionen Menschen verkauft.[278] Nachdem Angola 1836 die Abschaffung der Sklaverei zunächst ignoriert hatte, führten britische Bemühungen seit Mitte des Jahrhunderts zur allmählichen Beachtung des

Verbots.[279] Der Sklavenhandel wurde 1865 auf britisches Betreiben beendet. Zwar war schon 1858 die Abschaffung der Sklaverei erfolgt, allerdings mit einer zwanzigjährigen Übergangsfrist. Sie endete 1878, wurde jedoch bis 1960 durch Zwangsarbeit ersetzt.[280] Der europäische Handel erfasste ab 1730 auch die afrikanische Ostküste und überschnitt sich mit dem arabischen Handel. Von dort belieferte man die französischen Kolonien Mauritius und Réunion, wo Arbeitskräfte für die Zuckerrohrplantagen benötigt wurden.

Dieser sicher unvollständige Überblick lässt bereits die Ausmaße der in Afrika durch europäische Kaufleute und Handelsgesellschaften sowie durch arabische Händler betriebenen Ausbeutung erahnen. Man schätzt, dass zwischen 1450 und 1867 zwischen 25.000 und 35.000 europäische Handelsfahrten nach Afrika stattfanden.[281] Allein die Zahl der nach Amerika verschleppten afrikanischen Sklaven wird je nach Berechnung zwischen 10 und 30 Millionen angegeben. Die Zahl der von den Arabern versklavten Menschen wird für die Zeit des 7. bis zum Beginn des 20. Jahrhunderts auf 18 Millionen Menschen geschätzt.[282] Ganze Regionen wurden regelrecht entvölkert – mit in die Zukunft reichenden demographischen, politischen und wirtschaftlichen Folgen für die Heimatländer dieser Menschen – von dem verursachten Leid ganz zu schweigen.

Amerika und die USA

Politik und Gesellschaft

Bei der europäischen Suche eines Seewegs nach Asien konnten prinzipiell zwei Wege eingeschlagen werden: Der eine führte um Afrika herum, der andere nach Westen. Dass die Erde kugelförmig ist, war bereits der Antike bekannt und wurde auch im Mittelalter nicht ernsthaft bestritten. Somit musste es möglich sein, von Europa Richtung Westen aufzubrechen und irgendwann die Ostküste Asiens zu erreichen. Diesen Weg schlug der italienische Seefahrer Christoph Kolumbus (1451–1506) ein. Zunächst hatte er mit seinem Vorhaben an den europäischen Königshöfen kein Gehör gefunden. Doch war die spanische Macht von den zahlreichen portugiesischen Entdeckungsfahrten überholt worden, und so ließ man sich dort auf seinen Vorschlag ein. Mit drei Schiffen stach Kolumbus am 3. August 1492 von Palos aus in See und erreichte bereits am 12. Oktober eine Insel. Die Eingeborenen nannten sie Guanahani. Kolumbus glaubte, sein Ziel bereits erreicht zu haben und in Asien angekommen zu sein. Tatsächlich handelte es sich aber um eine Insel der Bahamas. Weitere Erkundungen führten ihn am 28. Oktober nach Kuba und am 6. Dezember nach Hispaniola. Nach Spanien zurückgekehrt, unternahm er im Auftrag der Krone bis 1504 drei weitere Reisen nach »Asien«. Als Gegenleistungen für Vieh-, Saatgut- und Lebensmittellieferungen aus Spanien wollte er Sklaven nach Spanien schicken. Zwar sollten diese Sklaven zunächst auf eine Anweisung der spanischen Könige vom 12. April 1495 in Andalusien verkauft werden. Doch schon vier Tage später setzten sie diese Anweisung wieder außer Kraft, um sich zuvor von Theologen und Kirchenrechtlern im Umgang mit diesen Menschen beraten zu lassen. Im Jahre 1500 wurde die Versklavung der eingeborenen Bevölkerung untersagt.[283]

Der zunächst in spanischen (1499–1500) dann in portugiesischen Diensten (1501–1502) stehende italienische Seefahrer Amerigo Vespucci (1451/1454–1512) glaubte dagegen nicht, dass es sich um die Küste Asiens handelte. In der Kartographie wurde der neue Erdteil nach ihm benannt: Amerika.

Spanien hatte seinen kolonialen Rückstand gegenüber Portugal nun wettgemacht. Doch die Entdeckungsfahrten beider Länder ließen für die Zukunft Konflikte erahnen. Nach einem Schiedsspruch Papst Alexanders VI. (reg. 1492–1503) einigten sie sich 1494 im Vertrag von Tordesillas auf eine Demarkationslinie, die in Nord-Süd-Richtung 1.175 Seemeilen (370 Leguas) westlich der Kapverdischen Inseln verlief. Alle entdeckten und noch zu entdeckenden Territorien östlich dieser Linie wurden Portugal zugesprochen, womit die afrikanischen Besitzungen gesichert waren. Die Territorien westlich dieser Linie fielen an Spanien.

In der »Neuen Welt« trafen die europäischen Entdecker auf bislang unbekannte Kulturen, deren Untergang sie herbeiführten. Unter Berücksichtigung des Vertrags von Tordesillas nahmen die in spanischen Diensten stehenden Seefahrer die Inseln und Länder offiziell in Besitz und zwangen die einheimischen Herrscher, die spanische Oberhoheit anzuerkennen. Kuba wurde 1511 unter Diego Velázquez de Cuéllar (1465–1524) erobert, der an Kolumbus' zweiter Reise teilgenommen hatte. Hernan Cortez (1485–1547) hatte sich an der Eroberung Kubas beteiligt und reiste 1519 in Velasquez' Auftrag mit 600 Mann nach Mexiko. Mit den verbündeten Einwohnern von Tlaxcala erreichte er am 8. November die 1325 gegründete aztekische Hauptstadt Tenochtitlán. Schon am 14. November nahm er den Herrscher Moctezuma II. (reg. 1503–1520) gefangen und zwang auch ihn, die spanische Herrschaft zu akzeptieren. Cortez' Truppen wurden unter Cuitláhuac (reg. 1520) in der Nacht vom 30. Juni zum 1. Juli aus Tenochtitlán vertrieben (»noche triste«) und Cortez konnte die aztekische Hauptstadt erst am 13. August 1521 erobern. Dies besiegelte das Ende des Aztekenreichs. Karl V. ernannte Cortez 1522 zum Statthalter und Generalkapitän Neuspaniens. Sein Offizier Pedro de Alvarado (1485–1541) dehnte die spanische Herrschaft weiter bis nach Guatemala und El Salvador aus.

Das im westlichen Südamerika im Bereich des heutigen Peru seit Beginn des 13. Jahrhunderts bestehende Inkareich erlebte 1531 die Landung der Spanier unter Francisco Pizarro (ca. 1475–1541). Er hatte bereits seit 1510 in den spanischen Kolonien gelebt, sich an Kriegszügen beteiligt und dabei von einem sagenhaften Großreich im Südwesten des Landes gehört. Karl V. versprach ihm 1530 den Gouverneursposten dieser zu erobernden Provinzen. Unter den Inka tobte zu dieser Zeit ein Bürgerkrieg um die Thronerbschaft, der Pizarro gelegen kam. Der 12. Inkaherrscher Huáscar (reg. 1527–1532) wurde von seinem Halbbruder Atahualpa (reg. 1532–1533) 1532 gefangen genommen und im Folgejahr getötet. Atahualpa selbst war schon am 16. November 1532 in die Gefangenschaft Pizarros geraten, der als Lösegeld ein »Zimmer voller Gold« forderte. Trotz Zahlung wurde Atahualpa getötet und der Widerstand des Inkavolkes blutig niedergeschlagen. Der als grausam geltende Pizarro wurde 1541 in Lima von eigenen Leuten ermordet. Sebastián de Benalcázar (1479/1495–1551) gehörte zu seinen Gefährten. Er eroberte 1533 Quito (Ecuador). Mit Gonzalo Jiménez de Quesada (ca. 1500–1579), der unabhängig von ihm das Hochland von Bogotá (Kolumbien) erreichte, einigte er sich auf eine Abgrenzung der Interessensphären. Quesada unterwarf zwischen 1536 und 1539 die Muisca-Reiche und bereitete den Weg zur Gründung des Generalkapitanats Neugranada (Kolumbien).

Doch nicht nur Spanien erhielt amerikanische Territorien, denn die im Vertrag von Tordesillas festgelegte Demarkationslinie offenbarte eine Tücke Der konkrete Küstenverlauf der Neuen Welt war zum Zeitpunkt des Vertragsschlusses noch unklar. Schon 1500 landete der portugiesische Seefahrer Pedro Álvares Cabral (um 1468–1520/1526) an der brasilianischen Küste. Sie lag weit östlich der Demarkationslinie, womit Portugal Anspruch auf große Teile des heutigen Brasilien geltend machen konnte.

In Nordamerika wurden Mexiko, Florida und der Südwesten der heutigen USA zunächst von Spanien beherrscht. Doch nachdem die spanische Flotte 1588 im Ärmelkanal gegen England und 1607 in der Bucht von Gibraltar gegen die Niederlande verheerende Niederlagen hinnehmen musste, verschob sich das europäische Mächtegleichgewicht. England begann bereits Ende des 16., Frankreich zu Beginn des 17. Jahrhunderts mit der Gründung von Kolonien in Nordamerika. Neufrankreich erstreckte sich über den Westteil der heutigen USA, von Neufundland bis zum Golf von Mexiko. Die Gebiete der Ostküste standen jedoch unter britischer Herrschaft. Beide Staaten konkurrierten um die Territorien. Nach Ende des spanischen Erbfolgekrieges musste Frankreich 1713 im Frieden von Utrecht seine Besitzungen um die Hudson Bay sowie Neufundland an Großbritannien abtreten. Der von 1756 bis 1763 geführte Siebenjährige Krieg zwischen Preußen und Österreich entwickelte sich aufgrund der Bündniskonstellation auch zu einem britisch-französischen Kolonialkrieg. Im Pariser Frieden von 1763 verlor Frankreich dann alle nordamerikanischen Besitzungen an Großbritannien.

Sklaverei

Die amerikanischen Völker betrieben Sklaverei bereits ohne europäischen Einfluss. Sie ist für die Klamath, Pawnee, Yurok, Inka, Tehuelche, Azteken und Maya überliefert.[284] Auch hier spielt Kriegsgefangenschaft eine wichtige Rolle bei der Sklavengewinnung; ebenso war eine Versklavung als Strafe für bestimmte Vergehen möglich.[285] In den Gebieten Nicaraguas und Yucatáns scheint es Sklavenhandel gegeben zu haben. In der Karibik galten vollständig tätowierte Gesichter als Zeichen für Versklavung, während freie Personen nur in der unteren Gesichtshälfte tätowiert waren.[286]

Die nach der Entdeckung Amerikas errichteten europäischen Kolonien dienten der Besiedlung und der wirtschaftlichen Ausbeutung. Den dabei entstehenden Bedarf an Arbeitskräften versuchte man zunächst durch die Versklavung der dort lebenden Einwohner zu decken. Verbote der Indianersklaverei, wie sie schon 1500 von den spanischen Königen erlassen worden waren, wurden ganz offensichtlich nicht beachtet. Zudem gab es Ausnahmen: So erlaubte Königin Isabella 1503 die Versklavung karibischer »Menschenfresser«.[287] Auch Kriegsgefangene durften versklavt werden, weshalb die Kolonialisten häufig den Indianern die Schuld an den gegen sie geführten Kriegen gaben. Damit schien der Krieg gerechtfertigt zu sein.[288] Bei Eroberungszügen war den Eingeborenen mittels eines Dolmetschers ein Dokument (Requerimiento) vorzulesen, in dem sie aufgefordert wurden, sich den Eroberern zu unterwerfen und zum Christentum überzutreten. Andernfalls drohten ihnen ebenfalls Krieg und Versklavung.[289]

Nicht selten wurden Lücken in der Rechtsprechung zu Sklavenrazzien ausgenutzt oder bestehende Regelungen umgangen. Doch die Versuche der Indianerversklavung schlugen fehl, da viele Menschen an den aus Europa eingeschleppten Krankheiten starben, gegen die sie keine Abwehrkräfte besaßen. Ebenso gingen sie an der körperlichen Ausbeutung zugrunde.

Karl V. erließ 1530 erneut ein Verbot der Indianersklaverei. Den bereits in Sklaverei befindlichen Einheimischen nutzte dieses Verbot allerdings wenig, denn er gestand den Spaniern zu, ihre bereits vorhandenen Sklaven zu behalten. Innerhalb eines Monats mussten diese allerdings amtlich registriert werden.[290] Auf Betreiben des spanischen Missionars Bartholomé de las Casas, der sich zeitlebens für die Indianer einsetzte, wurde 1542 ihre

Versklavung erneut verboten und durch die Einfuhr afrikanischer Sklaven ersetzt. Diese war jedoch nicht neu, sondern wurde bereits parallel zur Indianersklaverei praktiziert. Schon 1518 hatte sich das deutsche Handelshaus der Welser verpflichtet, 4.000 afrikanische Sklaven in die spanischen Kolonien zu transportieren.

Obwohl die spanische Krone den Indianern nun sogar den Status freier und gleichberechtigter Untertanen zugestand, schränkte sie diesen sofort wieder ein: Denn da es sich bei ihnen offensichtlich um Heiden handelte, die zudem nicht an die europäische Lebensweise angepasst waren, galten sie als minderjährig und nur beschränkt rechtsfähig.[291]

Die portugiesischen Besitzungen in Brasilien blieben von den spanischen Verboten unberührt. Hier wurde die Indianersklaverei nicht in dem gleichen Maße eingeschränkt.[292] Doch auch hier wurde sie von kirchlichen Vertretern, v.a. von den Jesuiten, bekämpft.[293] Zwar wurde 1570 ein offizielles Verbot erlassen, das aber auch in diesem Fall nicht für Kriegsgefangene und »Menschenfresser« galt. Es traf zudem auf den Protest der Sklavenhalter. Seitens des Papstes wurde die Indianersklaverei 1639 bei Androhung der Exkommunikation untersagt.[294]

Die zunehmende Plantagenwirtschaft erforderte große Mengen an Arbeitskräften. 1526 kamen die ersten schwarzen Sklaven nach Kuba. Im portugiesischen Brasilien blühte die für den europäischen Export bestimmte Zuckerrohrproduktion seit den 1570er Jahren.[295] Zwar waren afrikanische Sklaven bereits im Lande, doch wurde auch hier noch die in spanischen Gebieten längst untersagte Indianersklaverei betrieben.[296] V.a. die Bandeirantes, die als Nachkommen von Portugiesen und Indianerinnen abstammten, entwickelten sich im 17. Jahrhundert zu gefürchteten Sklavenjägern. Sie zerstörten 1694 auch den Quilombo Palmares, einen von entlaufenen schwarzen Sklaven gegründeten Staat in Algoas. Er hatte ein Jahrhundert lang bestanden. Erst 1758 wurde die Indianersklaverei auch im portugiesischen Brasilien durch königlichen Erlass untersagt. Die Niederlande kontrollierten zwischen 1629 und 1648 große Teile Brasiliens, was zu einem ersten Höhepunkt des niederländischen Sklavenhandels führte.[297]

Auf Jamaika und Barbados entwickelten sich ebenfalls große Zuckerrohrplantagen, auf denen gegen Ende des 17. Jahrhunderts im Durchschnitt 60 Sklaven arbeiteten.[298] Jamaika wurde ab den 1670er Jahren ein berüchtigter Stützpunkt englischer Piraten und ebenso eine wichtiger Umschlagplatz für den Sklavenhandel und -schmuggel.[299] Um 1832 arbeiteten auf jeder jamaikanischen Zuckerrohrplantage im Durchschnitt 150 Sklaven.[300]

Für die französischen Kolonien Amerikas galt seit 1685 der Code Noir, ein auf den französischen Politiker Jean-Baptiste Colbert (1619–1683) zurückgehendes Dekret König Ludwigs XIV. (reg. 1643–1715). Als einzig zulässige Religion sowohl für die Sklaven als auch für ihre Besitzer schrieb es den römisch-katholischen Glauben vor. Angesichts protestantischer und jüdischer Sklavenhalter sowie der sich entwickelnden Sklavenkultur wird diese Vorschrift in der Praxis wohl nicht immer umzusetzen gewesen sein. Die Zeugung eines Kindes durch einen freien Mann mit einer Sklavin stand unter Geldbuße und konnte – sofern der Vater auch Besitzer der Sklavin war – durch Wegnahme des Kindes und der Sklavin geahndet werden. War der Vater der unverheiratete Besitzer, musste er die Sklavin heiraten, die somit die Freiheit erlangte. Die Kinder einer Sklavin erbten immer den Status der Mutter und gingen in den Besitz des Sklavenhalters über. Zwar war die Züchtigung von Sklaven erlaubt, nicht aber die Folter. Harte Strafen drohten einem entflohenen Sklaven: Beim ersten Versuch wurde er gebrandmarkt und es wurden ihm die Ohren abgeschnitten. Beim zweiten Versuch wurde erneut die Brandmarkung vorgenommen und man durchtrennte ihm die Achillessehne. Beim dritten Mal wurde er hingerichtet.

Die großen Baumwollplantagen im Süden Nordamerikas ließen den Bedarf an versklavten Arbeitskräften aus Afrika ebenfalls steigen. Die ersten gelangten 1619 nach Virginia.[301] Dort wurden ab 1660 Gesetze zur Regulierung der Sklaverei verabschiedet: Kinder schwarzer Frauen erbten ab 1662 grundsätzlich den Status der Mutter. Handelte es sich bei der Mutter um eine Sklavin, war das Kind somit ebenfalls automatisch Sklave, auch wenn der Vater frei war. Empfingen Sklaven die christliche Taufe, erlangten sie dadurch nicht automatisch die Freiheit, sondern blieben versklavt (1667). Freien Schwarzen wurde es 1670 untersagt, weiße Bedienstete zu unterhalten. Dass diese Fälle ausdrücklich juristisch verboten werden mussten, zeigt, dass sie in der alltäglichen Praxis zuvor anders gehandhabt worden waren. Ansonsten wäre ein Verbot überflüssig. 1705 folgte mit dem *Act concerning Slaves and Servants* das erste Sklavengesetzbuch Virginias.[302]

Zur Zeit der Unabhängigkeitserklärung von England im Jahr 1776 waren es bereits 500.000 Sklaven, was einem Fünftel aller Einwohner entsprach.[303] Alleine in Virginia lebten zu dieser Zeit 200.000 Sklaven.[304] Die Gesamtzahl war 1790 bereits auf 700.000 angestiegen. Zu den US-amerikanischen Bundesstaaten, in denen zur Mitte des 19. Jahrhunderts Sklaverei verfassungsrechtlich zugelassen war, zählen: Delaware, Maryland, Virginia, North Carolina, Kentucky, Tennessee, Missouri, Arkansas, South Carolina, Georgia, Florida, Alabama, Mississippi, Louisiana, Texas, New Jersey, Utah, New Mexico, Nebraska sowie der District Columbia. Von den 9,6 Millionen Menschen, die 1850 in den genannten Bundesstaaten lebten, waren insgesamt 3,2 Millionen versklavt. Das entspricht einem Anteil von etwa 33,3 %. Zehn Jahre später (1860) war die Zahl der Einwohner auf 12,2 Millionen Menschen angestiegen. Zwar betrug der Sklavenanteil »nur noch« 31,9 %. Allerdings war auch die absolute Zahl der Sklaven um 700.000 auf 3,9 Millionen Menschen angestiegen.[305]

Obwohl die Sklaverei schon vor der Gründung der Vereinigten Staaten und dann innerhalb des neuen Staates bis in die zweite Hälfte des 19. Jahrhunderts praktiziert wurde, war sie vor dem Hintergrund der amerikanischen Freiheitsrechte sowie christlicher Ideale niemals unumstritten. Ebenso machte sich bereits vor der Unabhängigkeit der britische Abolitionismus bemerkbar. Gleichwohl wurde der Sklavenhandel der britischen Kolonien in Nordamerika toleriert, da er indirekt auch den eigenen Unternehmen zugute kam, die sich dort engagierten.[306] Große Sklavenmärkte befanden sich in New Orleans und Washington.

Das Verhalten des britischen Gouverneurs von Virginia bietet ein weiteres Beispiel dafür, dass Sklaven im Militär auf Seiten ihrer Besitzer eingesetzt wurden. So versprach Lord John Dunmore 1775 zu Beginn des Unabhängigkeitskrieges jedem Sklaven die Freiheit, wenn er in der britischen Armee gegen die amerikanischen Truppen kämpfte. Durch diese Rekrutierung entstand »Lord Dunmores Ethiopian Regiment«. Die Freiwilligkeit darf durchaus bezweifelt werden. Es war wohl eher die Hoffnung auf Freilassung, die manche Sklaven bewog, das Angebot anzunehmen. Es wird angenommen, dass etwa 5.000 Afrikaner im britischen Militär dienten, von denen die meisten tatsächlich Sklaven waren und von ihren Kameraden auch entsprechend behandelt wurden. Viele wurden nach Westindien gebracht, allerdings kam es auch zu einigen Freilassungen nach Afrika und Kanada.[307]

Schon im Jahr der Unabhängigkeitserklärung 1776 hatte das an der nordostamerikanischen Küste gelegene Delaware ein Landungsverbot für Sklavenschiffe erlassen. Nichtsdestotrotz wurde aber auch hier bis in die Zeit des amerikanischen Bürgerkriegs, in dem Delaware auf Seiten der Nordstaaten stand, Sklaverei betrieben. Die Verfassung des weiter nördlich gelegenen Vermont untersagte die Sklaverei schon 1777. In Pennsylvania wurde sie 1780 verboten. Bis 1784 folgten Connecticut, Massachusetts, New Hampshire und Rhode Island. Bis zur Verabschiedung der US-Verfassung wurde die Einfuhr afrikanischer Sklaven von allen Staaten entweder völlig verboten oder zumindest beschränkt. Eine Ausnahme stellte Georgia dar.[308] Die US-Verfassung von 1787 unterließ jedoch eine abschließende Regelung in der Sklavenfrage. Stattdessen überließ sie die Entscheidung über Einschränkung oder Abschaffung den einzelnen Bundesstaaten. Sie wurde von christlichen und humanitären Bewegungen bekämpft, da sie sowohl dem göttlichen als auch den natürlichen Gesetzen widerspreche. Zu ihnen zählten die Methodisten der Nordstaaten, die 1780 ein kirchliches Verbot der Sklaverei erließen. Die Baptisten der Südstaaten schlossen sich 1789 an.[309]

Widerstand und Rebellion

Politik und Gesellschaft

Mit der Auffindung Amerikas durch Kolumbus und der anschließenden Kolonisierung durch die europäischen Nationen sah sich die dort einheimische Bevölkerung vor schwerwiegende politische und gesellschaftliche Veränderungen gestellt. Die Suche nach neuen Siedlungs- und Wirtschaftsgebieten, die Gier nach Gold, Silber und anderen wertvollen Handelsressourcen sowie der argumentativ vorgeschobene oder ernstgemeinte Auftrag zur Christianisierung zerstörten viele Völker und ihre Jahrhunderte alte Kultur. Sie wurden – wie die nordamerikanischen Indianer – verdrängt oder sahen sich – wie viele südamerikanische Völker – einer ausbeuterischen europäischen Herrschaftsschicht ausgeliefert, die die politische Macht im Land ausübte und wirtschaftliche Gewinne für sich selbst beanspruchte.

Als Wirtschaftsgrundlage erreichte die Sklaverei in der Neuzeit zwischen dem 16. und 19. Jahrhundert v.a. in den Kolonien wieder eine enorme Bedeutung. Zur Versklavung der vorhandenen Bevölkerung hatte man offensichtlich ein ambivalentes Verhältnis, das auch den Betroffenen nicht verborgen bleiben konnte: Zum einen wurde ihre Versklavung versucht, zum anderen wurde sie von diversen Kirchenvertretern, aber auch von einigen europäischen Herrschern bekämpft. Vor Ort versuchte man dann trotz Regelungen und Verboten, Gesetzeslücken auszunutzen oder man missachtete die Vorschriften von vornherein. Um den Arbeitskräftebedarf in der Neuen Welt zu decken, importierte man ab dem 16. Jahrhundert zudem Millionen versklavter Afrikaner, die auf grausame Weise unterdrückt und ausgebeutet wurden. Neben der massenhaften Einwanderung europäischer Siedler und der Vernichtung oder Verdrängung der einheimischen Bevölkerung war dies eine weitere schwerwiegende demographische Veränderung.

Zwar kam es auch zur wirtschaftlichen und verwaltungstechnischen Zusammenarbeit seitens der neuen Herrschaftsschicht mit den Einheimischen, doch trafen kulturelle und familiäre Vermischungen häufig auf beiderseitigen Widerstand. Die beteiligten Personen und ihre Nachkommen wurden nicht selten ausgegrenzt, wodurch ihre gesellschaftliche Existenz erschwert wurde. Die Folge waren Gesellschaftssysteme mit vielfältigen Konflikten, die v.a. in den unterdrückten und benachteiligten Bevölkerungsteilen den Wunsch entstehen ließen, ihre fatale Lage zu verändern oder zumindest Mittel und Wege zu finden, sie erträglicher zu gestalten.

Dabei waren die Formen zur Verarbeitung von Gewalt und Unterdrückung sehr vielfältig. Die Verzweiflung angesichts einer aussichtslosen Lage stürzte viele Sklaven in den Alkoholismus und trieb manche in den Selbstmord.[310] Die Pflege noch aus der ehemaligen Heimat bekannter Traditionen und Bräuche konnte helfen, einen psychologischen und sozialen »Rückzugsort« vor Unterdrückung und Gewalt zu schaffen. Da viele Sklaven aus unterschiedlichen Ländern kamen, vermischten sich die mitgebrachten Kulturen untereinander und nahmen auch Elemente der neuen »Heimat« auf. Auf diese Weise entstanden in Amerika ausgeprägte Sklavenkulturen. Bekannte Beispiele sind afro-karibische und afro-brasilianische Kulte. Die Bewahrung der eigenen kulturellen Identität konnte auch eine Form des Widerstandes gegen Kultur und Religion ihrer Herren sein.

In Anknüpfung an die Vorstellung von der Lokalität der afrikanischen Götter sah der Philosoph Adam Smith die Sklaven im Hinblick auf ihre Kulte jedoch in einer sehr prekären Situation, denn

> […] ein Vielgötterei übender Sklave ist genau genommen unter dem Schutz keiner Religion. Er hat ebenso wenig einen Gott wie Freiheit oder Eigentum. Die polytheistische Religion besteht aus einer großen Anzahl lokaler Gottheiten. Jeder Ort hat seine eigene Gottheit. Der Sklave gehört aber nicht zum Land, und so sind dessen Götter in keiner Weise um ihn besorgt. Die Sklaven hatten nichts anzubieten und konnten deshalb keine Gunst von den Göttern erwarten. … Der Herr betete für sie, aber in der gleichen Weise wie er für sein Vieh betete.[311]

Zu den entstandenen afro-karibischen Kulten gehören Santería auf Kuba, Shango auf Trinidad und Voodoo auf Haiti sowie in den US-amerikanischen Südstaaten. Santería und Shango zeigen Einflüsse der afrikanischen Yoruba.[312] Voodoo geht auf den Begriff »vodun« zurück, der aus der Sprache der in Benin ansässigen Ewe-Fon stammt. Es handelt sich um einen Besessenheitskult, der afrikanische, christliche spiritistische und indianische Elemente verbindet. Auch in ihm finden sich die Einflüsse der Yoruba. Der Kult kennt mehrere Götter sowie die Vorstellung von

Totengeistern – ehemaligen menschlichen Seelen – sowie von Geistern, die unabhängig von der Materie existieren. Krankheiten gelten als dämonischer Zauber und können durch Trance gebrochen werden.[313]

Es ist verständlich, dass Religionen als wichtiges Bindeglied zwischen Sklaven unterschiedlichster Herkunft dienten. Auf diese Weise konnten Gemeinschaften und »Ersatzfamilien« entstehen, die auch dem Widerstand dienten und wie auf Haiti politische Bedeutung gewinnen konnten.[314] Als weitere afro-karibische Kulte, die v.a. christliche Einflüsse zeigen, sind der Myalismus auf Jamaika, die Shouters auf Trinidad und die Shakers auf St. Vincent zu erwähnen.[315]

Ab der Mitte des 19. Jahrhunderts entwickelten sich die sogenannten afro-brasilianischen Kulte: Candomblé im Nordosten Brasiliens, Macumba im brasilianischen Südosten, sowie Umbanda in Rio de Janeiro. Candomblé zeigt wiederum religiöse Elemente der Yoruba, die mit christlichen Elementen vermischt wurden.[316] Umbanda entwickelte sich v.a. als städtisches Phänomen und besitzt seine Wurzeln bei den Bantu.[317] Eliade verweist zudem darauf, dass sich Afrikaner, die sich in den USA nicht von der christlichen Kirche vertreten fühlten, auch Judentum und Islam zuwandten.[318]

Gewaltsamer Widerstand konnte von einzelnen Personen oder einer Gruppe von Sklaven ausgeübt werden. Er konnte spontan ausbrechen oder gut geplant sein.[319] Doch da sie in der Regel rechtlos waren, mussten sie mit harten Bestrafungen rechnen, die dem Sklavenhalter seitens der Gesetzgebung meist ausdrücklich zugestanden wurden.

Sklaven konnten versuchen, sich der Arbeit zu entziehen, indem sie etwa Krankheiten vortäuschten.[320] Flucht vor Ihrem Herrn war eine weitere Möglichkeit.[321] Mit ihr entzogen sie sich nicht nur der Arbeit, sondern auch ihrem Besitzer. Dieser hatte das Gesetz jedoch auf seiner Seite, so dass ein entflohener Sklave immer mit seiner Ergreifung und Auslieferung rechnen musste – und natürlich mit seiner Bestrafung.

Entflohene Sklaven hielten sich meist in unzugänglichen Gegenden auf, wo häufig eigene Gemeinschaften gebildet wurden. Genannt wurden sie »cimarrones« (spanisch), »marrons« (französisch) oder »maroons« (englisch). Es gab sie auf Santo Domingo, Jamaika, in Brasilien, Kolumbien und in den USA.[322] Da viele dieser Siedlungen nur kurzlebig waren, wurden sie historisch nicht oder nur wenig bekannt.[323]

Bei der um 1540 vor São Tomé erfolgten Havarie eines Sklavenschiffes konnten sich 200 Sklaven retten. Sie beherrschten bis ins 19. Jahrhundert Teile der Insel und gründeten einen der ersten Sklavenfreistaaten.[324]

In Brasilien entstanden sogenannte Quilombos, die entflohenen Sklaven als Wohnsiedlungen dienten und zum Schutz vor Verfolgung in besonders schwer zugänglichen Gebieten im Landesinnern angelegt waren. Die Bewohner betrieben Landwirtschaft für den Eigenverbrauch, Jagd und Fischfang. Fehlende Gebrauchsgüter – und häufig auch Frauen – beschafften sie sich bei Plünderungen benachbarter Gebiete. Die Quilombos wurden von einer Mischbevölkerung aus entflohenen Sklaven, kriminellen Weißen, gesellschaftlichen Außenseitern oder Indiogruppen bewohnt. Auch die Herkunft der Sklaven konnte unterschiedlich sein.[325]

Der bekannteste Quilombo ist sicherlich das brasilianische Palmares im heutigen Bundesstaat Alagoas. Es bestand aus mehreren Siedlungen, die 1670 mehr als 20.000 Menschen beherbergten. Ihre Zahl wuchs in den folgenden Jahren auf 30.000 an.[326] Ab 1670 wurden von dort Überfälle auf Plantagen zur Befreiung der dort eingesetzten Sklaven geführt. Erste Pläne für einen Kriegszug gegen den Quilombo seitens der portugiesischen Kolonialmacht stammen aus dem Jahre 1602. Doch er hielt vielen Angriffen stand. Dabei nutzten die Bewohner eine Guerilla-Taktik: Da die Anwendung europäischer Waffen und Kriegsstrategie im unzugänglichen Dschungelgebiet nur schwer möglich ist, brannten sie ihre Siedlungen beim Hernnahen des Feindes ab und zogen sich in unzugängliche Gebiete zurück. Unter dem portugiesischen Gouverneur Pedro de Almeida kam es 1678 sogar zu offiziellen Friedensverhandlungen. Unter der Bedingung, dass sie die portugiesische Krone anerkennen, bekamen die Einwohner von Palmares die Freiheit, ein Siedlungsgebiet und den Handel mit den benachbarten Siedlern zugesichert. Doch die Bewohner von Palmares waren sich uneinig: Nur eine Minderheit zwischen 400 und 1.000 Personen unter ihrem Anführer Ganga-Zumba nahm den Plan an und siedelte in Cucaú. Die große Mehrheit der Einwohner blieb in Palmares. Erst 1694 war ein weiterer portugiesischer Angriff erfolgreich. Die Bewohner hatten sich in das Quilombo Macaco auf der Serra da Barriga zurückgezogen. Dieses war zwar gut gesichert, konnte aber nach 22-tägiger Belagerung eingenommen werden.[327]

Auch die Kultur von Palmares ist gut belegt. Die Gemeinschaft war ein Königtum. Um in sie aufgenommen zu werden, gab es offenbar zwei Möglichkeiten: die selbstständige Flucht aus der Sklaverei, womit die Person »freier Bürger« war, oder den Raub von einer Plantage. Im zweiten Fall musste die betreffende Person erst selbst einen Sklaven von einer Plantage rauben, um »freier Bürger« zu werden. An handwerkliche Tätigkeiten sind Schmiede-, Flecht- und Töpferarbeiten nachweisbar. Die Kultur zeigt Einflüsse der Bantu-Kultur, aber auch des Christentums.[328]

Es kam vor, dass sich Widerstand der Sklaven gegen harte Arbeit und Misshandlungen in Gewalttätigkeiten gegenüber ihren Aufsehern entladen konnte.[329] Auch Sabotageakte wie die mutwillige Zerstörung des Arbeitsgerätes, Brandstiftung und die Ermordung der Sklavenhalter sind überliefert.[330] Wie schon Kapitän Theodore Canot berichtet, kam es auf Sklavenschiffen zudem zur Vortäuschung von Krankheiten und zu Hungerstreiks.[331]

Den nachhaltigsten und gefährlichsten Widerstand, der seitens der Sklavenbesitzer und der politischen Herrscher am meisten gefürchtet wurde, stellten Massenrebellionen dar. Ihre Anführer kamen aus den Kreisen derer, die bereits zuvor unter den Sklaven Ansehen besessen hatten und in der Lage waren, Menschen aufgrund ihrer Autorität zu führen. Dies galt in der Antike etwa für den angeblich weissagekundigen Eunus, den Anführer des 1. Sklavenkrieges im römischen Sizilien, oder für Spartakus. François Mackandal (gest. 1758), Anführer der Sklavenrebellion auf Santo Domingo im 18. Jahrhundert, hatte zuvor in der Sklavengemeinschaft den Ruf eines Zauberers besessen.[332] Manche Anführer vertraten auch eine verschwommen-religiöse Ideologie: Die »Schwarzen Baptisten« verknüpften im Krieg auf Jamaika 1831/1832 das Verständnis einer eigenen Kultur mit einem evangelikalen Sendungsbewusstsein. Nat Turner (1800–1831) war der Anführer eines Sklavenaufstandes in Jerusalem, Virginia

(1830/1831). Er verkündete eine apokalyptische Wende, in der er die Rolle Christi übernehmen werde.[333]

Erfolgreiche Rebellionen waren im Untergrund gut organisiert worden. Schon die antiken Sklavenrevolten im Römischen Reich sowie der Spartakus-Aufstand zeigen, dass sie sich über mehrere Jahre hinziehen und zu regelrechten Kriegen mit Plünderungen und tausenden Toten entwickeln konnten. Um die Heloten beständig niederzuhalten, hatte sich Sparta gar zu einem Militärstaat entwickelt und ein eigenes Bündnissystem gegründet – war aber trotzdem immer wieder mit messenischen Unruhen konfrontiert. So sehr man Sklaven brauchte und wegen ihres gesellschaftlich niedrigen Status' verachtete, fürchtete man zu allen Zeiten auch die potentielle Gefahr, die von ihnen bei einer Erhebung ausgehen konnte. Oft wurden Aufstände aber nach verhältnismäßig kurzer Zeit niedergeschlagen. Die Gründe dafür sind unterschiedlich: Zu nennen sind mangelhafte Planung, mangelhafte Bewaffnung, aber auch innere Differenzen über Vorgehensweise und Ziele sowie Verrat.

Auf der Insel Hispaniola, auf deren östlicher Hälfte sich heute die Dominikanische Republik und im westlichen Teil Haiti befinden, war es bereits 1522 zu ersten Sklavenunruhen gekommen.[334] Santo Domingo, der Westteil der Insel, war 1697 von Spanien an Frankreich abgetreten worden. Hier begann 1791 unter Toussaint Louverture (ca. 1743–1803) ein weiterer Aufstand. Im Zuge der zeitgleichen Französischen Revolution, in deren Verlauf 1794 die Sklaverei für abgeschafft erklärt wurde, schaffte man sie auch in Santo Domingo ab. Doch Napoléon Bonparte (reg. 1799–1814/1815) machte den Beschluss rückgängig und führte sie 1802 wieder ein, was eine erneute Verschärfung des Aufstands verursachte.

Zwar geriet Louverture in einen französischen Hinterhalt, wurde entführt und starb in französischer Haft, doch hatte der Aufstand bedeutende militärische und politische Folgen. Er wurde mit so großer Härte geführt, dass 1803 sogar die französische Invasionsarmee kapitulieren musste.[335] Von 20.000 französischen Soldaten überlebten nur 2.000.[336] Viele weiße Einwohner flohen vor der Gewalt in die USA und nach Kuba.[337] Das nun von ehemaligen Sklaven beherrschte Gebiet erklärte 1804 seine Unabhängigkeit und besteht noch heute unter dem Namen Haiti. Wie sehr sich der Hass der Aufständischen gegen Frankreich und die ehemaligen französischen Machthaber richtete, zeigt auch die am 1. Januar 1804 von Jean-Jacques Dessalines (1758–1806) in Gonaïves verkündete Unabhängigkeitserklärung:

> Bürger,
> es genügt nicht, dass Ihr die Barbaren aus Eurem Land vertrieben habt, die es seit zwei Jahrhunderten mit Blut getränkt haben. Es genügt nicht, die stets wiedererwachenden Umstürzler aufgehalten zu haben [...]. Es ist notwendig, das Reich der Freiheit in unserem Geburtsland durch einen letzten Akt nationaler Autorität für immer zu sichern. Die unmenschliche Regierung muss entfernt werden, die seit langer Zeit unsere Gemüter in die beschämendste Betäubung versetzt hat, in der Hoffnung, uns nochmals versklaven zu können. Es ist notwendig, unabhängig zu leben oder zu sterben. [...]
>
> Alles weckt die Erinnerung an die Grausamkeiten dieses barbarischen Volkes: Unsere Gesetze, unsere Gewohnheiten, unsere Städte, alles bringt in sich den Abdruck des Französischen. Hört Ihr, was ich sage? Die Franzosen sind immer noch auf unserer Insel, und Ihr denkt, Ihr wäret frei und unabhängig von dieser Republik, die in der Tat gegen alle Nationen gekämpft hat, aber niemals jene besiegte, die frei sein wollten. [...]
>
> [...] Lasst uns all diejenigen einschüchtern, die es wagen könnten, sie [die Freiheit; M. S.] uns erneut zu nehmen. Lasst uns mit den Franzosen beginnen. [...] Sie sollen sich fürchten, wenn sie sich unseren Küsten nähern, wenn nicht wegen der Erinnerung an die Grausamkeiten, die sie begangen haben, so doch wenigstens wegen der fürchterlichen Entschlossenheit, die wir annehmen werden, jeden französisch Geborenen dem Tod zu weihen, der dieses Land der Freiheit mit einer Berührung seines frevelhaften Fußes besudelt. [...]
>
> Friede unseren Nachbarn, aber verflucht sei der französische Name, ewiger Hass auf Frankreich: Das ist unser Ruf. [...]
>
> Wenn unter Euch ein zaghaftes Herz ist, möge es sich zurückziehen und sich davor hüten, den Eid zu brechen, der uns vereint. *Wir schwören vor dem ganzen Universum, vor der Nachwelt, vor uns selbst, uns für immer von Frankreich loszusagen und lieber zu sterben als unter seiner Herrschaft zu leben. Wir schwören, bis zum letzten Atemzug für die Unabhängigkeit unseres Landes zu kämpfen.* [...][338]

Dessalines regierte als Kaiser Jacques I. von 1804 bis 1806. Die Ereignisse auf Haiti bedeuteten nicht nur eine verheerende Niederlage für Napoléon, sondern es bestand auch die Gefahr, dass die erfolgreiche Rebellion als Vorbild für weitere Sklavenaufstände in anderen Ländern dienen könnte.

Die USA versuchten sogar, aus diesem Grunde eine Nachrichtensperre über die Geschehnisse zu verhängen. Auch in den Vereinigten Staaten kam es im Lauf der Jahrhunderte immer wieder zu Aufständen, an denen sich aber nur verhältnismäßig wenige Sklaven beteiligten. Ganz unterbinden ließen sich die Berichte über die Erhebung in Santo Domingo natürlich nicht. Im Jahre 1800 kam es zur Gabriel-Verschwörung in Richmond, Virginia. Der versklavte Schmied Gabriel Prosser (ca. 1776–1800) hatte gemeinsam mit 100 weiteren Sklaven einen Aufstand für Ende August geplant. Er wurde jedoch verraten und gemeinsam mit 25 Mitverschwörern gehängt. Die nach dem ehemaligen Sklaven Denmark Vesey (ca. 1767–1822) benannte Verschwörung in Charleston, Virginia fällt in das Jahr 1822.[339] Auch sie wurde verraten und endete mit 35 Todesurteilen.

Die Abschaffung der Sklaverei

Politik und Gesellschaft

Die Neuzeit hatte mit der Entdeckung der Neuen Welt begonnen, die seit Ende des 15. Jahrhunderts erforscht, besiedelt und ausgebeutet wurde. Zudem wankte die römische Kirche, die neben dem abendländischen Kaisertum die mittelalterliche Welt als Konstante geprägt hatte, wegen der Neuerungssuche der Reformatoren des 16. Jahrhunderts. Damit war auch das mittelalterliche Weltbild zerbrochen, genauer: aufgebrochen und erweitert worden. Diese Ereignisse, nicht selten von kriegerischen Konflikten begleitet, führten zur Zerstörung territorialer, kirchlicher und wirtschaftlicher Machtstrukturen. Sie erschöpften die Menschen, deren Weltbild radikalen Wandlungen unterzogen wurde. Sie waren verunsichert, verloren sogar ihren Glauben. Als Ursachengeflecht führten die Geschehnisse in die Epoche der Aufklärung.[340]

Deren Vertreter schufen kein in sich geschlossenes philosophisches System. Nach wie vor enthielten ihre Ansichten Widersprüche. Doch sie vertraten eine rationale Einstellung zur Welt und bekämpften Vorurteile, Aberglauben, Schwärmerei sowie Fanatismus. Durch die angestrebte Herrschaft der Vernunft versprachen sie sich (menschliche) Moral und Freiheit. Denkverbote durch Autoritäten wie die jeweils herrschenden Mächte, aber auch selbstverschuldet durch Faulheit und Feigheit, wurden über Bord geworfen.[341] In seinem Essay *Beantwortung der Frage: Was ist Aufklärung?* präsentierte Immanuel Kant (1724–1804) 1784 in der *Berlinischen Monatsschrift* seine berühmte Definition:

> Aufklärung ist der Ausgang des Menschen aus seiner selbstverschuldeten Unmündigkeit. Unmündigkeit ist das Unvermögen, sich seines Verstandes ohne Leitung eines anderen zu bedienen. Selbstverschuldet ist diese Unmündigkeit, wenn die Ursache derselben nicht am Mangel des Verstandes, sondern der Entschließung und des Muthes liegt, sich seiner ohne Leitung eines anderen zu bedienen. Sapere aude! Habe Muth, dich deines eigenen Verstandes zu bedienen! ist also der Wahlspruch der Aufklärung.[342]

Eine politische Konsequenz der Aufklärung war die Französische Revolution von 1789. Vor dem Hintergrund gravierender Missstände in Frankreich forderten ihre Vertreter die Umsetzung von Liberalismus und Demokratie in Gesellschaft, Wirtschaft und Recht. Die französischen Ereignisse haben ihre tiefere Ursache in einer schweren Wirtschaftskrise, die durch Kriege, eine falsche Finanzpolitik und eine verschwenderische Hofhaltung hervorgerufen wurde. Um sie zu lösen, berief Ludwig XVI. (reg. 1774–1792) im Frühjahr 1789 die Generalstände nach Versailles. Zwar konnte der »Dritte Stand« durchsetzen, genauso viele Abgeordnete wie der Erste und Zweite Stand (Adel und Klerus) in die Versammlung zu schicken, doch da jeder Stand bei Abstimmungen nur eine Stimme besaß, war er trotzdem benachteiligt. Deshalb erklärten sich seine Abgeordneten am 17. Juni in einem revolutionären Akt zur Nationalversammlung, mit dem Anspruch, das gesamte französische Volk zu repräsentieren.

Philosophie und Politik der Aufklärung hatten zudem bedeutenden Einfluss auf die Beurteilung der Sklaverei. Auch als eine in den meisten menschlichen Kulturen seit Jahrtausenden vorhandene Institution war diese niemals unumstritten. Seit es sie gab, versuchten betroffene Menschen, sich aus ihr zu befreien. Jedoch dürfen die großen Sklavenaufstände, v.a. der Antike, nicht darüber hinwegtäuschen, dass es hier nur um die Wiedererlangung der persönlichen Freiheit ging, nicht um die Abschaffung der Sklaverei im Allgemeinen. Wie noch gezeigt werden soll, wurde sie sogar von Philosophen und Theologen bis in die Neuzeit hinein gerechtfertigt, als gegebener Zustand hingenommen. Betroffene Menschen wurden dazu aufgefordert, ihr angeblich gottgegebenes Schicksal zu ertragen. Dagegen hätte ihre Abschaffung einen revolutionären Eingriff in die jeweiligen Sozial- und Wirtschaftsstrukturen bedeutet, in denen sie aber viel zu tief verwurzelt war. Gleiches gilt auch für die philosophischen und theologischen Vertreter selbst. Und doch ebnete ihr Gedankengut über Jahrhunderte hinweg den Weg zu einem Konglomerat von Ideen, das ab dem 18. Jahrhundert im Zeitalter der Aufklärung nicht nur zu tiefgreifenden gesellschaftlichen und politischen Veränderungen in Europa führte, sondern auch einer immer stärker werdenden Antisklavereibewegung die ideologische und moralische Basis gab.

Hier spielen Theologie und Philosophie eine bedeutende Rolle, ebenso die Rechtssprechung und die Politik. Besonders im englischen und amerikanischen Protestantismus der Unitarier und Quäker wurde die Auffassung vertreten, dass alle Menschen vor Gott grundsätzlich gleich seien. Doch nur diejenigen könnten mit der Erlösung durch Gott rechnen, die vor ihrem Tod ein frommes und tugendhaftes Leben geführt hätten. Angesichts der vielen Grausamkeiten und der Gewalt gegenüber Sklaven könne das auf einen Sklavenhändler oder -halter allerdings nicht zutreffen. Ihnen drohe ewige Verdammnis. Christliche Nächstenliebe und eine gottgefälliges Leben verpflichteten vielmehr dazu, sozial Benachteiligten und Menschen in Not zu helfen. Daher seien Sklaven freizulassen.

Philosophen wie Thomas Hobbes (1588–1679), John Locke (1632–1704), Charles de Montesquieu (1689–1755), Francis Hutcheson (1694–1746) und Jean-Jacques Rousseau (1712–1778) vertraten die Ansicht, dass der Mensch sowohl das Recht auf individuelle Freiheit besitze als auch das Recht, vor Schaden durch andere Menschen geschützt zu werden. Utilitaristen wie Jeremy Bentham (1748–1832) und John Stuart Mill (1806–1873) waren überzeugt, dass jedes Moralsystem den Zweck haben müsse, das Glück der Menschen zu maximieren sowie Unglück und Leid zu minimieren. Das Glück – etwa weniger Sklavenbesitzer –, das auf der Ausbeutung von Menschen aufbaue, werde dagegen bei weitem von den Leiden der vielen Sklaven übertroffen. Daher sei Sklaverei eine unmoralische Institution.[343]

Um diese Ideen jedoch in der Praxis umsetzen zu können, musste es Menschen geben, die dazu die entsprechende Macht besitzen. Diese kam Juristen und Richtern zu, die Denkschriften und Rechtsgutachten verfassten bzw. Urteile fällten. Politiker schufen Gesetze und trafen richtungweisende Entscheidungen. Im Zuge der Französischen Revolution hatte die Pariser Nationalversammlung am 4. August 1789 die Abschaffung aller Feudal- und Steuerprivilegien beschlossen und leitete somit die Bauernbefreiung ein. Am 26. August folgte die *Erklärung der Menschen- und Bürgerrechte,* um die drei Wochen zuvor gefassten Beschlüsse zu legitimieren. Sie basiert auf liberalen Grundprinzipien und ist von den zuvor genannten theologischen sowie philosophischen Ideen inspiriert. Schon in Artikel I erklärt sie alle Menschen als von Natur aus frei und gleich, definiert in Artikel II die Freiheit, die Sicherheit und den Widerstand gegen Unterdrückung zu den Rechten eines jeden Menschen. In Artikel VI gesteht sie jedem Bürger Frankreichs das Recht zu, entsprechend seiner Fähigkeiten öffentliche Ämter wahrzunehmen:

> Art. I: Die Menschen sind und bleiben von Geburt an frei und gleich an Rechten. Soziale Unterschiede dürfen nur im Allgemeinnutzen begründet sein.
>
> Art. II: Das Ziel einer jeden politischen Vereinigung besteht in der Erhaltung der natürlichen und unantastbaren Menschenrechte. Diese Rechte sind Freiheit, Sicherheit und Widerstand gegen Unterdrückung. […]

> Art VI: Das Gesetz ist Ausdruck des allgemeinen Willens. Alle Bürger sind berechtigt, persönlich oder durch ihre Vertreter an seiner Gestaltung mitzuwirken. Ob es schützt oder straft: es muß für alle gleich sein. Da alle Bürger in seinen Augen gleich sind, haben sie auch gleichermaßen Zugang zu allen Würden, Stellungen oder öffentlichen Ämtern, je nach ihren Fähigkeiten, ohne einen anderen Unterschied als den ihrer Tugenden und Talente.

Die Abschaffung der Sklaverei durch den französischen Nationalkonvent am 4. Februar 1794 erscheint daher nur folgerichtig – wurde in der Praxis jedoch nie umgesetzt. Denn es war zwischen den politischen und gesellschaftlichen Interessengruppen durchaus umstritten, ob die Menschen- und Bürgerrechte auch für Sklaven gelten sollten. Allerdings hatte man durch den Beschluss ein Signal in die Welt gesandt, dass bei den Befürwortern der Abschaffung sowie bei den Betroffenen auf fruchtbaren Boden fiel.

Bereits seit Ende des 18. Jahrhunderts versuchte die britische Antisklavereibewegung nach Amerika verschleppte Sklaven wieder in Afrika anzusiedeln. 1787 entstand an der Küste Sierra Leones eine Siedlung von 430 ehemaligen Sklaven sowie von 30 mittellosen Engländerinnen unter der Führung des Abolitionisten Granville Sharp (1735–1813). Sie wurde letztlich der Sierra Leone Company unterstellt. Schon 1792 kamen weitere 1.190 ehemalige Sklaven aus der kanadischen Kolonie Nova Scotia sowie weitere 119 Engländer ins Land. In das neu gegründete Freetown wurden auch die noch 64 aus der ersten Ansiedlung verbliebenen Menschen umgesiedelt. Aufgrund der Beschneidung von Mitbestimmungsrechten der Ankömmlinge aus Nova Scotia kam es 1799 zu einem Aufstand, der allerdings niedergeschlagen werden konnte. Dazu wurden 550 Maroons aus Jamaika sowie eine Abteilung des British Royal African Corps angesiedelt. Doch die Sierra Leone Company war ruiniert. 1808 wurde das Gebiet britische Kolonie.[344]

Wie der schon 1799 in Sierra Leone ausgebrochene Aufstand zeigt, verlief die Ansiedlung ehemaliger Sklaven in Afrika nicht unproblematisch. Denn sie brachten eine europäisch-christlich geprägte Kultur mit und erhielten dadurch eine Mittlerrolle zwischen den Kolonialherren und der in diesen Gebieten einheimischen Bevölkerung. Ab der zweiten Hälfte des 19. Jahrhunderts kam es zu Konflikten mit den Nachbargebieten. Expansionen ins Hinterland führten zu Gebietsannexionen und wiederum zu Aufständen der dort ansässigen Bevölkerung.[345] Liberia entstand 1821 nach dem Vorbild Sierra Leones. Hier wurden in den folgenden Jahrzehnten zwischen 12.000 und 15.000 ehemalige Sklaven der amerikanischen Südstaaten angesiedelt, die jedoch auf den Widerstand der einheimischen Bevölkerung stießen. Aufstände der Jahre 1914 und 1930 wurden niedergeschlagen und selbst die Wurzeln des 1989 ausgebrochenen Bürgerkriegs reichen bis in die Zeit der Staatsgründung zurück.[346]

Mit großer Hartnäckigkeit kämpfte der Theologe und Politiker William Wilberforce (1759–1833) in England gegen die Sklaverei. Im Jahre 1789 hatte er erstmals den Antrag auf Abschaffung des Sklavenhandels ins Unterhaus eingebracht, der allerdings abgelehnt wurde. Er ließ sich aber nicht beirren und brachte den Antrag bis 1807 jährlich erneut ein (außer 1800–1803). Zwar wiederholte sich die Ablehnung auch in den Folgejahren, doch erzielte Wilberforce am 24. Februar 1807 einen enormen Erfolg: Nach zehnstündiger Aussprache verabschiedete das Parlament tatsächlich den *Slave Trade Act* mit einer Mehrheit von 283 gegen 16 Stimmen. Einen Monat später trat er in Kraft: Er verbot nicht nur den afrikanischen Sklavenhandel im britischen Herrschaftsgebiet, sondern stellte Sklavenhändler sogar den Piraten gleich. Nicht von dem Gesetz betroffen war allerdings der Sklavenhandel außerhalb der afrikanischen Kolonien. Der Schmuggel afrikanischer Sklaven hielt bis in die 1860er Jahre an.

Veranlasst durch Wilberforce thematisierte der britische Außenminister Lord Castlereagh (1769–1822) die Abschaffung der Sklaverei auch auf dem Wiener Kongress von 1814/1815, der nach der Niederlage Napoléons die Grundlagen für das künftige Europa legte. Die Deklaration des Kongresses zur Abschaffung des Sklavenhandels wurde auch von den Kolonialmächten Frankreich, Spanien und Portugal unterzeichnet. Schon 1817 gelang es England, Spanien in einem bilateralen Vertrag zur Abschaffung der Sklaverei zu verpflichten.[347] In Frankreich wurde der Sklavenhandel 1831 per Gesetz verboten, 1848 erfolgte das Verbot des Sklavenhandels in den französischen Kolonien.[348] Zwar war er in

Brasilien auf britischen Druck hin schon 1831 untersagt worden, doch hatte das Verbot aufgrund des hohen Bedarfs zunächst keine Beachtung gefunden.[349]

Großbritannien hatte 1807 zwar den Handel mit Sklaven in seinem Machtbereich untersagt, die Sklaverei selbst bestand zunächst aber weiter. Sie wurde erst 1833 im gesamten britischen Kolonialreich abgeschafft. Wilberforce starb drei Tage nach Inkrafttreten dieses Gesetzes, an dessen Vorbereitung er wiederum maßgeblich beteiligt war. Spanien verbot den Sklavenhandel 1835, Portugal 1839.[350] Brasilien untersagte ihn 1850 erneut, diesmal allerdings mit Erfolg. Wie wirkungslos das erste Verbot von 1831 gewesen war, zeigt die Zahl von einer halben Million neuer Sklaven, die seit dieser Zeit in das Land importiert worden waren.[351] Hatten die Niederlande den Sklavenhandel schon 1814 verboten, hoben sie die Sklaverei 1863 gänzlich auf. Auf Kuba, dessen Zuckerrohrplantagen in hohem Maße auf die Arbeit von Sklaven angewiesen waren, wurde sie 1870 aufgehoben und die Sklaven in der Folgezeit durch arme weiße Einwanderer sowie chinesische Kulis ersetzt.[352] In Brasilien wurde die Sklaverei ab 1871 durch das *Gesetz des freien Leibes*, ergänzt durch das *Goldene Gesetz* von 1888, schrittweise abgeschafft. Stattdessen wurden die Plantagen technisiert und die Sklavenarbeit durch die Arbeit europäischer Einwanderer ersetzt.[353]

Um das Verbot des afrikanischen Sklavenhandels mit Amerika zu überwachen, waren militärische Maßnahmen notwendig, die von britischen Kriegsschiffen übernommen wurden. Sie patroullierten vor der afrikanischen Westküste und brachten Sklavenschiffe auf, die ihre lebende »Ware« nach Amerika transportierten. Das zeigt aber auch, dass man seitens der Sklavenhändler keineswegs gewillt war, das Verbot zu befolgen, denn dazu war der Handel ein viel zu einträgliches Geschäft, weshalb Sklaven nun verstärkt nach Amerika geschmuggelt wurden. Es kam sogar vor, dass man Sklaven im Falle einer Verfolgungsjagd mit dem britischen Geschwader einfach über Bord warf. Erst um die Mitte des 19. Jahrhunderts gelang es weitestgehend, den Schmuggel zu unterbinden. Um die Überwachung zu verbessern, wurden zudem britische Stützpunkte entlang der afrikanischen Küste errichtet – die allerdings auch kolonialen Zwecken dienten.

Um die Verschiffung von Sklaven aus dem Hafen Lagos nach Amerika zu unterbinden, nahm Großbritannien 1851 Lagos ein. Zehn Jahre später wurde es britische Kolonie. Dänemark (1850) und die Niederlande (1872) traten nach Abschaffung der Sklaverei ihre afrikanischen Handelskontore an Großbritannien ab. Damit wurde der Weg geebnet, die Goldküste 1874 zur britischen Kronkolonie zu erklären.[354]

Doch bedeutete die Unterbindung des Sklaventransports von Afrika nach Amerika nicht, dass es nun gar keine Sklaverei mehr in Afrika gab. Vielmehr scheint der innerafrikanische Menschenhandel sogar noch zugenommen zu haben. Alleine im Kalifat von Sokoto, einem islamischen Staat der Fulbe auf dem Gebiet des heutigen Nigeria, lebten um die Wende zum 20. Jahrhundert zwischen 1,5 und 2 Millionen Sklaven. Eckert weist darauf hin, das sich in der zweiten Hälfte des 19. Jahrhunderts auch eine andere Sichtweise der Europäer auf die Afrikaner durchzusetzen begann: Statt diese wie bisher als Opfer der Sklaverei wahrzunehmen, begann man nun, sie als Täter zu sehen, die selbst Sklaverei betrieben. Dies spielte den kolonialen Interessen europäischer Staaten wie Großbritannien, Frankreich oder Deutschland in die Hände, da es nun möglich wurde, die eigene afrikanische Landnahme mit dem Kampf gegen die Sklaverei zu begründen. Als Beleg dazu kann die Berliner Kongo-Konferenz dienen, bei der Afrika aufgeteilt wurde. Wichtige, in der diesbezüglichen Generalakte erwähnte Motive waren die Förderung der Wohlfahrt der eingeborenen Völker sowie die Unterdrückung der Sklaverei und des Menschenhandels. Da den Kolonialmächten vor Ort allerdings Personal fehlte, musste man folglich mit den einheimischen Eliten zusammenarbeiten – die allerdings selbst Sklavenhalter waren. Hätte man versucht, ihnen die Sklaverei zu untersagen, wäre sicher auch die Zusammenarbeit gefährdet gewesen. Zur Rechtfertigung der afrikanischen Sklaverei habe man nach Eckert nun zu der Ansicht tendiert, dass es sich um eine vergleichsweise milde Form handele.[355]

In Anlehnung an das 1807 erlassene britische Verbot des Sklavenhandels hatten auch die USA die Einfuhr von Sklaven zum 1. Januar 1808 durch den *Act to Prohibit the Importation of Slaves into any Port or Place Within the Jurisdiction of the Unites States* untersagt. Doch der Schmuggel trug mit dazu bei, dass die Anzahl der Sklaven bis in die Zeit des Bürgerkriegs auf ungefähr 4 Millionen Menschen anwachsen konnte. Dem Sezessionskrieg gingen eine Vielzahl von Spannungen voraus. Dabei kam dem Widerspruch zwischen Freiheit und Rechtsgleichheit der US-Bürger sowie der in manchen Bundesstaaten praktizierten millionenfachen Versklavung grundlegende Bedeutung zu.

Das 1857 vom Supreme Court gesprochene Urteil im Fall *Scott vs. San(d)ford* verschärfte den Gegensatz zusätzlich. Dred Scott (ca. 1799–1858) war seit seiner Geburt Sklave. Auf Reisen mit seinem zweiten Besitzer Dr. John Emerson hatte er sich zeitweise in Wisconsin aufgehalten, wo Sklaverei verboten war. Nach Emersons Tod kämpften Scott und seine Ehefrau mit juristischen Mitteln um ihre Freiheit, wobei sie geltend machten, dass sie sich in Gebieten mit Sklavereiverbot aufgehalten hatten. Es entwickelte sich ein Kampf durch die Instanzen des amerikanischen Rechts, der letztlich vor dem Supreme Court endete. Dieser entschied mit sieben gegen zwei Stimmen, dass Sklaven das Eigentum ihrer Besitzer seien, weshalb ihnen kein Recht auf Freiheit zustünde. Zudem seien sie vor Bundesgerichten auch gar nicht antragsberechtigt, da dieses Recht nur freien Bürgern zukäme. Das Urteil entsprach zwar dem Rechtsempfinden radikaler Südstaatler, führte jedoch in den Nordstaaten zu einem schweren Ansehensverlust des Supreme Courts.[356] Politisch wurden die Südstaaten zu dieser Zeit von der Demokratischen, die Nordstaaten von der Republikanischen Partei dominiert, was auch die politische Spaltung des Landes verdeutlicht.

Der radikale Sklavereigegner John Brown (1800–1859), der gemeinsam mit seinen Söhnen und seinen Anhängern bereits durch »militärische« Aktionen und Anschläge öffentlich in Erscheinung getreten war, besetzte am 17. Oktober 1859 das bundesstaatliche Waffenlager in Herpers Ferry, Virginia. Sein Ziel eines allgemeinen bewaffneten Sklavenaufstandes scheiterte jedoch. Er wurde mit seinen Anhängern von US-Truppen besiegt und nach einem öffentlichkeitswirksamen Gerichtsverfahren am 2. Dezember des Jahres gehängt.[357]

Der 1860 zum Präsidenten gewählte Abraham Lincoln (reg. 1861–1865) aus der Republikanischen Partei sah sich vor das Problem gestellt, dass bis Februar 1861 insgesamt sieben Südstaaten den Austritt aus der amerikanischen Union erklärten und ihrerseits die Konföderierten Staaten von Amerika gründeten. Lincoln, der in seiner Antrittsrede zwar zugesagt hatte, die Sklaverei in den Staaten, in denen sie bereits existiert, nicht anzutasten, aber auch keine weiteren Staaten für die Sklaverei zu öffnen, bestand weiterhin darauf, über das in den abgefallenen Staaten vorhandene Bundesvermögen zu verfügen. Im April beschloss er, das im ebenfalls abgefallenen South Carolina gelegene Bundesfort Sumter auf dem Seeweg zu versorgen. Doch legten es die Truppen South Carolinas unter Artilleriebeschuss und zwangen die Besatzung zur Kapitulation. Daraufhin forderte Lincoln die Einberufung von 75.000 Soldaten, um die Rebellion gewaltsam niederzuschlagen. Ebenso wurde eine Seeblockade über die konföderierten Häfen verhängt.

Zwar stand hier zunächst der Erhalt der Union im Vordergrund. Doch da sich der Krieg gegen die Südstaaten schwieriger gestaltete als gedacht, instrumentalisierte Lincoln das Ziel der Sklavenbefreiung. Seine Emanzipationserklärung vom September 1862 sah die Freiheit aller Sklaven zum 1. Januar 1863 vor, die sich in den Gebieten der Südstaaten aufhielten. Auf diese Weise gelang es ihm, neue patriotische Emotionen zu wecken und aus dem zunächst v.a. aus machtpolitischen Gründen geführten Krieg einen Kampf zweier Gesellschaftsordnungen zu machen.[358] Die letzten konföderierten Truppen kapitulierten im Juni 1865. Alle abgefallenen Staaten konnten wieder in die Union eingegliedert werden. Insgesamt hatte der Krieg 600.000 Tote gefordert. Auch der 1864 als Präsident wiedergewählte Lincoln selbst erlebte das Ende des Krieges nicht mehr: Er fiel am 14. April 1865 im Ford's Theatre von Washington dem Attentat des Schauspielers John Wilkes Booth (1838–1865) zum Opfer, der selbst Anhänger der Konföderation war.

Schon am 31. Januar 1865 verabschiedete der Kongress den XIII. Zusatz zur US-Verfassung, mit dem die Sklaverei endgültig abgeschafft wurde. 119 Abgeordnete hatten mit »Ja« votiert, 56 mit »Nein« und acht hatten sich der Stimme enthalten.[359] Dieser Zusatz wird ergänzt durch die Verfassungszusätze XIV (1866) und XV (1870). Im XIV. Zusatz wurde allen in den USA geborenen oder eingebürgerten Personen Staatsbürgerrechte zugestanden, sofern sie diese noch nicht besassen. Damit erhielten auch importierte Sklaven oder in den USA geborene Kinder von Sklaven die Staatsbürgerrechte. Der XV. Verfassungzusatz untersagte es den Bundesstaaten, das Wahlrecht aufgrund der Hautfarbe, der Rassenzugehörigkeit oder früherer Knechtschaft zu verbieten.[360]

Der *Reconstruction Act* von 1867 sah die politische Beteiligung der Schwarzen in den Südstaaten vor, die nun sogar mehrere hundert Parlamentsabgeordnete stellten.[361] Es gelang jedoch nicht, die wirtschaftliche Abhängigkeit der ehemaligen Sklaven von den weißen Grundbesitzern zu beenden. Daher sahen sie sich oftmals im Status von Lohnarbeitern oder Kleinpächtern weiterhin ihren ehemaligen Herren gegenüber. Angesichts der Sklavenbefreiung vertraten radikale weiße Rassisten die Auffassung, ihr Land müsse nun von der »Herrschaft der Schwarzen« befreit werden. Dies war die Geburtsstunde des 1866 in Tennessee gegründeten Ku-Klux-Klans. Zwar wurde er 1871 verboten, gründete sich aber 1915 neu. Als militante Geheimorganisation besteht er bis heute.

Im europäischen Brüssel fand 1890 unter Beteiligung der Kolonialmächte eine Antisklaverei-Konferenz statt. Die auf ihr beschlossene General-Akte vereinte die europäischen Monarchen, den König des inzwischen selbstständigen Kongo sowie die USA in dem Willen

> den Verbrechen und Verwüstungen, welche der afrikanische Sklavenhandel hervorruft, ein Ziel zu setzen, die eingeborenen Völkerschaften Afrikas wirksam zu schützen und diesem ausgedehnten Kontinent die Wohlthaten des Friedens und der Civilisation zu sichern.[362]

Der nach dem ersten Weltkrieg gegründete Völkerbund beschloss am 25. September 1926 in Genf ein weiteres Abkommen zur Bekämpfung der Sklaverei, das in ihrer Präambel u.a. auf die Brüsseler Erklärung von 1890 Bezug nahm und bis heute gültig ist. Artikel 1 des Abkommens definiert zunächst die Begriffe der Sklaverei und des Sklavenhandels. Jeder unterzeichnende Staat wird in Artikel 2 verpflichtet, soweit noch nicht geschehen, sowohl auf seinem Territorium als auch in den von ihm verwalteten Gebieten

den Sklavenhandel zu verhindern und zu unterdrücken;

in zunehmendem Masse und sobald als möglich auf die vollständige Abschaffung der Sklaverei in allen ihren Formen hinzuarbeiten.[363]

Dies gilt auch für Schiffe, welche die Flagge der jeweiligen Staaten führen. Natürlich ist nicht nur die Einschränkung der Sklaverei das Ziel, sondern ihre gänzliche Abschaffung. Doch fällt an der Formulierung auf, das sie besonders die Schritte des Verhinderns und Unterdrückens hervorhebt und nicht schlicht verbietet. Denn die Abschaffung der Sklaverei war und ist ein Prozess, der nicht mit radikalen Maßnahmen zum Erfolg führt und noch einen Weg vor sich hat.

Thematisiert werden ebenso Zwangsarbeit und Arbeitspflicht, die nur zu öffentlichen Zwecken verlangt werden dürfen. Die Arbeitspflicht eines Leibeigenen gegenüber seinem Grundherrn fällt nicht unter das öffentliche Interesse und darf daher nicht verlangt werden. Bis zum Beginn des Zweiten Weltkriegs waren dem Vertrag 42 Staaten beigetreten, auch Deutschland (1929) zählt dazu.

Sklaverei im Nationalsozialismus

Politik und Gesellschaft

Der siegesgewiss begonnene Erste Weltkrieg endete für das deutsche Kaiserreich mit einer verheerenden Niederlage. Das politische System brach zusammen, Kaiser Wilhelm II. (reg. 1888–1918) ging ins niederländische Exil. Die harten Bedingungen des Versailler Friedensvertrages von 1919 wurden in allen politischen Parteien und gesellschaftlichen Schichten als Diktat empfunden. Zudem versprachen die politischen Unruhen zu Beginn der Weimarer Republik – der ersten deutschen Demokratie – nichts Gutes für die Zukunft. Dieser Hintergrund bildete einen idealen Nährboden für Extremisten aller politischer Richtungen.

In München gründete sich 1919 die Deutsche Arbeiterpartei (DAP), die zunächst nichts anderes als eine unbedeutende Splitterpartei war. Ihr schloss sich 1920 Adolf Hitler an, ein bis dahin unbekannter Gefreiter des Ersten Weltkriegs. Er teilte die Kritik vieler seiner Zeitgenossen an den herrschenden Zuständen sowie das obskure Weltbild der Partei. V.a. aber besaß er eine große rhetorische Begabung, mit der er schnell zur führenden Person der 1920 in Nationalsozialistische Deutsche Arbeiterpartei (NSDAP) umbenannten Gruppierung aufstieg.

Das im gleichen Jahr veröffentlichte Parteiprogramm bestand aus 25 Punkten, die eine Mischung aus Sozialismus, völkischem Nationalismus, Judenfeindlichkeit und Rassismus präsentierten. Neben der erneuten Schaffung eines Großdeutschland (Art. 1) und der Rückgewinnung seiner Kolonien (Art. 3) forderte es die Verstaatlichung von Großbetrieben (Art. 13), die »Brechung der Zinsknechtschaft« (Art. 11) sowie die Ausgrenzung der Juden (Art. 4 und 5). So vulgär und undurchdacht das Programm auch war: Während sich viele Menschen zunächst in der neuen politischen Situation zurechtfinden mussten und um ihre Existenz bangten, präsentierte es in ersten Ansätzen eine politische Perspektive. Der erste Schritt zu ihrer Umsetzung sollte jedoch die gesellschaftliche und politische Erneuerung Deutschlands sein. Hitlers völlig dilletantisch geplanter Putschversuch vom 9. November 1923, bei dem er in Anlehnung an Benito Mussolinis (reg. 1925–1943) »Marsch auf Rom« von München aus einen »Marsch auf Berlin« initiieren wollte, scheiterte schon nach wenigen hundert Metern an der Münchener Feldherrnhalle.

Hitler nutzte die Festungshaft in Landsberg am Lech, zu der er 1924 wegen Hochverrats mit einigen Mittätern verurteilt worden war, um in seinem Buch *Mein Kampf* das nationalsozialistische Weltbild weiter auszubauen. Unter Rückgriff auf den Existenzkampf der darwinschen Evolutionstheorie deutete er die menschliche Geschichte als ständigen Überlebenskampf der Völker. Die rassisch wertvollsten unter ihnen besäßen germanische Wurzeln. Nur sie könnten sich in diesem Kampf durchsetzen. Auch das jüdische Volk nehme an dem Kampf teil, doch sei es zur Bildung eines Staates unfähig. Daher greife es zu »parasitären« Methoden und versuche, sich in andere Völker einzuschleichen.

Durch Propaganda und Geld stürze es die Welt in ein Chaos, aus dem es selbst gestärkt hervorgehe und dann seine »Wirtsvölker« versklave. Im deutschen Volk wiederum seien die »hochwertigen« Eigenschaften der angeblich kulturschöpferischen germanischen Rasse wirksam. Damit es im Existenzkampf überleben könne, müsse es das Judentum bekämpfen und den Lebensraum der »minderwertigen« Völker im Osten erobern.[364]

Nach dem Scheitern des Putsches änderten die Nationalsozialisten ihre Strategie und versuchten fortan, die politische Macht auf legalem Wege zu gewinnen, um eine innere Erneuerung Deutschlands herbeizuführen. Der Durchbruch gelang ihnen 1929/1930 im Zuge der Weltwirtschaftskrise, der damit zusammenhängenden Massenarbeitslosigkeit sowie der politischen Krise der Weimarer Republik. Er wurde durch radikale Propaganda sowie Saal- und Straßenschlachten der schon zu Beginn der 1920er Jahre als Saalschutz gegründeten SA gestützt, mit der politische Gegner eingeschüchtert wurden. Bei den Reichstagswahlen vom Juli 1932 erhielt die NSDAP 37,8 % der Stimmen und wurde mit 230 Abgeordneten erstmals stärkste Fraktion. Damit war sie endgültig zu einem bestimmenden Faktor der deutschen Politik geworden. Vor dem Hintergrund der bestehenden Wirtschafts- und Staatskrise wurde Hitler am 30. Januar 1933 von Reichspräsident Paul von Hindenburg (1847–1934) zum Reichskanzler ernannt.

Durch die Auflösung, bzw. durch die Selbstauflösung von Parteien und Verbänden mutierte Deutschland zu einem Einparteienstaat unter Führung der NSDAP. Mit der politischen und öffentlichen Gleichschaltung schuf man die Basis zur einheitlichen Ausrichtung des öffentlichen Lebens anhand der nationalsozialistischen Ideologie und ihrer Zielsetzungen. Schon seit dem Brand des Reichstages, der propagandistisch als kommunistischer Umsturzversuch gedeutet wurde, setzte das am 28. Februar 1933 erlassene *Gesetz zum Schutz von Volk und Staat* unter Rückgriff auf das Notverordnungsrecht nach § 48 der Weimarer Verfassung die bürgerlichen Grundrechte außer Kraft. Münchens komissarischer Polizeipräsident Heinrich Himmler (1900–1945) errichtete bei Dachau das erste Konzentrationslager zur Internierung politischer Gegner und »missliebiger« Personen. Ihm unterstand seit 1929 als »Reichsführer SS« auch die 1925 als »Schutzstaffel« zu Hitlers persönlichem Schutz gegründete SS. Himmler versuchte, sie zu einer »Elite« des Nationalsozialismus zu formen. Weitere frühe Konzentrationslager wurden von der mit der SS konkurrierenden SA geführt.

Das vom Reichstag beschlossene »Ermächtigungsgesetz« vom 23. März 1933 ermöglichte Hitler, künftig am Parlament vorbei zu regieren. Einzig die SPD-Fraktion stimmte dagegen. Die Abgeordneten der KPD waren inzwischen verhaftet worden, bereits im Konzentrationslager interniert oder befanden sich im Exil. Neben der Verfolgung und Ausschaltung politischer Gegner begann mit dem *Gesetz zur Wiederherstellung des Berufsbeamtentums* vom 7. April 1933 die Judenverfolgung. Die bislang von Ernst Röhm (1887–1934) geführte SA wurde am 30. Juni 1934 während des fingierten »Röhm-Putsches« entmachtet, zeitgleich wurden letzte innerparteiliche Gegner Hitlers eliminiert. Die SS übernahm 1934 die Verwaltung der Konzentrationslager.

Oppositionelle, Juden und Personen, die nicht in das Ideal eines »deutschen Herrenvolkes« zu passen schienen, wurden im »Führerstaat« diskriminiert, inhaftiert und ermordet. Innen-, außen und wirtschaftspolitisch trieb man die militärischen Vorbereitungen für einen Krieg im Rahmen des »Existenzkampfes« voran. Er begann am 1. September 1939 mit dem deutschen Überfall auf Polen und entwickelte sich zu einem weiteren Weltkrieg, der in einer noch größeren Katastrophe endete als der Krieg zwischen 1914 und 1918. Die Zahl der Toten wird auf bis zu 62 Millionen Menschen geschätzt. Die planmäßige Ermordung von ungefähr 6 Millionen europäischer Juden sowie 500.000 Sinti und Roma während des Holocaust gehören zu den größten Verbrechen der Menschheitsgeschichte.

Sklaverei

Der nach dem Ersten Weltkrieg gegründete Völkerbund hatte am 25. September 1926 in Genf ein Abkommen zur Bekämpfung der Sklaverei beschlossen, das in seiner Präambel auch auf die Generalakte der Brüsseler Antisklaverei-Konferenz von 1890 Bezug nahm und bis heute gültig ist. Um eine gemeinsame Basis für das Vertragswerk zu schaffen, definierte Artikel 1 zunächst die Begriffe »Sklaverei« und »Sklavenhandel«. Artikel 2 verpflichtete jeden unterzeichnenden Staat – sofern noch nicht geschehen – sowohl auf seinem Territorium als auch in den ihm unterstehenden Gebieten

> den Sklavenhandel zu verhindern und zu unterdrücken; in zunehmendem Maße und sobald als möglich auf die vollständige Abschaffung der Sklaverei in allen ihren Formen hinzuarbeiten.[365]

Dies betraf auch Schiffe, die unter der Flagge der jeweiligen Staaten fuhren. Thematisiert wurden Zwangsarbeit und Arbeitspflicht, die nur zu öffentlichen Zwecken verlangt werden durften.[366] Bis zum Beginn des Zweiten Weltkriegs waren dem Vertrag 42 Staaten beigetreten. Doch eine Zäsur und einen dramatischen Rückschlag musste der Kampf gegen die Sklaverei dann während der nationalsozialistischen Diktatur in Deutschland sowie während des Krieges hinnehmen.

Die nationalsozialistische Ideologie ging von einem Existenzkampf der Völker aus. Antisemitismus, Rassismus und Sozialdarwinismus bildeten in Verknüpfung mit dem Ziel der Lebensraumgewinnung im Osten die Grundlagen für die Versklavung und Vernichtung angeblich minderwertiger Völker. In ihrer Heimat sollten stattdessen »germanische« Menschen siedeln. Dass man die einheimische Bevölkerung für den Aufbau des eigenen Siedlungsraums hemmungslos versklaven wollte, zeigen Reden Heinrich Himmlers (1900–1945), seit 1939 u.a. »Reichskommissar für die Festigung des deutschen Volkstums«. Auf der SS-Obergruppenführertagung vom 4. Oktober 1943 in Posen definierte Himmler die Pflichten der SS folgendermaßen:

> Ein Grundsatz muß für den SS-Mann absolut gelten: ehrlich, anständig, treu und kameradschaftlich haben wir zu Angehörigen unseres eigenen Blutes zu sein und zu sonst niemandem. Wie es den Russen geht, wie es den Tschechen geht, ist mir total gleichgültig. Das, was in den Völkern an gutem Blut unserer Art vorhanden ist, werden wir uns holen, indem wir ihnen, wenn notwendig, die Kinder rauben und sie bei uns großziehen. Ob die anderen Völker in Wohlstand leben oder ob sie verrecken vor Hunger, das interessiert mich nur soweit,

> als wir sie als Sklaven für unsere Kultur brauchen, anders interessiert mich das nicht. Ob bei dem Bau eines Panzergrabens 10000 russische Weiber an Entkräftung umfallen oder nicht, interessiert mich nur insoweit, als der Panzergraben für Deutschland fertig wird. Wir werden niemals roh und herzlos sein, wo es nicht sein muß; das ist klar. Wir Deutsche, die wir als einzige auf der Welt eine anständige Einstellung zum Tier haben, werden ja auch zu diesen Menschentieren eine anständige Einstellung einnehmen, aber es ist ein Verbrechen gegen unser eigenes Blut, uns um sie Sorge zu machen und ihnen Ideale zu bringen, damit unsere Söhne und Enkel es noch schwerer haben mit ihnen. Wenn mir einer kommt und sagt: ›Ich kann mit den Kindern oder den Frauen den Panzergraben nicht bauen. Das ist unmenschlich, denn dann sterben die daran‹ – dann muß ich sagen: ›Du bist ein Mörder an deinem eigenem Blut, denn, wenn der Panzergraben nicht gebaut wird, dann sterben deutsche Soldaten, und das sind Söhne deutscher Mütter. Das ist unser Blut.‹ Das ist das, was ich dieser SS einimpfen möchte und – wie ich glaube – eingeimpft habe, als eines der heiligsten Gesetze der Zukunft: Unsere Sorge, unsere Pflicht, ist unser Volk und unser Blut; dafür haben wir zu sorgen und zu denken, zu arbeiten und zu kämpfen, und für nichts anderes. Alles andere kann uns gleichgültig sein. Ich wünsche, daß die SS mit dieser Einstellung dem Problem aller fremden, nichtgermanischen Völker gegenübertritt, vor allem den Russen. Alles andere ist Seifenschaum.[367]

Die Aussage verdeutlicht in drastischer Weise, dass die Bevölkerung Osteuropas im Rahmen des rassistisch motivierten Existenzkampfes zu »minderwertigen Untermenschen« herabgestuft und dass ihr der Status von Tieren – »Menschentieren« – zugewiesen wurde. Sie sollten als Arbeitssklaven rücksichtslos für die eigenen deutschen Ziele ausgebeutet werden, wobei ihr Tod ausdrücklich in Kauf genommen wurde. Schon am 9. Juni 1942 hatte sich Himmler vor SS-Führern folgendermaßen geäußert:

> Wenn wir nicht unsere Lager mit Sklaven vollfüllen – in diesem Raum sage ich die Dinge sehr deutlich und sehr klar – mit Arbeitssklaven, die ohne Rücksicht auf irgendeinen Verlust unsere Städte, unsere Dörfer, unsere Bauernhöfe bauen, dann werden wir auch nach einem jahrelangen Krieg das Geld nicht haben, um die Siedlungen so auszustatten, daß wirklich germanische Menschen dort wohnen und in der ersten Generation verwurzeln können.[368]

Der nach dem erwarteten Sieg zu beginnende Siedlungsprozess in den als »Lebensraum« eroberten Gebieten sollte somit auf Sklavenarbeit basieren. Die Vorhaben wurden im *Generalplan Ost* weiter ausgeführt, einer am 12. Juni 1942 von Himmler unterzeichneten Denkschrift, die sich auf die ersten 25 Jahre nach Kriegsende bezieht. Er sah zum einen die Zwangsumsiedlung von 31 Millionen Menschen aus dem ehemaligen Polen, dem Baltikum und der Ukraine nach Sibirien vor. Nur die »rassisch wertvolle« Bevölkerung sollte im Land verbleiben und »eingedeutscht« werden. Zum anderen sollte die Besiedlung durch Zuzug »gemanischer« Siedler erfolgen. Beim Umgang mit der ansässigen Bevölkerung wurden Versklavung und große Verluste an Menschenleben von vornherein eingeplant.[369] Die Zahl der Arbeitskräfte, die für die Umsetzung des Generalplans Ost erforderlich waren, wurde mit 850.000 Menschen berechnet.[370] Vor diesem Hintergrund wird auch Himmlers Aufforderung verständlich, »unsere Lager mit Sklaven voll[zu]füllen«, welche die Siedlungen für »wirklich germanische Menschen« errichten sollten.

Doch bereits während des Zweiten Weltkriegs benötigte auch die deutsche Wirtschaft eine große Zahl an Arbeitskräften, zumal viele Arbeiter nun als Soldaten kämpften. Völkerrechtswidrig wurden schon im Herbst 1939 etwa 340.000 polnische Kriegsgefangene in der Landwirtschaft zu Zwangsarbeit herangezogen.[371] Anwerbekampagnen zur Gewinnung von Fremdarbeitern im besiegten Polen hatten nicht den erwarteten Erfolg gebracht. Daher griff man nun auf deutscher Seite zu Maßnahmen wie Razzien. Die dabei gefangengenommenen Menschen wurden anschließend zum Arbeitseinsatz deportiert. Im Sommer 1941 arbeiteten bereits eine Million Polen in Deutschland, Ende des Jahres leisteten 700.000 Juden Zwangsarbeit im ehemaligen Polen.[372] Ab 1942 wurden weitere 2,5 Millionen Arbeiter aus den besetzten Gebieten der Sowjetunion rekrutiert.

Damit verfolgten die Nationalsozialisten vielfältige Zwecke: Zum einen ging es darum, die politische und wirtschaftliche Herrschaft durch brutale Zwangs- und Unterdrückungsmaßnahmen zu sichern.[373] Zum anderen sollten der Kriegswirtschaft dringend benötigte Arbeitskräfte in Industrie und Landwirtschaft zur Verfügung gestellt werden. Hinzu kam eine Verwendung in den besetzten Gebieten zur Beseitigung von Straßensperren, zur Pflasterung von Straßen oder zur Errichtung von Mauern um die späteren Ghettos herum.[374] Doch neben der praktischen Ausbeutung darf der rassistische Hintergrund nicht vergessen werden: Hier ging es auch darum, die betroffenen Personen zu demütigen und durch Arbeit zu vernichten.[375] Nicht zuletzt in den Zitaten Himmlers wird dieser Punkt deutlich. Somit müssen Zwangsarbeit und Versklavung als Teil des nationalsozialistischen Holocaust gesehen werden.[376] Die Grenzen zwischen Zwangsarbeit und Sklaverei erscheinen hier fließend.

Die Zuständigkeiten für Zwangsarbeiter waren zunächst aber nicht eindeutig geregelt, bis Hitler am 21. März 1942 den thüringischen Gauleiter Fritz Sauckel (1894–1946) zum Generalbevollmächtigten für den Arbeitseinsatz ernannte. Die Fremdarbeiter waren einer strikten rassischen Hierarchie unterworfen, an deren unterem Ende polnische und sowjetische Arbeiter standen.[377] Polen wurden durch ein »P«, sowjetische Arbeiter durch die Buchstaben »OST« an ihrer Kleidung gekennzeichnet.[378] Ihre Arbeitsbedingungen wurden immer weiter verschärft, die Arbeitszeiten ausgedehnt, die Pausen gekürzt.[379] Soziale oder gar sexuelle Kontakte zu Deutschen waren strafbar, da sie die angestrebte »Rassenreinheit« gefährdet hätten. Sofern Fremdarbeiter überhaupt bezahlt wurden, war die Entlohnung gering. Sie wurde weiter reduziert, indem von deutscher Seite bis zu 80 % des Lohns für zuvor festgelegte Zwecke einbehalten werden durften.[380] Sauckel wurde 1946 vom Internationalen Militärgerichtshof in Nürnberg zum Tode verurteilt und hingerichtet.

Die schon 1938 gegründete *Organisation Todt* war paramilitärisch organisiert und für den Arbeitseinsatz von Zivil- und Zwangsarbeitern, Kriegsgefangenen und KZ-Häftlingen verantwortlich. Zu ihren bekanntesten Projekten gehören die Fertigstellung des Westwalls sowie ab 1942 der Bau des Atlantikwalls. Namensgeber und Leiter dieser Organisation war Fritz Todt (1891–1942), seit 1933 Generalinspekteur des deutschen Straßenwesens und ab 1938 Generalbevollmächtigter für die Regelung der Bauwirtschaft. Ab 1940 unterstand seiner Organisation die Koordination des gesamten Bauwesens sowie der Produktion von Bewaffnung und Munition. Das Wirtschafts- und Verwaltungshauptamt der SS (WVHA) begann ab Herbst 1942, verstärkt KZ-Häftlinge an private und öffentliche Firmen zu vermitteln. Auch sie arbeiteten genauso wie jüdische Zwangsarbeiter u.a. für die *Organisation Todt*.[381] Anfang 1945 gab es ingesamt 700.000 Häftlinge in 20 Stammlagern und 165 von der SS geführten Arbeitslagern.[382] Albert Speer, der nach dem tödlich Flugzeugabsturz Todts 1943 die Organisation übernommen hatte, wurde in Nürnberg zu einer 20-jährigen Gefängnisstrafe verurteilt.[383]

In der Nähe der Konzentrationslager Sachsenhausen und Neuengamme befanden sich Ziegeleien der Deutschen Erd- und Steinwerke, die sich im Besitz der SS befanden. In Buchenwald, Mauthausen, Flossenbürg und Natzweiler wurden Häftlinge in Steinbrüchen der Deutschen Erd- und Steinwerke ausgebeutet.[384]

Im Spätsommer 1944 arbeiteten im Deutschen Reich ungefähr 5,5 Millionen Fremdarbeiter, 2 Millionen Kriegsgefangene und 400.000 KZ-Häftlinge.[385] Von den ungefähr 7,5 Millionen Fremdarbeitern und Kriegsgefangenen kamen zu dieser Zeit 38 % aus der Sowjetunion und 20 % aus Polen. Die Sterblichkeit war enorm: Schon vor dem Krieg war sie in den Konzentrationslagern aufgrund der schlechten Lebens- und Arbeitsbedingungen, aufgrund von Misshandlungen und Morden dramatisch angestiegen. Sie betrug 1939 in Buchenwald 14 %, in Mauthausen 23 %. Von insgesamt 1,65 Millionen KZ-Häftlingen, die während des gesamten Krieges für die deutsche Wirtschaft arbeiten mussten, überlebten nur 475.000 Menschen.[386]

Sklaverei und moderne Menschenrechte

Politik und Gesellschaft

Während zum zweiten Mal im 20. Jahrhundert ein Weltkrieg tobte – Deutschland hatte inzwischen Polen, große Teile Frankreichs, die Niederlande, Dänemark und Norwegen besetzt – wagte US-Präsident Franklin Delano Roosevelt (reg. 1933–1945) im Januar 1941 den Blick auf eine friedliche Nachkriegsordnung. In einer vor dem amerikanischen Kongress gehaltenen Rede proklamierte er, dass sie trotz der gegenwärtigen Katastrophe von vier

Freiheiten geprägt sein solle: von der Meinungs- und Redefreiheit, der Religionsfreiheit, der Freiheit von Not sowie der Freiheit von Furcht. Im August des gleichen Jahres unterzeichnete er mit dem britischen Premierminister Winston Churchill (reg. 1940–1945) die acht Punkte umfassende *Atlantikcharta*. Sie forderte den Verzicht auf territoriale Annexionen, das Selbstbestimmungsrecht der Völker, den freien und gleichen Zugang zu den Rohstoffen der Erde und den Aufbau eines umfassenden Sicherheitssystems bei gleichzeitiger Entmilitarisierung aggressiver Staaten. Mit ihnen waren Deutschland, Italien und Japan gemeint.

Diese Inhalte hatten maßgeblichen Einfluss auf die *Charta der Vereinten Nationen*, die am 26. Juni 1945 in San Francisco gegründet wurde. Ihre Satzung wurde von 51 Deligierten unterzeichnet, trat am 24. Oktober 1945 in Kraft und ist für alle Mitglieder der Vereinten Nationen verbindlich. Bereits in Artikel 1.3 formuliert sie das Ziel,

> eine internationale Zusammenarbeit herbeizuführen, um internationale Probleme wirtschaftlicher, sozialer, kultureller und humanitärer Art zu lösen und die Achtung vor den Menschenrechten und Grundfreiheiten für alle ohne Unterschied der Rasse, des Geschlechts, der Sprache oder der Religion zu fördern und zu festigen.[387]

Ebenso nehmen die Artikel 13, 55, 62, 68 und 76 Bezug auf die Menschenrechte. Einen Menschenrechtskatalog, wie ihn etwa die Französische Revolution geliefert hatte, und ein Verfahren, wie diese Rechte geschützt werden könnten, enthält die Charta aber nicht. Die Gründe liegen darin, dass vor den Erfahrungen des verheerenden Zweiten Weltkrieges, der bis zu 62 Millionen Menschenleben gefordert hatte, die Sicherung des teuer erkämpften Friedens oberste Priorität besaß. Außerdem hätte die Unterzeichnung der Charta an spezifischen Problemen mehrerer Staaten scheitern können: So war der sowjetische Diktator Josef Stalin (reg. 1928/1929–1953) nicht bereit, damit verbundene Änderungen am politischen System der Sowjetunion zu akzeptieren. Die europäischen Kolonialmächte wollten ihre Kolonien (noch) nicht in die Unabhängigkeit entlassen, wenn sie sich etwa auf das Selbstbestimmungsrecht beriefen. Und in den USA selbst war die Rassentrennung eine direkte Folge der Abschaffung der Sklaverei.[388] Um trotzdem die Grundlagen einer Nachkriegsordnung und die Schaffung einer Ersatzorganisation für den gescheiterten Völkerbund nicht schon zu Beginn zu gefährden, wurde daher eine Definition der Menschenrechte zunächst ausgeklammert.

Sie wurde durch die *Allgemeine Erklärung der Menschenrechte* vom 10. Dezember 1948 »nachgeliefert«. Benannt werden darin die grundlegenden Freiheiten (Artikel 3 bis 19), die politischen Rechte (Artikel 20 und 21), sowie die wirtschaftlichen, sozialen und kulturellen Rechte (Artikel 22 bis 27) eines jeden Menschen.[389] Doch die Schwierigkeiten, die bereits eine Definiton der Menschenrechte für die UN-Charta mit sich gebracht hätte, bestanden noch immer. Somit wurde eine sehr allgemeine Menschenrechtserklärung geschaffen, die Definitionsspielräume offen ließ. Trotz unterschiedlichster Gesellschafts- und Rechtssysteme sowie unterschiedlicher machtpolitischer Bedeutung der UNO-Staaten konnten diese sie auch künftig mittragen. Und da es sich als Resolution der UN-Vollversammlung nicht um einen rechtsverbindlichen Vertrag, sondern »nur« um eine Empfehlung handelte, ist dieses Dokument bis heute nicht völkerrechtlich bindend.

Doch kommt der Erklärung eine immense moralische Bedeutung zu. Sie ebnete den Weg für alle weiteren, viel detaillierteren Menschenrechtsabkommen, die in den folgenden Jahrzehnten in Vertragsform ausgehandelt wurden und in Kraft traten. An diese sind alle jeweiligen Vertragspartner auch völkerrechtlich gebunden. Allerdings wurden sie daher auch nicht von allen UN-Mitgliedsstaaten unterzeichnet oder die Unterzeichnungen erfolgten nur teilweise bzw. unter Vorbehalten.

Sklaverei

Trotz der genannten Einschränkungen kann festgehalten werden, dass im Grunde alle Artikel der *Menschenrechtserklärung* in der einen oder anderen Form der Sklaverei widersprechen: Artikel 1 erklärt alle Menschen für »frei und gleich an Würde und Rechten geboren«.[390] Zwar wäre es nach diesem Artikel noch immer möglich, dass ein ursprünglich frei geborener Mensch durch

Kriegsgefangenschaft oder wirtschaftliche Verschuldung in die Sklaverei gerät. Doch Kinder dieser Personen, die in der Sklaverei geboren wären, besäßen auf jeden Fall wieder die Freiheit. Die aus der Geschichte bekannte und millionenfach praktizierte Vererbung des unfreien Status der Mutter wird hier ausgeschlossen. Artikel 3 gesteht jedem Menschen »das Recht auf Leben, Freiheit und Sicherheit der Person« zu.[391] Dagegen widerspricht die Versklavung der persönlichen Freiheit fundamental. In vielen Kulturen durfte der Sklavenbesitzer den Sklaven töten. Dies widerspricht dem Recht auf Leben. Durch harte Strafen oder gar Folterungen wird das Recht auf Sicherheit der Person verletzt.

Folter oder unmenschliche, grausame, erniedrigende Behandlung oder Strafe werden ausdrücklich in Artikel 5 der *Menschenrechtserklärung* untersagt.[392] In vielen historischen Kulturen war es üblich, dass Sklaven nicht selbst rechtsfähig waren oder dass ihre Rechtsfähigkeit massive Einschränkungen erfuhr. Dies würde Artikel 6 der Menschenrechtserklärung widersprechen, die jedem das Recht zugesteht, »überall als rechtsfähig anerkannt zu werden«.[393] Artikel 12 untersagt willkürliche Eingriffe in das Privatleben und in die Familienverhältnisse eines Menschen; nach Artikel 13 besitzt jeder Mensch das Recht, sich innerhalb eines Staates frei zu bewegen.[394] Artikel 16 gibt nicht nur Männern und Frauen in heiratsfähigem Alter das unbeschränkte Recht zur Eheschließung, sondern setzt dazu die freie und uneingeschränkte Willenseinigung beider Partner voraus.[395] Zwangsehen, wie sie in der Institution der Sklaverei durch Eingreifen des Sklavenbesitzers durchaus üblich waren, stellen nun eine massive Verletzung der Menschenrechte dar. Zudem hatten Sklaven entweder kein oder nur ein sehr eingeschränktes Recht auf den Besitz von Eigentum. Artikel 17 der Menschenrechtserklärung gesteht dieses Recht dagegen jedem Menschen zu.[396]

Einschränkungen all dieser Rechte und Freiheiten sind nach Artikel 29 nur auf gesetzlicher Grundlage möglich, um

> die Anerkennung und Achtung der Rechte und Freiheiten anderer zu sichern und den gerechten Anforderungen der Moral, der öffentlichen Ordnung und des allgemeinen Wohles in einer demokratischen Gesellschaft zu genügen.[397]

Somit darf etwa die Freiheit der Person und der Mobilität für Straftäter eingeschränkt werden, wenn sie in einem rechtsstaatlichen Prozess zu einer Gefängnisstrafe verurteilt werden. Auch sind Rechtseinschränkungen in Krisen- und Kriegszeiten auf gesetzlicher Grundlage denkbar, um Gefahren für die öffentliche Sicherheit und Ordnung abzuwehren.

Allerdings gelten alle beschriebenen Rechte ausdrücklich für »Menschen«. Damit die Menschenrechte nicht umgangen werden können, indem man z.B. Sklaven einfach das »Menschsein« abspricht – wie es in der Geschichte immer wieder geschehen ist –, verbietet Artikel 4 ausdrücklich auch die Institution der Sklaverei, und zwar in allen (!) Ausprägungen:

> Niemand darf in Sklaverei oder Leibeigenschaft gehalten werden; Sklaverei und Sklavenhandel in allen ihren Formen sind verboten.[398]

Damit greifen die beschriebenen Rechte auch für den Fall, dass Sklaven nicht als Menschen, sondern als Sache definiert werden. Denn es wird die komplette Rechtsform der Sklaverei abgeschafft. War Sklaverei bis in die Neuzeit hinein eine juristische und gesellschaftliche Institution, so wird sie durch dieses Verbot – offiziell – beseitigt und geächtet.

Detailliertere Bestimmungen zum Verbot der Sklaverei finden sich im *Zusatzabkommen über die Abschaffung der Sklaverei, des Sklavenhandels und sklavereiähnlicher Einrichtungen und Praktiken* von 1956. Dazu definiert Teil I zunächst, was unter »sklavereiähnlichen Einrichtungen und Praktiken« zu verstehen ist. Darunter fallen die Schuldknechtschaft, die Leibeigenschaft, die Zwangsehe, der in manchen Kulturen mögliche Verkauf sowie die Vererbung der Ehefrau. Ebenso wird die arbeitstechnische Ausbeutung von Kindern und Jugendlichen erwähnt, die zu diesem Zweck entgeltlich oder unentgeltlich von ihren Eltern an Dritte weggegeben werden.[399] Artikel 2 verpflichtet die Vertragsstaaten, ein Mindestalter für die Eheschließung festzusetzen sowie ein Verfahren anzuwenden, dass auf dem freien Entschluss der Ehepartner basiert.[400]

Hatte das Anti-Sklavereiabkommen von 1926 die Bekämpfung des Sklavenhandels bereits auf Schiffe ausgedehnt, so wird der

Geltungsbereich aufgrund der technischen Weiterentwicklung jetzt auch auf Flugzeuge und Flughäfen erweitert. Um die Bekämpfung zu effektivieren, vereinbarten die Vertragspartner den Austausch relevanter Informationen.[401] Artikel 5 stellt das Verstümmeln und Kennzeichnen von Sklaven, Artikel 6 die Versklavung selbst unter Strafe.[402] Vorbehalte der Vertragspartner gegen das Abkommen werden in Artikel 9 ausdrücklich ausgeschlossen.[403] Bis heute (2014) sind dem Abkommen 148 Staaten und Territorien beigetreten.

Der 1976 in Kraft getretene *Internationale Pakt über bürgerliche und politische Rechte* (»Zivilpakt«) ist ein weiteres zentrales Abkommen zum Schutz der Menschenrechte. Er wiederholt das Verbot von Sklaverei und Leibeigenschaft in Artikel 8. Ebenso setzt er fest, dass niemand zur Zwangs- oder Pflichtarbeit gezwungen werden darf. Letzteres wird jedoch insofern eingeschränkt, als dass es im Rahmen eines gerichtlichen Freiheitsentzugs nach einer Straftat durchaus möglich ist, einen verurteilten Straftäter zur Leistung von Zwangsarbeit zu verurteilen. Von der Pflichtarbeit sind ferner die Ableistung von Wehr- oder Ersatzdienst, die Dienstleistung bei Not- und Katastrophenfällen sowie »jede Arbeit oder Dienstleistung, die zu den normalen Bürgerpflichten gehört«, ausdrücklich ausgenommen.[404] Die vom Europarat 1950 ausgearbeitete und 1953 in Kraft getretene *Europäische Menschenrechtskonvention* verbietet Sklaverei und Leibeigenschaft in Artikel 4.[405] Bezüglich Zwangs- und Pflichtarbeit macht sie die gleichen Einschränkungen wie der »Zivilpakt«.

Weitere Bestimmungen zur Bekämpfung der Sklaverei finden sich in UN-Konventionen, die thematisch zwar weit über das Problem hinausreichen, dadurch aber auch die inhaltlichen Zusammenhänge mit vielen anderen juristischen Fragen und Missständen offenbaren. Das *Übereinkommen zur Beseitigung jeder Form von Diskriminierung der Frau* (1979) verpflichtet die Vertragsstaaten in Artikel 6 zu Maßnahmen »zur Abschaffung jeder Form des Frauenhandels und der Ausbeutung der Prostitution von Frauen«.[406] Artikel 16 greift erneut die Eheschließung auf, fordert die gleichen Rechte für beide Partner sowie deren beiderseitige freie und volle Zustimmung zur Eheschließung. Die Verlobung und Eheschließung von Kindern wird für rechtsunwirksam erklärt.[407]

Das *Übereinkommen über die Rechte des Kindes* (1989) schützt Kinder in Artikel 32 vor wirtschaftlicher Ausbeutung, fordert die Staaten auf, Mindestalter für die Kinderarbeit festzulegen, Arbeitszeiten und -bedingungen angemessen zu regeln und Verstöße dagegen zum Schutz der Kinder wirksam zu bestrafen.[408] Artikel 34 schützt sie vor sexuellem Missbrauch und Prostitution.[409] Ebenso werden die Vertragsstaaten in Artikel 35 zu Maßnahmen gegen die Entführung von und den Handel mit Kindern aufgefordert.[410]

Das *Zusatzprotokoll zur Verhütung, Bekämpfung und Bestrafung des Menschenhandels, insbesondere des Frauen- und Kinderhandels* (2000) ergänzt das *Übereinkommen der Vereinten Nationen gegen die grenzüberschreitende organisierte Kriminalität* (1998). Seine Bestimmungen verfolgen nach Artikel 2 den Zweck, den Menschenhandel zu bekämpfen, die Opfer zu schützen und die diesbezügliche Zusammenarbeit der Vertragspartner zu fördern.[411] Die in Artikel 3 gegebene Begriffsbestimmung des Menschenhandels schließt neben der Prostitution und anderen Formen der sexuellen Ausbeutung die Zwangsarbeit und Zwangsdienstbarkeit, die Entnahme von Organen und auch die Sklaverei und sklavereiähnliche Praktiken als Zweck des Handels ein.[412]

Moderne Sklaverei im 20. und 21. Jahrhundert

Politik und Gesellschaft

Nach dem Zweiten Weltkrieg lösten sich die Kolonialreiche auf: Indien wurde 1947 von Großbritannien unabhängig, Indonesien 1949 von den Niederlanden und Vietnam 1954 von Frankreich. In Afrika folgten der Sudan 1956, Ghana 1957, Algerien 1962. Nach der Revolution von 1974 verzichtete Portugal auf Überseegebiete. Eine direkte Kolonialherrschaft, wie sie in den vergangenen Jahrhunderten entstanden war, kann heute sowohl als politisch-militärische sowie als wirtschaftliche Herrschaftsform als überholt betrachtet werden.

Die Wurzeln vieler wirtschaftlicher und sozialer Schwierigkeiten, mit denen die nun unabhängigen ehemaligen Kolonien zu kämpfen hatten und haben, reichen weit zurück. Nicht selten hat der massive Sklavenexport aus Afrika nach Amerika bestehende Sozialordnungen zerstört. Die im Rahmen der Abolitionsbewegung durchgeführte Ansiedlung ehemaliger Sklaven in Afrika hat wiederum neue demographische Schwierigkeiten geschaffen und teils gewaltsame Auseinandersetzungen hervorgerufen. Auch die Erinnerung an die verheerende Zeit der Sklaverei ist dort durchaus noch präsent und wirkt als Bestandteil weiterer Spannungen und Konflikte. Nicht zuletzt blieben die ehemaligen Kolonien von ihren ehemaligen Kolonialherren oft wirtschaftlich abhängig. Für die Industrie- und Finanzwirtschaft sind sie nach wie vor wichtige Einflusssphären, Rohstofflieferanten und Absatzmärkte.

Die mit dem Begriff der Globalisierung beschriebene zunehmende Verflechtung wirtschaftlicher, politischer und kultureller Beziehungen zu Beginn des 21. Jahrhunderts gibt nicht nur die aktuellen Rahmenbedingungen nationaler Politik vor, sondern erzeugt zugleich einen hohen Anpassungsdruck für alle Beteiligten, um international wirtschaftlich konkurrenzfähig zu bleiben.[413] Die Globalisierung zeigt die Welt einmal mehr im Umbruch. Zwar hat es tiefgreifende gesellschaftliche, politische und wirtschaftliche Veränderungen schon immer gegeben (etwa im Zuge der Industrialisierung des 18. und 19. Jahrhunderts). Die Unterschiede liegen jedoch in der Geschwindigkeit und Komplexität, mit der die heutige Globalisierung stattfindet. Dies führt dazu, dass oft eine – nicht unberechtigte – Skepsis gegenüber diesen Entwicklungen bei Bürgern sowie Politikern herrscht und oft nur noch Experten die Zusammenhänge im Detail verstehen.

Diese Entwicklungen bieten das Wachstum grenzüberschreitender Kapitalströme, menschlicher Mobilität, den Ausbau internationaler Kommunikationsmöglichkeiten wie das Internet und die Beschleunigung vieler gesellschaftlicher und wirtschaftlicher Prozesse. Doch sie können auch zur Verschärfung wirtschaftlicher, sozialer und umweltpolitischer Probleme führen und neue – auch militärische – Konflikte hervorrufen. Durch Outsourcing werden Arbeitsplätze aus Industrieländern in Entwicklungs- und Schwellenländer verlagert. Dort gibt es nicht nur gut ausgebildete Arbeitnehmer, sondern auch ein hohes Bevölkerungswachstum und niedrige Löhne.[414]

Die Zahl der Akteure, die neben nationalstaatlichen Regierungen die internationale Politik mitbestimmen, hat sich in den letzten Jahrzehnten vervielfacht.[415] Es entstehen neue Machtzentren. Neben die Nationalstaaten, die bislang Wirtschafts- und Sicherheitspolitik betrieben haben, treten häufig private Akteure, an die Aufgaben ausgelagert werden und die somit die Politik wesentlich mitbestimmen.[416] Basierten das Völkerrecht und damit auch die Menschenrechte bislang auf der Handlungsfähigkeit der Nationalstaaten, so müssen künftig auch diese neuen Mitwirkenden berücksichtigt und in die Verantwortung genommen werden.

Parallel zur Gobalisierung entwickelt sich die organisierte Kriminalität grenzüberschreitend. Zu nennen sind der Drogen-, Waffen- und Menschenhandel. Auch sie werden durch die Öffnung von Grenzen, neoliberalen Freihandel und das beständige Streben nach Wirtschaftswachstum begünstigt.

Sklaverei

Die neuzeitliche Sklaverei seitens europäischer Nationen war mit der Ausbeutung ihrer Kolonien untrennbar verbunden – allerdings ebenso mit den traditionellen Gesellschafts- und Wirtschaftsstrukturen der dort einheimischen Bevölkerung, die Sklaverei auch unabhängig vom europäischen Einfluss kannte. Große Erfolge im Kampf gegen die Sklaverei gelangen im 19. und 20. Jahrhundert. In der *Allgemeinen Erklärung der Menschenrechte* von 1948 wird sie ausdrücklich verboten.

Das Kolonialsystem zerfiel nach dem Zweiten Weltkrieg. Zunächst vergrößerte sich auch die Zahl der Staaten weiter, in denen die Sklaverei per Gesetz abgeschafft wurde. Hinzu kamen Staaten, in denen sie traditionell verankert gewesen war: Kuweit (1949), Katar (1952), Jemen und Saudi Arabien (1962) sowie der Oman (1970). Saudi Arabien hatte die Anti-Sklaverei-Akte von 1926 nicht unterzeichnet. Hier wurde diese Institution durch Prinz Faisal 1962 abgeschafft. Doch völkerrechtliche Verpflichtungen und nationale gesetzliche Vorschriften dürfen nicht nur auf dem Papier existieren, sondern müssen in die Praxis umgesetzt und überwacht werden. Wie schwierig dies ist, zeigt, dass Zeugen noch 1956 – im Jahr des *Zusatzabkommens über die Abschaffung der Sklaverei, des Sklavenhandels und sklavereiähnlicher Einrichtungen und Praktiken* – von einem öffentlichen Sklavenverkauf im nordostafrikanischen Dschibuti berichteten.[417]

Doch auch heute – zu Beginn des 21. Jahrhunderts – ist das Problem noch keineswegs gelöst. Im Gegenteil: Auch die Form der Sklaverei hat sich gewandelt. Die australische *Walk Free Foundation* schätzte 2014 die Gesamtzahl aller Sklaven weltweit auf 35,8 Millionen Menschen.[418] Damit bewegen sich diese Schätzungen in einer Größenordnung, die der Gesamtzahl aller Sklaven entspricht, die zwischen dem 16. und 19. Jahrhundert von Afrika nach Amerika verschleppt wurden. Die der UNO unterstellte International Labor Organisation (ILO) schätzte die Zahl der Zwangsarbeiter im Jahr 2012 auf 20,9 Millionen Menschen.[419] Diese werden auch von der britischen Menschenrechtsorganisation Anti-Slavery International übernommen.[420]

Doch wie kommt es zu derart hohen Zahlen, wo doch seit Ende des 18. Jahrhunderts eine Antisklavereibewegung entstand, die große Erfolge erkämpfte, und das Verbot der Sklaverei Eingang in die Menschenrechtsabkommen gefunden hat, die viele Staaten unterzeichnet oder akzeptiert haben? Hier muss man sich vergegenwärtigen, dass sich nicht nur Politik, Wirtschaft, Gesetzgebung und Moral verändert haben, sondern auch die Formen der Sklaverei. Häufig ist deshalb oft von einer »neuen Sklaverei« oder von »sklavereiähnlichen Verhältnissen« die Rede. Bezugspunkt für beide Begriffe ist jeweils der Vergleich mit der traditionell bekannten Institution, die in ihren verschiedenen Ausprägungen in diesem Buch skizziert wurde.

Nach dem Zweiten Weltkrieg hat das weltweite Bevölkerungswachstum rasant zugenommen. Dies gilt v.a. für Erdteile, aus denen heute von moderner Sklaverei berichtet wird: Südostasien, Indien, Afrika und Arabien, in denen sich viele Bürgerkriegs-, Entwicklungs- und Schwellenländer befinden. Die Ursachen vieler Schwierigkeiten liegen nicht nur in aktueller Korruption und Misswirtschaft, sondern in jahrzehntelangen Kriegen sowie in sozialen, wirtschaftlichen und ökologischen Veränderungen, mit denen sich die Bevölkerungen konfrontiert sehen.

Dazu beschreibt der amerikanische Soziologe Kevin Bales folgenden Mechanismus: Vor dem Hintergrund des Bevölkerungswachstums sehen sich die Menschen einer immer knapper werdenden natürlichen Lebensgrundlage gegenüber. Daher würden die Anbautechniken der Landwirtschaft weiter rationalisiert, um höhere Erträge und Gewinne zu erwirtschaften. Die Rationalisierung führe jedoch auch zum Wegfall von Beschäftigungsmöglichkeiten, da die Arbeit nun mit weniger Arbeitskräften durchgeführt werden könne. Dadurch werde die prekäre wirtschaftliche und soziale Situation noch weiter verschärft. Die Menschen befinden sich in einem Existenzkampf um das nackte Überleben, in dem für sie keine Besserung der Situation in Sicht sei. Die Folgen seien der Zerfall von Familienverbänden, es herrschten Armut und Verzweiflung.[421] Die mexikanische Journalistin und Menschenrechtsaktivistin Lydia Cacho bringt es auf die Formel:

> Die Armut ist nicht nur ein fruchtbarer Boden für die Sklaverei, sondern sie ist die Saatmaschine, die Sklaven und Sklavinnen in aller Welt hervorbringt.[422]

Sofern die Sklaverei in den jeweiligen Ländern bereits traditionell verwurzelt war, steigt in diesen Gebieten nach Bales auch das Reservoir an potentiellen neuen Sklaven.[423] Den Sklaven- oder Menschenhandel übernehmen Landsleute. Da man die Sklaven nicht erst im Ausland »einfangen« muss, sinken für die Händler auch die Transportkosten und somit der Preis eines Sklaven. Sklaverei kann heutzutage noch immer in Form von Leibeigenschaft begegnen (etwa in einigen afrikanischen und arabischen Ländern), ebenso als Schuldsklaverei (z.B. in Indien) und in der Vertragssklaverei: Hier werden Menschen durch einen scheinbar rechtswirksamen Arbeitsvertrag für eine auswärtige Tätigkeit in eine Falle gelockt. Am Arbeitsort angekommen (häufig im fremdsprachigen Ausland), werden sie als Sklaven missbraucht. Bales nennt dazu v.a. Fälle aus Asien, Arabien und Brasilien.[424]

Doch es gibt wichtige Unterschiede zur traditionellen Institution der Sklaverei. Da die meisten Staaten inzwischen nationale Gesetze gegen Sklaverei und Menschenhandel erlassen sowie diesbezüglich internationale Abkommen zum Schutz der Menschenrechte unterzeichnet haben, kann man nicht mehr davon sprechen, dass es sich bei der modernen Sklaverei um eine rechtlich anerkannte Institution handelt. Sie ist illegal, strafbar und geächtet!

War das Besitzrecht an einem Sklaven in der traditionellen Sklaverei durch einen rechtlich gültigen Kaufvertrag abgesichert und einklagbar, wird in den neuen Formen der Sklaverei das Besitzrecht geradezu vermieden. Zum einen können keine rechtlichen Ansprüche des Sklavenbesitzers mehr eingeklagt werden, da Sklaverei illegal ist. Zudem wäre ein Kaufvertrag im Falle strafrechtlicher Verfolgung auch ein untrügliches Zeichen für das Vorliegen einer Straftat. Zum anderen waren mit dem Erwerb eines Sklaven bislang auch Pflichten des Käufers verbunden, da er für den Sklaven auch sorgen musste. Diese Pflicht entfällt nun.

Zwar konnte der Kaufpreis für einen Sklaven in der herkömmlichen Sklaverei entsprechend dem Gesetz von Angebot und Nachfrage schwanken. Doch allein aus wirtschaftlichen Gründen musste der Besitzer ein Interesse daran haben, die Leistungsfähigkeit seines Sklaven möglichst lange zu erhalten, um durch seine Erträge den Kaufpreis und zusätzlich einen möglichst großen Gewinn zu erwirtschaften. In der heutigen Zeit ist das Angebot an potentiellen Sklaven größer als jemals zuvor. Somit sind die Preise niedrig. Bei Ausfall eines Sklaven durch Krankheit, Unfall oder Tod kann schnell kostengünstiger »Ersatz« beschafft werden.

Ein langfristiges Besitzverhältnis wird im Gegensatz zu früheren Zeiten auch gar nicht mehr angestrebt. Sofern früher erworbene Sklaven arbeitsunfähig wurden, behielt man sie seitens des Besitzers trotzdem, da man durch den Kauf auch eine Verantwortung übernommen hatte. Da heutzutage genügend Nachschub zu günstigen Preisen verfügbar ist, entledigt man sich der Sklaven einfach, sofern sie keinen Profit mehr bringen.[425]

Moderne Sklaven arbeiten in der Landwirtschaft, in Steinbrüchen sowie im Bergbau.[426] Ebenso dienen sie als Kindersoldaten in regulären Armeen und in Rebellengruppen.[427] Bales beschreibt die Bedeutung, die Sklaven für unsere heutige Welt besitzen, folgendermaßen:

> Sklaven in Pakistan haben möglicherweise die Schuhe gefertigt, die Sie tragen, und den Teppich gewirkt, auf dem Sie stehen. Sklaven in der Karibik könnten dafür gesorgt haben, daß in Ihrer Küche die Zuckerdose gefüllt ist und Ihre Kinder Spielzeug haben. In Indien wurde vielleicht das Hemd genäht, das Sie am Leib tragen, und der Ring an Ihrem Finger poliert. Lohn erhalten diese Menschen dafür keinen.
>
> Auch indirekt spielen Sklaven eine Rolle in Ihrem Leben. Sie haben die Ziegel für die Fabrik gebrannt, in der Ihr Fernsehapparat angefertigt wurde. In Brasilien haben Sklaven die Holzkohle hergestellt, mit der man den Stahl für die Federung Ihres Autos und die Schneide Ihres Rasenmähers härtete. Sklaven haben den Reis angebaut, von dem die Frau sich ernährt, die den wunderschönen Stoff für Ihre Vorhänge gewebt hat. Ihr Effektenportefeuille und Ihre Lebensversicherung werden von Unternehmen verwaltet, die Aktien von Firmen besitzen, die in den Entwicklungsländern Sklaven für sich arbeiten lassen. Sklaven halten Ihre Kosten niedrig und steigern die Rendite Ihrer Anlagepapiere.[428]

Das Verlangen der Konsumenten nach möglichst günstigen Produkten treibt diesen Teufelskreis zusätzlich an. Das bedeutet natürlich nicht, dass alle günstigen Produkte in irgendeiner Form auf Sklavenarbeit beruhen! Genausowenig ist Sklavenarbeit bei teureren Waren automatisch ausgeschlossen! Hier wird also der mündige, aufgeklärte Verbraucher angesprochen, der kritisch nachfragt, warum ein bestimmtes Produkt evtl. um so viel günstiger als eine vergleichbare Ware angeboten wird.

Viele versklavte Frauen und Kinder arbeiten weltweit als Prostituierte. Lydia Cacho berichtet davon, dass jährlich etwa 1,4 Millionen Menschen in die Sexsklaverei gezwungen werden.[429] Auch in westlichen Ländern ist das Problem der Haussklaverei bekannt, das nicht nur ausländische Diplomaten betrifft, deren Immunität jedoch geschützt ist. Bales geht für die Stadt Paris von ungefähr 3.000 versklavten Hausangestellten aus.[430]

Ein Eurostat-Bericht des Jahres 2014 nennt für den Beobachtungszeitraum von 2010 bis 2012 insgesamt 30.146 Opfer von Menschenhandel in der Europäischen Union. Bei 2/3 der Opfer (67 %) handelte es sich um Frauen, 13 % waren Mädchen, 17 % Männer und 3 % Jungen. Nur 30 % der Opfer stammten nicht aus EU-Ländern, bei ca. 5 % konnte die Nationalität nicht festgestellt werden oder sie waren staatenlos. Insgesamt kamen also mindestens 65 % der Opfer aus der EU: aus Polen, Ungarn, Rumänien, Bulgarien und den Niederlanden! Bei den Nicht-EU-Staaten überwiegen Russland, China, Vietnam, Nigeria und Brasilien. 69 % der betroffenen Personen drohte sexuelle Ausbeutung, 19 % Zwangsarbeit. Ziel des Handels für die restlichen 12 % werden mit Organentnahmen, Zwangsbetteln usw. angegeben.[431]

Bales weist auf die enormen Gewinnspannen in der Zwangsprostitution hin. Ein 12- bis 15-jähriges Mädchen, das als Prostituierte arbeitet, kann für einen Preis von 800 bis 2.000 Dollar gekauft werden. Die Summe aus Kaufpreis, Betriebskosten des Bordells und Unterhalt des Mädchens erscheint gegenüber einer Gewinnspanne von bis 800 %, die der Besitzer in den nächsten zehn Jahren mit ihr erwirtschaften kann, gering. Und sollte es sich z.B. mit HIV infizieren, kann es abgeschoben und durch ein anderes Mädchen ersetzt werden.[432] Der jährlich weltweit von Sklaven erwirtschaftete Gewinn liegt bei schätzungsweise 27 Milliarden Dollar.[433]

Thematische Aspekte

Sklaverei als Thema in der Philosophie

Die Suche nach dem idealen Staatswesen

Zu den frühesten philosophischen Betrachtungen über die Sklaverei gehören die Gedanken der attischen Philosophen Platon (427–348/347 v. Chr.) und seines Schülers Aristoteles (384–322 v. Chr.). Beide überlegten im Rahmen ihrer politischen Philosophie, wie ein gerechter funktionierender Staat verwirklicht werden könne. Platon benutzte in seinen Schriften häufig die Dialogform und ließ seinen Lehrer Sokrates in herausragender Weise auftreten. Auch wenn im Dialog Sokrates spricht, so ist es doch Platon, der ihm als Autor die Worte in den Mund legt. Somit darf davon ausgegangen werden, dass es sich hier v.a. um Platons Ansichten handelt. Er strebte einen Philosophenstaat an, in dem entweder die Herrscher ihrerseits zu Philosophen oder die Philosophen zu Herrschern werden. In seinem Dialog *Politeia* entwickelte Platon dazu einen Dreistände-Staat, in dem jeder freie Mensch entsprechend dem in ihm überwiegenden Seelenteil einer der den drei Ständen zugeordneten Lebensweise nachgeht: als Philosophenherrscher, Krieger oder Kaufmann. Gerechtigkeit besteht für ihn darin, dass niemand sich in die Tätigkeit der anderen Stände einmischt oder gar seinen Stand verlassen möchte.

Bei den Angehörigen der Stände handelt es sich um freie Menschen. Sklaven sind ihnen als Unfreie untergeordnet. In den *Nomoi* überspitzt Platon das Verhältnis zwischen Herrn und Sklaven, indem er es sogar als Äquivalent für das Verhältnis zwischen einem Monarchen und dem von ihm regierten Volk verwendet. Der »Athener« (wie Sokrates hier genannt wird) stellt zunächst klar, dass die öffentliche Meinung über Sklaven stark auseinander gehe. Während sie den einen als treu und verlässlich gelten, betrachten sie andere misstrauisch und glauben, dass sich nichts Gutes in einer Sklavenseele befinde. Auch die spartanischen Heloten gelten den einen als nützlich für das Gemeinwesen, den anderen allerdings unter Verweis auf ihre vielen Aufstände als schädlich.[434]

Grundsätzlich erscheint der Umgang mit Sklaven sehr schwierig, weshalb in einem idealen Gemeinwesen bestimmte Regeln zu beachten seien: Es sollten keine Griechen versklavt werden, da diese sich nicht in ihr Schicksal fügen würden, sondern stattdessen Ausländer, die die eigene Sprache nicht sprechen. Zugleich sollten sie aber gerecht behandelt werden – allerdings nicht aus humanitären Gründen. Denn Sokrates/Platon argumentiert, dass sie dann offenbar williger ihr Schicksal annehmen würden als bei einer ungerechten Behandlung. Zudem hat ihr Herr ihnen gegenüber eine ungleich höhere Stellung und hätte auch die Macht, sie ungerecht zu behandeln. Doch nur derjenige, der diese Machtstellung nicht ausnutze, »der wird am geeignetsten sein, die Saat der Tugend auszustreuen«.[435] Die Folgen wären also, dass es keine oder weniger Schwierigkeiten mit rebellischen Sklaven gebe; die nicht ausgenutzte Machtposition dient im Dialog als Beleg dafür, dass es sich beim jeweiligen Sklavenhalter um einen moralisch tugendhaften Menschen handelt, der diese Tugend innerhalb des Gemeinwesens auch weitergeben kann. Allerdings müsse der Sklave in bestimmten Fällen zur Strafe auch gezüchtigt werden:

> Freilich muß man aber andererseits auch die Sklaven, sobald sie es verdienen, züchtigen und sie nicht etwa verwöhnen, indem man sie wie freie Leute bloß mit Worten zurechtweisen wollte. Die Anrede an einen Sklaven muß fast jederzeit ein Befehl sein und man muß auf keine Weise Scherz mit ihnen treiben, mit Mägden so wenig wie mit Knechten, wie es viele zu tun pflegen, die dadurch in recht törichter Weise ihre Sklaven verwöhnen und so ihnen das Leben schwerer machen zum Gehorchen und sich selbst zum Befehlen.[436]

Es wird deutlich, was Platon hier unter einer »gerechten« Behandlung versteht: Sklaven sollen in jedem Fall härter als Freie behandelt werden. Alles andere bezeichnet er als eine unstandesgemäße »Verwöhnung«, die letztlich nur zu Schwierigkeiten im Herrschaftsverhältnis führe. Im übertragenen Sinne gilt das Verhalten des Herrn auch für den Herrscher eines Volkes, der zum Regieren Härte ausüben müsse, diese aber nicht missbrauchen dürfe.[437] Nur so handle er tugendhaft.

Zudem fällt der Ratschlag nach ausländischen Sklaven auf, da sie die Sprache des Landes, in dem sie ausgebeutet werden, nicht sprechen würden. Betrachtet man die historische Entwicklung der Sklaverei, so findet man oft eine Scheu davor, eigene Landsleute in ihrer Heimat zu versklaven. Dagegen haben Ausländer Verständigungsschwierigkeiten, sind in der Heimat des Sklavenhalters nicht verwurzelt, stammen teilweise aus einer anderen Kultur und können kaum Hilfe durch eigene Landsleute erwarten. Dieser Umstand wird bis heute ausgenutzt.

Auch nach Aristoteles sind in einem Idealstaat Sklaven notwendig. In seiner politischen Philosophie kommen den Begriffen der Arbeit und der Muße zentrale Bedeutungen zu. Sie dienen nicht zuletzt der Definition der Bürger in diesem Gemeinwesen. Wenn Aristoteles sagt, Bürger hätten uneingeschränkten Zugang zu den Regierungsämtern, so trifft dies noch lange nicht auf alle in diesem Staat lebenden Menschen zu. Handwerker und Kaufleute etwa – im Grunde all diejenigen, auf deren Arbeit das Gemeinwesen basiert – gehören nach Aristoteles nicht zur Gruppe der Bürger. Denn ihnen fehle die Muße zu einem staatsmännisch tätigen Leben, da sie viel zu sehr mit ihren eigenen Geschäften befasst seien.

Entsprechend sind Staatsbürger nur diejenigen, welche diese Muße auch besitzen. Sie müssen wohlhabend sein, um Besitz und besonders auch Sklaven zu erwerben, die für sie arbeiten. Die Sklaven sollen – ähnlich wie bei Platon – nicht von gleicher Herkunft, aber auch nicht mutig sein. Da ihnen als Lohn ihre Freiheit versprochen werde, bleibe ihnen eigentlich gar nichts anderes übrig, als zu arbeiten. Auf diese Weise besitze der Bürger wiederum genügend Zeit zur Muße. Darunter versteht Aristoteles aber keine Faulenzerei, sondern durchaus ein fleißiges und arbeitsames Leben – nämlich im Rahmen der Staatsleitung.

Um die Sklaverei zu rechtfertigen, behauptet Aristoteles sogar, dass es Menschen gebe, die von Natur aus zum Dienen bestimmt seien:

> Diejenigen, die so weit voneinander verschieden sind wie die Seele vom Körper und der Mensch vom Tier […], diese sind Sklaven von Natur, und für sie ist es, wie bei den vorhin genannten Beispielen, besser, auf die entsprechende Art regiert zu werden.

> Von Natur ist also jener Sklave, der einem anderen zu gehören vermag und ihm darum auch gehört, und der soweit an der Vernunft teilhat, daß er sie annimmt, aber nicht selbstständig besitzt. Die anderen Lebewesen dienen so, daß sie nicht die Vernunft annehmen, sondern nur Empfindungen gehorchen. Doch ihre Verwendung ist nur wenig verschieden: denn beide helfen dazu, mit ihrer körperlichen Arbeit das Notwendige zu beschaffen, die Sklaven wie die zahmen Tiere.[438]

Etwas später vergleicht Aristoteles die Kriegskunst sogar mit der Jagdkunst: Sie werde gegen diejenigen Menschen ausgeführt, »die von Natur zum Dienen bestimmt sind und dies doch nicht wollen«.[439] Wie gesehen war es auch im antiken Griechenland Brauch, Kriegsgefangene zu versklaven. Auch regelrechte Sklavenjagden (Razzien) begegnen immer wieder in der Geschichte. Doch gab Aristoteles ebenfalls zu bedenken, dass es Menschen geben könne, welche die Natur offenbar nicht zum Dienen erschaffen habe, die aber durch das Kriegsschicksal versklavt worden seien, obwohl sie ihrem Herrn eigentlich überlegen seien.[440] Dieser Widerspruch bleibt offen.[441]

Dennoch konnte sich Aristoteles durchaus einen Gesellschaftszustand vorstellen, in dem Sklaverei nicht mehr notwendig sei:

> Wenn nämlich jedes einzelne Werkzeug auf einen Befehl hin [...] seine Aufgabe erfüllen könnte, [...] wenn also auch das Weberschiffchen so webte und das Plektron die Kithara schlüge, dann bedürften weder die Baumeister der Gehilfen noch die Herren der Sklaven.[442]

Vertrat Aristoteles die Auffassung, dass es die Sklaverei von Natur aus gebe, so hob die Philosophenschule der Stoa hervor, dass alle Menschen an dem die gesamte Welt durchwaltenden Logos Anteil hätten. Somit seien auch alle Menschen von Natur aus gleich.[443] Dies führte die Stoiker aber keineswegs zu der vermeintlich naheliegenden Forderung, den in der Sklaverei vorherrschenden Zustand der sozialen Ungleichheit zu beenden bzw. die Sklaverei abzuschaffen. Denn schließlich sei sie ja nur ein äußeres Machtverhältnis, das für die menschliche Seele keine Bedeutung besitze.[444] Durch Erkenntnis des natürlichen Logos, die auch einem Sklaven möglich sei, könne der Sklave trotz äußerlicher Abhängigkeit von seinem Herrn sogar freier werden als dieser, sofern es dem Herrn an Einsicht fehle und er vielleicht ein maßloses Leben führe. Dennoch forderten Stoiker wie der römische Philosoph Seneca (4 v. Chr.–65 n. Chr.) auch die Sklavenbesitzer zu einer humanen Behandlung ihrer Sklaven auf.[445] Die Schule der Stoa besaß großen Einfluss auf die Gesetzgebung der römischen Kaiser Hadrian (reg. 117–138) und Marc Aurel (reg. 161–180).

Mit seinem Hauptwerk *Utopia* (1516) lieferte der Humanist Thomas Morus (1477/1478–1535) eine Kritik der zeitgenössischen sozialen Verhältnisse der beginnenden Neuzeit und stellte sowohl seiner englischen Heimat als auch dem christlichen Europa ein utopisches Gemeinwesen gegenüber. Auch er suchte somit nach einem Idealstaat, von dem er den Reisenden Raphael Hythlodaeus in seinem Werk berichten lässt. Auch in diesem Gemeinwesen, das die Menschen zu Pflichtbewusstsein, Wissen und Tugend erziehen will, gibt es Sklaverei. Verbrecher können dort zur Sklaverei verurteilt werden.[446] Wichtig erscheint hier jedoch ein humanitärer Aspekt, da den Delinquenten zunächst offensichtlich nicht die Todesstrafe droht:

> Gewöhnlich werden die schwersten Verbrechen mit Verstoßung in die Sklaverei bestraft, weil die Utopier der Meinung sind, das sei für die Verbrecher nicht weniger hart und für den Staat gleichzeitig vorteilhafter, als wenn man sich beeilte, die Schuldigen abzuschlachten und Hals über Kopf zu beseitigen. Denn einmal nützen sie mehr durch ihre Arbeit als durch ihren Tod, und dann schrecken sie auf länger hinaus durch ihr warnendes Beispiel andere von ähnlichen Verbrechen ab. Falls sie aber in dieser Lage sich widerspenstig und störrisch zeigen, werden sie schließlich wie wilde Bestien, die weder Kerker noch Kette im Zaum halten kann, totgeschlagen. Den Fügsamen dagegen wird nicht alle Hoffnung gänzlich genommen; denn wenn sie, durch lange Leiden mürbe geworden, eine Reue zur Schau tragen, die erkennen läßt, daß ihnen mehr ihr Vergehen als ihre Strafe leid ist, wird ihr Sklavendienst manchmal durch fürstliche Begnadigung, manchmal auch durch Volksbeschluß gemildert oder aufgehoben.[447]

Sklaverei erscheint in Morus' Utopie somit als Weg, dem Tod zu entgehen und eventuell sogar gebessert zu werden. Außerdem gibt er zu bedenken, dass auch der Staat von der Sklavenarbeit einen größeren Nutzen habe, als wenn man den Verbrecher hinrichtet.

Um den Bedarf an Sklaven zu decken, würden die Utopier sogar zum Tode verurteilte Personen aus dem Ausland ankaufen.[448] Auch diese entgingen dann natürlich ihrem Schicksal und seien zudem besonders günstig zu erwerben. Sie würden allerdings anders behandelt als versklavte Landsleute:

> Diese Art von Sklaven halten sie nicht nur beständig in Arbeit, sondern auch in Fesseln, ihre eigenen Landsleute unter diesen Sklaven behandeln sie aber härter; denn diese halten sie deshalb für verworfener und erachten sie einer härteren Strafe für wert, weil sie trotz einer ausgezeichneten Erziehung und der vortrefflichen Anleitung zur Tugend doch nicht vom Verbrechen sich haben abhalten lassen.[449]

Ebenso gebe es auch Fälle von Selbstversklavung aus Armut. Hythlodaeus/Morus weist jedoch darauf hin, dass dies nur Angehörige aus fremden Ländern seien, die sich in Utopia freiwillig in die Sklaverei begäben, da Armut nicht zu einem wohlgeordneten, tugendhaften Gemeinwesen passe. Letztere Gruppe werde sehr human behandelt.[450]

Alle Sklaven müssten je nach Region eine Kleidung von einer bestimmten Farbe tragen. Dadurch werden Sklavenfluchten sofort ersichtlich. Auf Flucht und Mitwisserschaft stehen die Todesstrafe (bei freien Mitwissern die eigene Versklavung). Auch Geldgeschenke an Sklaven und Geldgeschäfte mit ihnen haben für beide Seiten die Todesstrafe zur Folge.[451]

Es wird deutlich, dass es sich bei der Sklaverei auf Utopia eigentlich nicht um ein System der Ausbeutung handeln soll. Denn sie ist in ein Straf- und Erziehungssystem eingebunden, dessen Ziel es ist, die Tugendhaftigkeit der Utopier zu fördern, um ein ideales Staatswesen zu erschaffen, in dem alle Einwohner gut und sicher leben können.

Gesellschaftsvertrag, Menschen- und Bürgerrechte

Die Aufklärung des 17. und 18. Jahrhunderts hielt alle Menschen für grundsätzlich vernunft- und erkenntnisfähig. Allerdings schienen ihre Möglichkeiten durch Autoritäten wie Staat oder Kirche eingeschränkt und kanalisiert. Ziel der Aufklärungsphilosophie war, frei von allen Begrenzungen das selbstständige Denken der Menschen zu fördern, denn – wie es Immanuel Kant formulierte: »Aufklärung ist der Ausgang des Menschen aus seiner selbstverschuldeten Unmündigkeit.«[452] Sie kritisierte nicht nur als absolut verkündete religiöse Wahrheiten sowie die bestehenden Staats- und Rechtsordnungen, sondern stellte sie zudem auf neue Grundlagen. Neue Konzeptionen waren die Theorie eines Gesellschaftsvertrages, der die bislang göttliche Legitimation eines Monarchen ersetzte, die Ideen der Gewaltenteilung sowie der Menschen- und Bürgerrechte zur Begrenzung der Staatsgewalt.

Thomas Hobbes (1588–1679) gilt als Begründer des aufgeklärten Absolutismus. Er ging in einem Gedankenexperiment davon aus, dass im Naturzustand des Menschen keine staatliche Ordnung existiere: Jeder kämpfe um sein eigenes Überleben, es herrsche das Recht des Stärkeren: »Der Mensch ist ein Wolf für den Menschen.«[453] Erst durch den vernunftgeleiteten Abschluss eines Gesellschaftsvertrages könne ein Gemeinwesen entstehen, das die Vertragspartner vor äußeren Gefahren schütze. Im Innern der Gemeinschaft treten sie bewusst ihre Rechte an einen Souverän – einen Fürsten oder eine Versammlung von Menschen – ab, dessen Willen sie fortan unterworfen seien. Er sorge für den inneren Frieden und das Überleben.

Hobbes widmet sich in seinen staatstheoretischen Ausarbeitungen ebenfalls der Institution der Sklaverei. Er sieht ihre Quelle v.a. in der Kriegsgefangenschaft.[454] Damit der Status der Sklaverei aber Gültigkeit besitze und der Herr tatsächlich Rechte gegenüber dem Sklaven geltend machen könne, müsse nach der Hobbeschen Theorie auch hier ein Vertrag vorliegen. Der Sklave kann auf verschiedene Weisen wieder die Freiheit erhalten:

> Der Sklave wird durch dieselbe Weise aus seiner Sklaverei befreit, durch welche in dem Vertragsstaat die Untertanen aus der Untertänigkeit loskommen. Erstens, wenn der Herr ihm die Freiheit schenkt, indem das Recht über ihn, das der Sklave von sich auf den Herrn übertragen hat, von dem Herrn dem Sklaven zurückgegeben werden kann. Eine Solche Schenkung der Freiheit heißt Manumission, Frei-

> lassung; es ist derselbe Fall, als wenn der Staat einem Bürger erlaubt, in einen anderen Staat überzusiedeln. Zweitens, wenn der Herr den Sklaven von sich fortjagt. In einem Staate ist das Verbannung [...] Drittens wird, wenn der Sklave gefangen genommen wird, die alte Sklaverei durch die neue aufgehoben; denn so wie alle anderen Sachen, so können auch Sklaven durch den Krieg erworben werden, und es ist billig, daß der neue Herr sie beschütze, wenn er sie als die Seinigen halten will. Viertens wird der Sklave frei, wenn kein Nachfolger des Herrn bekannt ist, z.B. wenn der Herr ohne Testament oder Erben verstorben ist. [...] Endlich wird ein Sklave, der in Fesseln gelegt oder sonst seiner körperlichen Freiheit beraubt wird, dadurch von jener vertragsmäßigen Verbindlichkeit frei. Denn wo kein Vertrauen ist, kann auch kein Vertrag sein, und überhaupt nicht vorausgesetzte Treue kann nicht gebrochen werden.[455]

Bei dem angesprochenen Vertrag geht es Hobbes wohlgemerkt nicht um den Kaufvertrag zwischen einem Sklavenhändler und seinem Kunden, der über den Sklaven abgeschlossen wird. Es handelt sich vielmehr um einen Vertrag zwischen dem Sklaven, der ursprünglich Rechte besaß, und diese vertraglich an seinen künftigen Herrn abtritt. Dies setzt aber voraus, dass er nach erfolgtem Vertragsabschluss nicht den Status einer Sache erhält. Da er nach wie vor Vertragspartner ist, muss er weiterhin rechtsfähig sein. Ihm kommt somit ein anderer Status zu als den Sklaven der Antike oder der Neuzeit. Fesselungen und Freiheitsberaubungen des Sklaven durch seinen Herrn sind eigentlich gar nicht notwendig, da sich – das setzt Hobbes voraus – beide Seiten an den Vertrag halten. Wo diese Misshandlungen dennoch vorkommen, ist es für Hobbes ein Zeichen dafür, dass die Sklaverei eben nicht auf einem beiderseitigen Vertrag, sondern nur auf dem Recht des Stärkeren basiert.

Hatte Hobbes die Kriegsgefangenschaft noch als möglichen Grund für die Versklavung akzeptiert, die dann allerdings auf Basis eines Vertrages geregelt werden müsse, so schloss sie Jean-Jacques Rousseau (1712–1778) vor dem Hintergrund seiner eigenen Vertragsrechtstheorie aus. Für ihn stehen sich Herr und Sklave daher in einem permanenten Kriegszustand gegenüber:

> Was nun das Eroberungsrecht anlangt, so hat es keine andere Begründung als das Recht des Stärkeren. Wenn der Krieg dem Sieger

> nicht das Recht einräumt, die besiegten Völker niederzumetzeln, so kann ihm dieses Recht, das er nicht besitzt, auch nicht das Recht gewähren, sie zu unterjochen. Nur dann hat man das Recht, den Feind zu töten, wenn man ihn nicht zum Sklaven machen kann; das Recht ihn zum Sklaven zu machen, geht also nicht aus dem Rechte, ihn zu töten, hervor; das ist doch ein unbilliger Tausch, ihn sein Leben, auf das man kein Recht hat, mit seiner Freiheit erkaufen zu lassen. Verfällt man dadurch, daß man das Recht über Leben und Tod auf das Recht der Sklaverei und das Recht der Sklaverei auf das Recht über Leben und Tod gründet, nicht augenscheinlich in einen Kreisschluß?
>
> Selbst wenn man dieses schreckliche Recht, alles zu töten, als richtig gelten ließe, behaupte ich trotzdem, daß ein im Kriege zum Sklaven gemachter Mensch oder ein unterjochtes Volk gegen seinen Herrn keine andere Verpflichtung hat, als ihm so lange zu gehorchen, wie er dazu gezwungen ist. ... Also weit davon entfernt, über ihn ein mit der Gewalt verbundenes Recht gewonnen zu haben, besteht der Kriegszustand zwischen ihnen nach wie vor fort, selbst ihr Verhältnis ist eine Wirkung desselben, und die Ausübung des Kriegsrechts setzt keinen Friedensvertrag voraus. [...][456]

Rousseau beurteilte die Sklaverei als nichtig, widerrechtlich und sinnlos:

> Von welchem Gesichtspunkte man deshalb auch die Dinge betrachten möge, so ist das Recht der Sklaverei immer nichtig, nicht allein weil es ungesetzmäßig, sondern auch weil es sinnlos und bedeutungslos ist. Die Worte ›Sklave‹ und ›Recht‹ stehen im Widerspruche; sie heben sich gegenseitig auf. Ob sich dieser Redensweise ein Mensch zu einem anderen oder zu einem ganzen Volke bedient, so wird es stets gleich unsinnig sein zu sagen: ›Ich schließe mit dir eine Übereinkunft, die dir allen Nachteil und mir allen Vorteil bringt, eine Übereinkunft, die ich halten werde, solange es mir gefällt, und die du halten mußt, solange es mir gefällt.‹[457]

Der französische Philosoph Charles de Montesquieu (1689–1755) untersuchte in seinem Hauptwerk *Vom Geist der Gesetze* die Regierungsformen der Demokratie, Monarchie und Despotie. Dabei lieferte er eine Kritik des französischen Absolutismus und bevorzugte eine konstitutionelle Monarchie, wie sie in England verwirklicht war. In seine Staatslehre bezog er auch natürliche, wirtschaftliche und kulturelle Faktoren der jeweiligen Völker mit ein.

Zur Sklaverei merkte er an, dass sie nichts zum Glück der Menschheit beitrage. Im Gegenteil: Sie behindere den moralischen und materiellen Fortschritt.[458] Allerdings schränkte er zugleich ein, dass Sklaverei in Klimazonen zweckmäßig sei, in denen die Menschen nicht freiwillig arbeiten würden.[459]

Die Französische Revolution von 1789, die zum Sturz der absolutistischen Monarchie unter Ludwig XVI. in Frankreich führte, zählt zu den politischen Folgen der Aufklärung. Bereits Artikel I der am 26. August 1789 verkündeten Menschen- und Bürgerrechte erklärte alle Menschen von Geburt an für frei und gleich an Rechten. Am 4. Februar 1794 erfolgte die – vorübergehende – Abschaffung der Sklaverei. Später wurde sie unter Napoléon wieder eingeführt. Ebenso entstanden geistige Gegenströmungen. Doch die Ideen der Aufklärung besaßen eine immense Wirkung, die zur Anerkennung der Menschenwürde und der Gleichheit aller Menschen führte. Sie wirken bis heute fort.

Der Utilitarismus, wie er von Jeremy Bentham (1748–1832) und John Stuart Mill (1806–1873) vertreten wurde, besaß gleichfalls großen Einfluss auf die kritische Neubewertung der Sklaverei. Er erhob das Kriterium der Nützlichkeit zum grundlegenden Prinzip menschlichen Handelns. Ethisches Ziel sei die Herstellung des größtmöglichen Glücks für eine größtmögliche Zahl an Menschen. Angesichts der Ungerechtigkeiten und Brutalität der Sklaverei, handelte es sich bei dieser Institution aber bestenfalls um das Glück der Sklavenbesitzer. Für die Millionen von Sklaven bedeutete sie dagegen Unglück und Leid. Durch das sehr eingeschränkte Glück des Sklavenhalters konnte Letzteres niemals aufgewogen werden.[460] Daher musste die Sklaverei auch aus dieser Sicht als ethisch nicht vertretbar gelten.

Sklaverei als Thema in der Religion

Sklaverei als gottgegebenes Schicksal

Die christliche Lehre der ersten Jahrhunderte nach Christus entstand in einer Welt, in der Sklaverei zum Alltag gehörte. Das Neue Testament erkannte sie als eine gegebene weltliche Institution an. Auch den wirtschaftlichen Nutzen stellten viele Christen zunächst nicht in Frage, sondern nahmen sowohl in den eigenen Haushalten als auch in späterer Zeit auf den kirchlichen Gütern selbst Sklavenarbeit in Anspruch. Trotz der gelehrten Nächstenliebe hätte eine Infragestellung dieser Institution sozialrevolutionäre Sprengkraft besessen. Doch waren Christen selbst lange Zeit unterdrückt worden, bis sie seit Kaiser Konstantin (reg. 306–337) einen Bund mit der weltlichen Macht eingingen und ihr Glaube unter Theodosius I. (reg. 379–395) sogar zur römischen Staatsreligion aufstieg.

Allerdings konnte man vor den Grausamkeiten der Sklaverei dennoch nicht die Augen verschließen. Aber die im Neuen Testament überlieferten Aussagen Jesu boten Interpretationsspielraum. In diesem Kontext versuchten Kirchenvertreter zu rechtfertigen, dass man aus christlicher Sicht an der Sklaverei nichts ändern müsse. Stattdessen solle man in den Gemeinden und den einzelnen christlichen Haushalten eine Gemeinschaft errichten, in der die Unterschiede zwischen Herren und Sklaven durch Nächstenliebe und den gemeinsamen Glauben an Jesus Christus nivelliert würden.[461]

Die Bibel präsentiert mehrere Zeugnisse für die Sklaverei in den frühen christlichen Gemeinden Kleinasiens, Griechenlands und Italiens. Der Besitzer solle den Sklaven nach Recht und Billigkeit behandeln, während die Sklaven aufgefordert wurden, ihr gottgegebenes Schicksal anzunehmen und ihrem weltlichen Herrn ohne Widerstand zu dienen. In dem Ende des 1. Jahrhunderts n. Chr. entstandenen Kolosserbrief heißt es:

> Ihr Sklaven, seid euren irdischen Herren gehorsam in allem, nicht mit Liebedienerei, um den Menschen zu gefallen, sondern mit aufrichtigem Herzen in der Furcht des Herrn. Alles, was ihr tut, das tut von Herzen als dem Herrn und nicht den Menschen, denn ihr wißt, daß ihr vom Herrn als Lohn das Erbe empfangen werdet. Dient dem Herrn Christus![462]

Diese Aufforderung zur Unterordnung galt sogar Sklaven, die von ihren Besitzern misshandelt wurden. Auch das kam in christlichen Haushalten offensichtlich vor, wenn es im ersten Petrusbrief heißt:

> Ihr Sklaven, ordnet euch in aller Gottesfurcht den Herren unter, nicht nur den gütigen und freundlichen, sondern auch den launenhaften. Denn das ist Gnade, wenn jemand ohne Schuld unrecht leidet, weil sein Gewissen an Gott gebunden ist. Denn was ist das für ein Ruhm, wenn ihr eurer Verfehlungen wegen geschlagen werdet und es geduldig ertragt? Aber wenn ihr wegen eurer guten Taten leidet und es ertragt, das ist Gnade bei Gott. Denn dazu seid ihr berufen; hat doch auch Christus für euch gelitten und euch ein Vorbild hinterlassen, damit ihr seinen Fußstapfen folgen sollt; [...].[463]

Allerdings wurden im Kolosserbrief auch die Sklavenbesitzer zu einer gerechten Behandlung ihrer Sklaven aufgefordert und daran erinnert, »daß auch ihr einen Herrn im Himmel habt«.[464]

Der Apostel Paulus empfahl sowohl im Galater- als auch im ersten Korintherbrief einen brüderlichen Umgang zwischen Herren und Sklaven:

> Nur führe jeder sein Leben so, wie es der Herr ihm zugemessen, wie Gott einen jeden berufen hat. So ordne ich es in allen Gemeinden an. Ist jemand als Beschnittener berufen, der bleibe bei der Beschneidung. Ist jemand als Unbeschnittener berufen, der lasse sich nicht beschneiden. Beschnitten sein ist nichts, sondern es gilt allein: Gottes Gebote zu halten. Jeder bleibe seiner Berufung treu, so wie er berufen wurde. Bist du als Sklave berufen worden, so lass es dich nicht bekümmern; doch kannst du frei werden, so nutze die Möglichkeit. Denn wer als Sklave berufen ist im Herrn, der ist ein Freigelassener des Herrn; ebenso, wer als Freier berufen ist, der ist ein Sklave Christi. Ihr seid teuer erkauft; werdet nicht Sklaven der Menschen. Liebe Brüder, ein jeder bleibe vor Gott, worin er berufen worden ist.[465]

In den christlichen Gemeinden sollte es also gar nicht auf die Veränderung des weltlichen Standes ankommen. Wichtiger war die durch Christus gewonnene Freiheit im Glauben.

Die Parallelen zu den »heidnischen« Philosophien Platons, Aristoteles' und der Stoiker sind nicht zu übersehen: das platonische Ständebewusstsein für ein gerechtes Leben, die naturgegebene Sklaverei bei Aristoteles, die wahre Freiheit im Innern nach der Lehre der Stoa. Schon die attischen Philosophen hatten gefordert, dass keine Griechen versklavt werden sollten – womit man den wirtschaftlichen Wert der Sklaverei zwar beibehalten, ihr aber die Gefahr des Rebellentums und zugleich wohl auch die Anstößigkeit nehmen wollte. Auch im christlichen Bereich findet sich ab Konstantin das Verbot, christliche Sklaven zu halten.

Bedeutende Kirchenväter hielten die Sklaverei ebenfalls grundsätzlich mit der christlichen Nächstenliebe vereinbar.[466] Ignatius von Antiochia (2. Jahrhundert n. Chr.) forderte von den Sklaven, ihre Freiheit nicht in »unchristlicher Begierde« zu verlangen.[467] Die Forderung christlicher Sklaven, auf Gemeindekosten freigekauft zu werden, lehnte er ab.[468]

Für den mailändischen Bischof Ambrosius (ca. 340–397, ab 374 Bischof), war die biblische Sünde Hams, der seinen betrunkenen Vater Noah verspottete und daraufhin verflucht wurde, der Grund für die Sklaverei:

> Noah aber, der Ackermann, pflanzte als erster einen Weinberg. Und da er von dem Wein trank, ward er trunken und lag im Zelt aufgedeckt. Als nun Ham, Kanaans Vater, seines Vaters Blöße sah, sagte er's seinen beiden Brüdern draußen. Da nahmen Sem und Jafet ein Kleid und legten es auf ihrer beider Schultern und gingen rückwärts hinzu und deckten ihres Vaters Blöße zu; und ihr Angesicht ward abgewandt, damit sie ihres Vaters Blöße nicht sähen. Als nun Noah erwachte von seinem Rausch und erfuhr, was ihm sein jüngster Sohn angetan hatte, sprach er: Verflucht sei Kanaan und sei seinen Brüdern ein Knecht aller Knechte! […][469]

Die Wurzeln der Sklaverei ließen sich durch solche Textstellen sogar theologisch begründen. Ambrosius interpretierte die christliche Nächstenliebe als Pflicht zur Fürsorge des Herrn gegenüber dem Sklaven. Unter Hinweis auf den von seinen Brüdern in die Sklaverei nach Ägypten verkauften Joseph riet er den Sklaven, ihr Schicksal als Prüfung für ihr Gottvertrauen anzunehmen.[470]

Augustinus (354–430) argumentierte, dass die Menschheit durch den im Alten Testament überlieferten Sündenfall geradezu in die Sklaverei der Sünde getrieben worden sei. In Juden sah er Sklaven des Gesetzes, in Heiden Sklaven der Götzen, die sie verehrten. Jesus Christus wiederum sei von einer Magd geboren worden und habe Sklavengestalt angenommen, um die Menschheit zu erlösen. Wer Christus und somit seiner Erlösung nicht folgt, der hat nach Augustinus auch keinen Anspruch auf das ewige Leben.[471] Die Institution der Sklaverei lehnte er allerdings nicht ab. Wie aus den entsprechenden Texten des Neuen Testaments hervorgeht, sind Sklaven ihren Herren zum Gehorsam verpflichtet. Doch auch Augustinus richtete sich gegen eine zu große Strenge oder gar Misshandlungen durch ihre Herren.[472]

Das kirchliche Verhalten erscheint im historischen Kontext nachvollziehbar. Waren Christen zunächst selbst lange Zeit Opfer von Verfolgungen geworden, so wäre man durch radikale Forderungen, die das gesamte Gesellschaftssystem erschüttert hätten, sicher Gefahr gelaufen, die inzwischen neu gewonnene gesellschaftspolitische Stellung wieder zu verlieren.

Das 3. Laterankonzil von 1179 sah in der Sklaverei sogar ein Strafmittel gegen Ketzer.[473] Auch Thomas von Aquin (1225–1274) berief sich auf Aristoteles. Papst Paul III. (reg. 1534–1549) bestätigte das Recht für Kirchenvertreter, Sklaven zu halten.[474] Hatte man den Sklavenhandel bislang v.a. Heiden und jüdischen Kaufleuten überlassen, so beteiligten sich seit Beginn der Neuzeit immer stärker auch christliche Händler an diesem lukrativen Geschäft. Sie kamen aus Genua, Pisa, Venedig und Spanien.[475]

Freiheit, Gleichheit und Erlösung

Doch einige Theologen haben die Sklaverei kritischer gesehen. Unter Berufung auf die naturgegebene Freiheit aller Menschen sprach sich Gregor von Nyssa (335/340–394) gegen die Institution der Sklaverei aus. Sie sei nicht nur ein Verbrechen gegen die christliche Erlösungstat, sondern auch unvereinbar mit der menschlichen Gottesebenbildlichkeit.[476]

Theodoret (393–460), seit 423 Bischof von Kyrrhos verwies darauf, dass die Arbeit der Sklaven beneidenswerter sei als die ihrer Herren und konnte sich offenbar eine allmähliche Abschaffung der Sklaverei vorstellen.[477] Von Papst Gregor I. dem Großen (reg. 590–604) ist bekannt, dass er Sklaven auf dem römischen Sklavenmarkt freikaufte.[478]

Die 1198 und 1235 approbierten Orden der Mercedarier und Trinitarier widmeten sich dem Loskauf christlicher Gefangener und christlicher Sklaven aus den Händen islamischer Völker.[479] Gegen die starre religiöse Vorstellung, dass Gott jedem Menschen seine spezielle Stellung in der Welt zugewiesen habe, in welche dieser sich nun fügen müsse, wandte sich der Reformator Martin Luther (1483–1546). In seiner 1520 erschienenen Schrift *Von der Freiheit eines Christenmenschen* schrieb er:

> Ein Christenmensch ist ein freier Herr über alle Dinge und niemand untertan. Ein Christenmensch ist ein dienstbarer Knecht aller Dinge und jedermann untertan.[480]

Der Mensch wird nach Luther nicht durch seine Taten, sondern nur durch seinen Glauben vor Gott gerechtfertigt. Doch der Freiheitsbegriff konnte auch politisch interpretiert werden und hatte erheblichen Einfluss auf den zeitgenössischen Bauernkrieg. Das hatte Luther aber weder beabsichtigt, noch ließ er die Geschehnisse unbeantwortet: In scharfer Form wandte er sich gegen die Handlungen der Bauern und verlangte die Anerkennung der bestehenden weltlichen Macht sowie die Achtung des Privateigentums.[481]

Die Wurzeln der neuzeitlichen Abolitionsbewegung liegen in einem Ideen-Konglomerat philosophischer und theologischer Ideen.[482] Auf philosophischer Ebene wirkten dabei die Theorien der Aufklärung. Theologisch waren besonders die Ideen der Erlösung, der christlichen Wohltätigkeit und der Gleichheit aller Menschen vor Gott bestimmend. Wenn die Erlösung nur diejenigen erwarten durften, die ein frommes und tugendhaftes Leben führten, wie sah es dann mit Sklavenhaltern aus?

Die christliche Nächstenliebe besteht auch in der Pflicht, Gefangenen, Armen und Unglücklichen zu helfen. Das musste folglich auch gegenüber den Sklaven gelten. Ihre Unterdrückung und Ausbeutung erschien zudem als ein schwerwiegender Verstoß gegen die Gleichheit aller Menschen vor Gott.

Daher musste Sklaverei aufgrund ihrer Ungerechtigkeit und Grausamkeit unter Anwendung der genannten Beurteilungskriterien als Sünde gelten. Diese Ansicht vertraten amerikanische Protestanten wie die Unitarier und Quäker. Diesen und ähnlichen Gruppen kam eine bedeutende Rolle in der Abolitionsbewegung zu. Neben der Bekämpfung der Sklaverei wandten sich die

Quäker gegen jede Art von Diskriminierung, gegen die Todesstrafe und traten für eine gerechtere Wirtschafts- und Sozialordnung ein.[483]

Sklaverei als wirtschaftspolitischer Faktor

Nutzen für den Sklavenbesitzer

Die Sklaverei konnte sich über Jahrtausende hinweg als weitgehend akzeptierte gesellschafts- und wirtschaftspolitische Institution in fast allen menschlichen Kulturen behaupten. Angesichts dieser langen Lebensdauer musste sie sich zumindest für einige Bevölkerungsteile bewährt und ihren Betreibern Vorteile gebracht haben.

Hervorzuheben sind sowohl der direkte als auch der indirekte Nutzen des Sklaven für den Herrn. Der Käufer eines Sklaven tätigte durch den Kauf zunächst eine Investition in eine Arbeitskraft, über die er – unter Einhaltung der jeweiligen juristischen, religiösen oder moralischen Vorschriften – frei verfügen konnte. Sie vergrößerte seine eigene Arbeitskraft, indem der Sklave im Haushalt des Herrn, auf dessen Feldern oder in der eigenen Werkstatt eingesetzt werden konnte. Ebenso konnte er zum Arbeitseinsatz vermietet werden.

Gestattete der Herr seinem Sklaven auf Basis eines »peculiums« die eigene Wirtschaftsführung, so konnte er dadurch weitere Vorteile erzielen. Zum einen blieb dem Sklaven ein gewisser Freiraum, der die Gefahr einer Flucht verringerte, da die Abhängigkeit nicht allzu drückend ausgeprägt war. Zum anderen hatte er die Möglichkeit, von den eigenständig erwirtschafteten Gewinnen zu leben. Damit war der Sklave nicht auf die Unterstützung durch den Herrn angewiesen, wodurch dieser wiederum Kosten einsparte. Ferner konnte sich beim Sklaven eigenes wirtschaftliches Interesse entwickeln, das zu größeren Gewinnen führte. Doch von seinen Einnahmen hatte er Abgaben an seinen Herrn zu zahlen. Genau genommen befand sich das »peculium« ohnehin im Besitz des Herrn, da Sklaven nicht eigentumsfähig waren.

Das Phänomen des Eigeninteresses hatte auch der schottische Wirtschaftstheoretiker Adam Smith (1723–1790) erkannt. Er glaubte,

> dass die Arbeit eines Sklaven am Ende die teuerste ist, obwohl sie offenbar lediglich ihren Unterhalt kostet. Jemand, der kein Eigentum erwerben kann, kann auch kein anderes Interesse haben, als möglichst viel zu essen und so wenig wie möglich zu arbeiten. Was er auch immer an Arbeit leistet, die über die Deckung des eigenen Lebensunterhalts hinaus geht, kann nur durch Gewalt aus ihm gepreßt werden, keineswegs aber aus eigenem Interesse erreicht werden.[484]

Sofern jedoch mit Hilfe der Sklavenarbeit eine Ware produziert wurde, um sie anschließend auf dem Markt zu verkaufen, konnte sie unter Umständen günstiger hergestellt werden, als wenn der Sklavenbesitzer stattdessen den Lohn eines freien Arbeiters bezahlte. Ob die produzierte Qualität die gleiche war, bleibt dahingestellt. Doch es war möglich, die Ware zu einem günstigeren Preis zu verkaufen. Im Hinblick auf moderne Sklaverei ist das Phänomen bis heute bekannt. Kevin Bales weist dazu auf die heutige Suche nach »Schnäppchen« hin:

> Doch Verbraucher sind auf Schnäppchen aus und machen sich meist nicht die Mühe zu fragen, warum etwas so billig ist. Wir müssen den Tatsachen ins Auge blicken: Indem wir immer nach dem günstigsten Angebot Ausschau halten, entscheiden wir uns unter Umständen für von Sklaven hergestellte Waren, ohne zu wissen, was wir da kaufen. Und die Auswirkungen von Sklavenarbeit pflanzen sich unvermeidlich auf unterschwelligen Wegen durch die gesamte Wirtschaft fort. Arbeitern, die in Indien Computer- oder Fernsehteile herstellen, braucht man vielleicht deshalb nur einen geringen Lohn zu zahlen, weil die von Sklaven erzeugten Nahrungsmittel so billig sind. Dies drückt die Herstellungskosten, und in Nordamerika und Europa müssen Fabriken, die bei diesen Preisen nicht mithalten können, dichtmachen. Überall auf der Welt bedroht Sklavenarbeit echte Arbeitsplätze.[485]

Die Folgen wären also Preis- und Lohndumping zu Lasten freier Arbeiter.

Wie der Fall des Atheners Nikias zeigt, bot sich für große Sklavenbesitzer der Antike auch an, ihre Sklaven weiter zu vermieten: etwa für landwirtschaftliche Arbeiten oder für den Bergbau. Vertraglich konnte geregelt werden, dass die Eigentümer neben der Mietgebühr auch an den Einnahmen des Mieters beteiligt wurden. Ebenso konnten sie sich gegen den Tod eines vermieteten Sklaven absichern, indem der Mieter dann für Ersatz zu sorgen hatte. Somit gingen die Besitzer kein Risiko ein, machten aber Gewinne. Aristoteles bezeichnete Sklaven als beseelten Besitz mit dem Status eines Werkzeugs. Für Karl Marx waren Sklaven »Arbeitsmaschinen« des Besitzers, weshalb ihnen auch ein verkaufbarer Wert zukomme.[486]

Die Weitervermietung eines Sklaven kann auch als Teil des Sklavenhandels gesehen werden. Allerdings wechselte dabei nicht das Besitzrecht, sondern dem Mieter wurde nur ein zeitweiliges Verfügungsrecht über den Sklaven und seine Arbeitskraft gestattet.

Nutzen für den Sklavenhändler

Professionelle Händler, die ihre Ware auf Sklavenmärkten verkauften, erzielten große Gewinne. Sie mussten in ihren Preisen die ihrerseits getätigten Ausgaben kalkulieren. Zu diesen zählten Transportkosten, Verpflegung, Unterkunft, Zölle und natürlich die eigenen Unternehmenskosten. Hinzu kam ein Gewinnaufschlag, der selbst in dem Falle, dass der Preis des Sklaven vom Käufer heruntergehandelt wurde, noch Gewinn abwarf. Ferner mussten die Preise mit denen anderer Sklavenhändler, die auf dem gleichen oder auf benachbarten Märkten tätig waren, vergleichbar sein.

Große Sklavenmärkte bezeugten natürlich auch die wirtschaftliche Potenz einer Region, da lukrative Abgaben zu erhalten waren. In manchen Kulturen entwickelten sich der Sklavenhandel sowie der individuelle Einsatz des Sklaven vor Ort zu einem grundlegenden Bestandteil des Wirtschafts- und Gesellschaftssystems. So wäre die europäische Kolonialisierung Amerikas mit ihrer Plantagenwirtschaft und dem millionenfachen Einsatz afrikanischer Sklaven ohne den ausgereiften transatlantischen Dreieckshandel sicher nicht denkbar gewesen.

Adam Smith sah in der auf Sklaverei basierenden Kolonialwirtschaft ein grundlegendes ökonomisches Problem und bezweifelte dessen Effektivität:

> Es ist fast müßig zu beweisen, daß die Sklaverei sogar für die Freien etwas Schlechtes darstellt. Ein Freier arbeitet im Tagelohn weit mehr als ein Sklave, wenn man die Auslagen vergleicht, die für den Unterhalt und die Ausbildung eines Sklaven nötig sind. [...] Der Sklave bebaute das Land gänzlich für seinen Herrn; was es über seinen Unterhalt hinaus vorbrachte, gehörte seinem Herrn. Deshalb strengt sich der Sklave nicht an, das Land möglichst ertragreich zu bebauen. Ein freier Mann behält alles, was über seinen Zins hinausgeht, und hat so ein Motiv für seinen Fleiß. Unsere Kolonien würden mit freien Männern viel besser kultiviert.[487]

Dies bedeutet nichts anderes, als dass bei einer Sklavenwirtschaft nicht das volle wirtschaftliche Potential ausgeschöpft werde und weniger Erträge erzielt würden, als wenn das gleiche Land von freien Arbeitern bebaut würde, die auch einen persönlichen Vorteil von ihrer Arbeit hätten.

Nutzung der Sklaven und ihrer Arbeit als Zahlungsmittel

Dieses Phänomen begegnet in der Schuldknechtschaft. Ein Schuldner, der keine Möglichkeit mehr zur Begleichung seiner Schulden hatte, konnte entweder zur Schuldknechtschaft bei seinem Gläubiger verurteilt werden oder sich freiwillig in diese begeben. Damit erhielt er zum einen die Möglichkeit, seine Schulden abzuarbeiten, zum anderen war der Gläubiger – sein jetziger Besitzer – zu seinem Unterhalt verpflichtet. Daran musste dieser auch ein eigenes Interesse haben, denn somit sicherte er die Arbeitskraft seines versklavten Schuldners. Mit dieser konnte Gewinn zum Abbau der Schulden erwirtschaftet werden. Wie gesehen, war Schuldknechtschaft oft einer Reihe von juristischen Regeln unterworfen und endete – theoretisch – zu dem Zeitpunkt, an dem die Schulden abgearbeitet waren. Im alten Israel war sie zeitlich begrenzt, im 7. Jahr stand die Freilassung an.

Je nach wirtschaftlicher und politischer Situation eines Volkes konnte Schuldsklaverei aber auch zum Problem werden. Denn sie betraf in der Regel die eigenen Landsleute, die nun durch ebenfalls eigene Landsleute versklavt wurden. Somit produzierten sie aber nicht mehr für den Markt – indem sie etwa als Kleinbauern die eigenen Felder bestellten. In Athen wurde Schuldknechtschaft im 6. Jahrhundert v. Chr. unter dem Gesetzgeber Solon verboten.

SKLAVEREI UND RASSISMUS

ZUR DEFINITION UND ENTSTEHUNG DES RASSISMUS

Die egalitären Ansprüche der europäischen Aufklärung fielen nicht überall auf Zustimmung. Rassistische Theoretiker suchten und suchen – quasi als eine Art »Gegenaufklärung« – die Ungleichheit der Menschen und Völker zu belegen.[488]

Unter einer Rasse versteht man eine Gruppe von Lebewesen mit gleichen Erbanlagen. Diese lassen sich von anderen Gruppen, die andere Erbanlagen und somit ein anderes Aussehen besitzen, unterscheiden. Im Rassismus erscheinen zudem alle individuellen Lebensäußerungen – somit auch Intelligenz, Charakter und Kultur – erblich bedingt.[489]

Die rassistische Argumentation bezieht sich auf scheinbar natürliche Grundlagen wie die Klimazonen, in denen bestimmte Völker leben, und ab dem 19. Jahrhundert auf die biologische Vererbung. Die aus dem jeweiligen Kontext abgeleiteten Eigenschaften sollen je nach »Rasse« in unterschiedlichem Maße ausgeprägt sein und eine »naturgegebene« hierarchisch-autoritäre Herrschaftsform rechtfertigen. Auf die Ebene praktischen Handelns übertragen, führt diese Ideologie zur Diskriminierung, Verfolgung und Vernichtung von Bevölkerungsgruppen oder einzelnen Menschen, die gegenüber der eigenen Herkunft als unterlegen und »minderwertig« gelten.

Die erste Formulierung einer rassistischen Gesellschaftstheorie erfolgte erstmals im Werk *Essai sur l'inégalité des races humaine* (1853/1855) des französischen Diplomaten und Schriftstellers

Comte Joseph Arthur de Gobineau (1816–1882). Er setzte die Ungleichheit der Menschenrassen voraus, ebenso die Annahme, dass alle Rassen in ursprünglich reiner Form existiert hätten. Die Rassenvermischung habe erst im Laufe der Geschichte eingesetzt, schreite aber beständig fort. Anhand der unterschiedlichen Eigenschaften im Vergleich der postulierten Rassen könne eine Hierarchisierung in höher- und minderwertige erkannt werden. Aufgrund der zunehmenden Vermischung würden die Unterschiede jedoch allmählich nivelliert und es komme zu einer Degeneration der Menschheit. Gobineau lieferte damit zugleich eine pessimistische Geschichtstheorie.[490]

Nur der »weißen Rasse« schrieb man die Fähigkeit zu, eine Hochkultur hervorzubringen. Dagegen sei die »schwarze Rasse« zur Erschaffung einer Kultur unfähig. In Verbindung mit der als »Sozialdarwinismus« auf die menschliche Gesellschaft bezogenen darwinschen Evolutionstheorie erhielt der Rassismus in der zweiten Hälfte des 19. Jahrhunderts eine weitere Basis. Der natürliche Überlebenskampf im Evolutionsprozess konnte nun auch zur Rechtfertigung der Ausrottung rassisch »Minderwertiger« herangezogen werden. Eugenische Vorstellungen wie sie etwa durch den Rassenhygieniker Alfred Ploetz (1860–1940) vertreten wurden, boten dem Rassismus sogar die Möglichkeit, die pessimistischen Geschichtsinterpretationen, die auf eine Degeneration hinausliefen, durch »züchterische« und »veredelnde« Maßnahmen zur Aufwertung einer Rasse und zur Wiederherstellung ihrer Reinheit zu ersetzen.[491]

Besonders in Deutschland wurde der Rassismus Ende des 19. Jahrhunderts durch Houston Stewart Chamberlain (1855–1927) in den *Grundlagen des 19. Jahrhunderts* (1899) mit antisemitischen Vorstellungen kombiniert. Diese Elemente fanden Eingang in das nationalsozialistische Weltbild, das von einem beständigen Rassenkampf, von der Notwendigkeit zur Eroberung neuen Lebensraums für das eigene »hochwertige« Volk, vom Kampf gegen das als »Kulturvernichter« verunglimpfte jüdische Volk und von der Degenerationsgefahr durch die Vermischung mit »minderwertigen« Rassen ausging.[492] Ihre praktische Umsetzung fand diese Ideologie in der Terrorherrschaft des Nationalsozialismus, die im Zweiten Weltkrieg und im Völkermord des Holocaust gipfelte.

Zu den Eigentümlichkeiten jeder Kultur gehört es, zwischen sich selbst und »den anderen« zu unterscheiden. Dies war bereits in der Antike der Fall, wenn etwa zwischen Hellenen oder Römern und »Barbaren« getrennt wurde. Nicht zuletzt waren die Barbarenvölker eine bedeutende Quelle für Sklaven. Damit setzte sich allmählich auch eine Unterscheidung der Menschen zwischen »kulturbesitzend« und vermeintlich »kulturlos«, »edel« oder »unedel« durch, inklusive psychologischer Zuschreibungen wie »wild«, »hinterlistig« oder »verkommen«.[493]

In der Philosophie des Aristoteles findet sich der Versuch, die Dinge der natürlichen Außenwelt in Kategorien einzuteilen. Dieses Vorgehen wandte er auch auf die bekannten Völkerschaften an, denen er anhand der klimatischen Verhältnisse, in denen sie lebten, bestimmte Eigenschaften zuordnete. Auf diese Weise erschienen die Eigenschaften sogar innerhalb eines naturkundlich-philosophischen Systems belegbar. So konnte Aristoteles zu dem berühmten Schluss kommen, dass manche Völker anderen von Natur aus unterlegen und nichts anderes als Sklaven seien. Alexander dem Großen – dessen Erzieher er zeitweise war – soll er deshalb sogar den Rat gegeben haben, die Perser zu versklaven.[494]

Auch wenn es sich dabei noch nicht um einen Rassismus handelte, der die Hautfarbe betonte, so lieferte Aristoteles hier doch eine wichtige Denkfigur, die in der Geschichte des Rassismus wieder aufgegriffen wurde. Zudem wäre es wohl auch schwierig gewesen, die antiken Sklaven einer bestimmten Hautfarbe zuzuordnen, die sich fundamental von der Hautfarbe ihrer griechischen Herren unterschieden hätte.

Eine astrologische Variation dieser Klimatheorie kann im Werk des antiken Astronomen Claudios Ptolemaios (ca. 100–170 n. Chr.) nachgewiesen werden. Auf ihn geht das nach ihm benannte geozentrische Weltbild zurück, das bis in die Zeit Keplers und Kopernikus' Gültigkeit besaß. Neben seinen umfangreichen astronomischen Studien befasste sich Ptolemaios auch mit astrologischen Arbeiten – zur damaligen Zeit eine durchaus anerkannte Wissenschaft. In seinem diesbezüglichen Hauptwerk, dem *Tetrabiblos*, versuchte er, die Eigenschaften der Völker durch astrologische Einflüsse zu erklären. Dort heißt es etwa über die Völker des nahen und mittleren Ostens:

> Die mittleren Gegenden dieser Quadranten hingegen, Idumaea, Cava Syria, Judaea, Phönicien, Chaldaea, Orchidien, Arabia felix, schauen nach Norden und Westen, ihrer Beziehung zum Weltganzen nach. So besteht eine Verwandtschaft zwischen ihnen und dem Trigon der Sommer-Abend-Seite, Widder-Löwe-Schütze, und es gebieten ihnen Jupiter, Mars und Saturn. Daher verstehen sich diese Völker ausgezeichnet auf Handel und Tauschgeschäfte und sind verschlagener, zeigen eine Geringschätzung Wagnissen gegenüber und lieben das Hinterhältige und das Auflauern, haben Sklavenseelen und sind im allgemeinen verschiedenartig im Ausdruck, je nachdem die Konfigurationen der Gestirne eine bestimmte Mischung solcher Charakterzüge bedingen.[495]

In Abhängigkeit vom geographischen Wohnort sollten somit auch astrologische Einflüsse »Sklavenseelen« erzeugen können.

Im Zuge des Sklavenhandels, den arabische Händler seit dem Mittelalter mit Arabien und Asien betrieben und durch den der afrikanische Kontinent in mindestens dem gleichen Ausmaß gelitten hat wie durch den später einsetzenden europäischen Handel, entwickelte sich die Situation in Arabien etwas anders. Hier konnte man dem Großteil der Sklaven neben der Hautfarbe »weiß« (sofern die Sklaven nicht aus Afrika kamen) durchaus die Hautfarbe »schwarz« zuordnen.[496] In die theoretische Zuschreibung geistiger und moralischer Fähigkeiten einzelner Völker floss neben den klimatischen Bedingungen nun also auch die Hautfarbe mit ein. Flaig zitiert dazu einen anonymen arabischen Text, der um das Jahr 902 n. Chr. datiert wird. Der anonyme Verfasser geht davon aus, dass die Kinder im Mutterleib in den heißen Klimazonen zu lange »gekocht« würden,

> so daß das Kind zwischen schwarz und dunkel gerät, zwischen übelriechend und stinkend, kraushaarig, mit unebenmäßigen Gliedern, mangelhaftem Verstand und verkommenen Leidenschaften, wie etwa die Zanj, die Äthiopier und andere Schwarze, die ihnen ähneln.[497]

Die Klimazonentheorie findet sich ebenso bei dem islamischen Philosophen Avicenna (980–1037), der ähnlich wie Aristoteles von natürlichen Sklaven ausging.[498] In arabischen Handbüchern zum Sklavenkauf finden sich Hinweise, welche Sklaven aufgrund ihrer Eigenschaften am besten für bestimmte Einsatzbereiche geeignet seien.[499]

Die antike Klimatheorie wurde von europäischen Wissenschaftlern und Philosophen des 18. Jahrhunderts wieder aufgegriffen und endete auch hier in der Verunglimpfung einzelner Völker. Selbst Aufklärer wie Immanuel Kant (1724–1804) waren von diesen Vorurteilen nicht frei. In seiner *Physischen Geographie* von 1802 beschrieb er die Entwicklung einzelner Völker in Abhängigkeit von ihren jeweiligen Klimazonen:

> In den heißen Ländern reift der Mensch in allen Stücken früher, erreicht aber nicht die Vollkommenheit der temperirten Zonen. Die Menschheit ist in ihrer größten Vollkommenheit in der Race der Weißen. Die gelben Indianer haben schon ein geringeres Talent. Die Neger sind weit tiefer, und am tiefsten steht ein Theil der amerikanischen Völkerschaften.[500]

Zwar wird der europäische Kolonialismus nicht als Folge eines vermutlich bereits bestehenden Rassismus gedeutet.[501] Denn er hatte macht- und wirtschaftspolitische Gründe. Auch die neuzeitliche Sklaverei wurde zunächst durch ökonomische Motive hervorgerufen.[502] Doch Vorurteile gegenüber fremden Völkern, die sich nicht nur als militärisch unterlegen erwiesen, sondern v.a. das in Europa wichtige Christentum nicht kannten und die man daher auf eine kulturell niedrigere Stufe einordnete, waren seitens der Europäer durchaus vorhanden.

Allerdings schien die Ausbeutung von Kolonien und die Versklavung der dort lebenden Bevölkerung im Kontext der europäischen Aufklärung sowie der Abolitionsbewegung immer stärker einer Rechtfertigung zu bedürfen. Dazu lieferte die militärische Überlegenheit der Europäer in Afrika ein eindeutiges Bild: »Weiße« herrschten über »Schwarze«. Im Sinne einer rassistischen Weltdeutung brauchte es nur noch einen kleinen Schritt, dieses Machtverhältnis als Beleg für eine angebliche Minderwertigkeit der schwarzen Völker zu sehen, denen erst durch ihre Beherrschung »Kultur« gebracht werde. Somit erscheint die Kolonisierung zwar nicht als Folge, aber als ein wichtiges Element in der Herausbildung einer systematischen rassistischen Ideologie.[503]

Die Bekämpfung der Indianersklaverei in Amerika hatte zudem dazu geführt, dass millionenfach Afrikaner als Sklaven nach Amerika verschleppt wurden. Auch dieses Bild war eindeutig, denn »weiße« Herren herrschten über »schwarze« Sklaven. Diese waren aufgrund ihres Sklavenstatus entrechtet und diskriminiert. Die große Entfernung von ihrer Heimat sowie die fremde Sprache, die sie zunächst nicht verstanden, trugen zusätzlich dazu bei, sie auszugrenzen.[504] Auch dieses Verhältnis konnte im Sinne einer rassistischen Weltsicht gedeutet werden, um nämlich die Unterlegenheit der »schwarzen Rasse« zu zeigen. Afrikanische Sklaven wurden auf der untersten Stufe der Rassenhierarchie angesiedelt.[505] Schwarzen wurden zudem eine Vielzahl negativer Charaktereigenschaften nachgesagt: Sie seien dumm, unerziehbar, kindlich, faul, verlogen, unehrenhaft, neigten zur Trinkerei, seien flegelhaft, lüstern, lasterhaft und feige.[506]

Umgekehrt konnte man nun im 19. Jahrhundert rassistische Theorien dazu verwenden, um die Versklavung von Afrikanern zu rechtfertigen – auch wenn den Befürwortern der Sklaverei inzwischen der Wind der Abolitionsbewegung ins Gesicht blies.

Sklavengesetze in den USA dienten nicht nur dazu, mögliche Aufstände zu verhindern und den Profit der Sklavenhalter zu vermehren, sondern auch, das Rassensystem zu verwalten[507] und die hierarchische Ordnung aufrecht zu erhalten. Ebenso schuf es eine juristische Ebene für die Ungleichbehandlung dieser Menschen, obwohl doch die US-Verfassung die Gleichheit aller Menschen vorschrieb. Das Sklavengesetz von Georgia (1845) führte die rassistische Unterscheidung der Hautfarbe bereits im Titel: *Slaves and Free Persons of Colour*; ebenso das Sklavengesetz von Virginia (1849): *Slaves and Free Negroes.*[508]

Zwar wurde die Sklaverei im amerikanischen Sezessionskrieg abgeschafft. Doch änderte sich damit noch nicht das Denken vieler Menschen. Weiße Bevölkerungsgruppen vertraten nach wie vor einen Überlegenheitsanspruch gegenüber den Schwarzen und waren nun sogar der Meinung, sich vor einer schwarzen Übernahme des Landes verteidigen zu müssen. Daher wurde diese Bevölkerungsgruppe weiterhin ausgegrenzt. Die bis in die

1960er Jahre andauernde Rassentrennung, auch verbunden mit allen psychologischen Ängsten vor »den« Schwarzen, muss als Folge der Sklaverei und auf Basis eines rassistischen Weltbildes gesehen werden.

Ebenso hatten rassistische Ideen auf die nationalsozialistische Ideologie einen kaum zu überschätzenden Einfluss. Adolf Hitler hob in seinem Buch *Mein Kampf* ebenfalls die von einer Vermischung mit der »schwarzen Rasse« angeblich ausgehende, degenerative Gefahr hervor:

> [...] denn in einer verbastardierten und vernegerten Welt wären auch alle Begriffe des menschlich Schönen und Erhabenen sowie alle Vorstellungen einer idealisierten Zukunft unseres Menschentums für immer verloren. Menschliche Kultur und Zivilisation sind auf diesem Erdteil untrennlich gebunden an das Vorhandensein des Ariers. Sein Aussterben oder Untergehen wird auf diesen Erdball wieder die dunklen Schleier einer kulturlosen Zeit senken.[509]

Den Hauptfeind wollten die Nationalsozialisten jedoch im jüdischen Volk erkennen. Es habe sich bislang jeder Vermischung entzogen und sei daher noch in »reiner« Form vorhanden, wodurch es umso gefährlicher erscheine. Es schleiche sich quasi als »Parasit« in seine »Wirtsvölker« ein und diese würden von Innen vergiftet. Ziel des Judentums sei die Weltherrschaft. Um die angeblich »minderwertigen« Rassen, v.a. die jüdische, aber auch die osteuropäischen Völker – deren Lebensraum man zu erobern gedachte – zu vernichten, war u.a. ihre Versklavung und Vernichtung durch Arbeit ein angewandtes Mittel: Wie Heinrich Himmler sagte, wollte man während des Krieges die Lager mit »Arbeitssklaven« vollfüllen, die anschließend die »germanischen« Siedlungen im neu eroberten Lebensraum bauen sollten.

Sklaverei – Ein Deutungsversuch

In den vorangegangenen Kapiteln wurde die Sklaverei sowohl aus chronologischer Sicht im Rückblick auf verschiedene Kulturen und Reiche als auch unter verschiedenen thematischen Aspekten dargestellt. Es versteht sich von selbst, dass die Darstellung all ihrer historischen Facetten im Rahmen des begrenzten Umfangs dieses Buches notwendigerweise unvollständig bleiben muss. Dennoch soll hier angesichts der vielfältigen Ausprägungen und in Ergänzung der bereits im ersten Kapitel behandelten Sklaverei-Definitionen die Frage nach Konstanten gestellt werden: Wodurch wurde Sklaverei über mehrere Jahrtausende hinweg ermöglicht, geprägt und gerechtfertigt?

Es soll hier nicht der Versuch unternommen werden, ein soziologisches Modell zu erstellen. Allerdings lassen sich in Abstraktion der vorangegangenen Darstellungen verschiedene gesellschafts- und wirtschaftspolitische sowie kulturelle Kriterien als Rahmenbedingungen der Sklaverei ausmachen, die in ihren extremen Ausprägungen zwischen zwei Gegensätzen schwanken. Im Kontext der gesellschaftlichen, politischen und wirtschaftlichen Systeme, in denen sie leben, stehen die Akteure in vielfältiger Weise miteinander in Beziehung. Somit ergibt sich auch im Hinblick auf das Thema Sklaverei ein Netz aus Kontakten, verschiedenen Ebenen und unterschiedlichen Interessen, in denen alle Akteure bestimmte Handlungsspielräume besitzen:

<table>
<tr><th>Faktor</th><th>Gegensätze</th><th>maßgeblich Handelnde</th></tr>
<tr><td>Macht</td><td>stark/schwach</td><td rowspan="11">Politiker,
Militärs,
Juristen,
Ökonomen,
Unternehmer,
Verwaltungsfachleute,
Theologen,
Philosophen,
Journalisten,
Sklavenhalter,
Sklaven,
Konsumenten, …</td></tr>
<tr><td>Gewalt</td><td>hoch/niedrig</td></tr>
<tr><td>Bildung</td><td>hoch/niedrig</td></tr>
<tr><td>Wirtschaft</td><td>reich/arm</td></tr>
<tr><td>Bedürfnisse</td><td>groß/klein</td></tr>
<tr><td>Recht</td><td>Schutz/Willkür</td></tr>
<tr><td>Status</td><td>frei/unfrei</td></tr>
<tr><td>Ansehen</td><td>hoch/niedrig</td></tr>
<tr><td>Ethik</td><td>hoch/niedrig</td></tr>
<tr><td>Aufklärung</td><td>hoch/niedrig</td></tr>
<tr><td>Schicksal</td><td>Zufall/Determinismus</td></tr>
</table>

Diese Liste erhebt keinen Anspruch auf Vollständigkeit. Was jedoch auf den ersten Blick wie reine Schwarz-Weiß-Malerei aussieht, stellt sich bei genauerer Betrachtung weitaus komplexer dar. Zum einen treffen alle genannten Faktoren in unterschiedlicher Ausprägung auf die einzelnen Akteure zu. Zum anderen lassen sich die Akteure nicht immer eindeutig voneinander trennen. So kann ein Unternehmer auch als Politiker tätig sein, historisch betrachtet kann der »Sklavenhalter« auf alle genannten Gruppen zutreffen und Konsumenten sind ebenfalls alle.

In allen Kulturen gerieten Menschen durch Notlagen in die Sklaverei: durch verlorene Kriege als Kriegsgefangene und Beute, durch Wirtschaftskrisen, Hunger und Verschuldung. Ebenso ist die Versklavung durch unfreie Geburt möglich oder durch die Verurteilung von Verbrechern (auch Fehlurteile und politisch motivierte Urteile sind denkbar). Hier kommen die Faktoren von Macht, Gewalt und Wirtschaft zum Tragen. Ihnen entsprechen die Gegensätze zwischen gesellschaftlicher, politischer und militärischer Stärke oder Schwäche, zwischen hoher oder niedriger militärischer und individueller Gewalt sowie zwischen arm und reich. Oft waren es die Schwachen und Armen, die Gefahr liefen, in Krisensituationen versklavt zu werden. Hatten sie diesen Status erst einmal inne, konnte er durch unfreie Geburt über Generationen hinweg weitergegeben werden.

Allerdings muss das Machtgefälle zwischen einem Sklaven und seinem Besitzer differenzierter gesehen werden. Zwar erscheint der Sklave im Gegensatz zur Stellung seines Herrn gesellschaftlich, wirtschaftlich und rechtlich unterlegen. Doch wurden einige Sklaven unter Berücksichtigung ihrer Kenntnisse und Fähigkeiten auch in hohen wirtschaftlichen, verwaltungstechnischen und sogar militärischen Positionen eingesetzt. Ihre Stellung gestattete diesen Sklaven politischen und wirtschaftlichen Einfluss, einen gewissen Wohlstand und manchmal sogar die Möglichkeit, selbst Sklaven zu halten. Solche Positionen waren jedoch Ausnahmen und kamen für die große Masse der historischen Sklaven niemals in Frage. Und auch diese hochgestellten Sklaven waren trotzdem in jeder Sekunde von der Macht ihres Herrn abhängig, der sie jederzeit aus ihrer Position entfernen konnte.

Ebenso besteht ein Gefälle zwischen gesetzlichen Vorschriften zum Eigentumsrecht an Sklaven und zu ihrer Behandlung sowie der Willkür, der Sklaven seitens ihrer Besitzer im Alltag ausgesetzt waren. Je nach Zeitraum und Kultur schwanken sie zwischen völliger Rechtlosigkeit und zumindest in den religiösen und juristischen Bestimmungen festgehaltenen eingeschränkten Rechten, die sich in der Regel indirekt aus Rechtseinschränkungen ihrer Besitzer ergaben. Diese wurden aufgrund der herrschaftlichen Machtposition im Alltag oftmals aufgeweicht, umgangen und nicht eingehalten. Somit gehörten Willkür und Gewalt ebenso zum Leben eines Sklaven wie die ohnehin vorhandene Ausbeutung. Dagegen war es aber durchaus möglich, dass Sklavenbesitzer mit hohen ethischen oder religiösen Ansprüchen ihre Sklaven gerechter behandelten und sie vielleicht sogar frei ließen.

In diesem Kontext muss nochmals die Unterscheidung zwischen einem Menschen und dem Sklaven als einer Sache erwähnt werden, über die der Sklavenhalter genauso verfügen konnte wie über seinen übrigen Besitz. Auch dazu gab es rechtliche Bestimmungen. Obwohl aber Sklaven als Sache galten, ihnen das Menschsein somit aberkannt wurde, blieb dennoch ein Bewusstsein dafür, dass es sich bei ihnen im Grunde um Menschen – nach Aristoteles »beseelte« Werkzeuge – handelte. Spätestens bei ihrer Freilassung (sofern sie überhaupt vorgenommen wurde) erhielten sie den Status eines Menschen zurück. Sklavinnen wurden als Konkubinen gehalten, Ehen zwischen Freien und Sklaven kamen genauso vor wie Freilassungen seitens des Besitzers oder der Besitzerin, um eine ehemalige Sklavin, bzw. einen Sklaven zu heiraten. Ferner bemühen sich bereits die antiken Philosophen, Sklaverei durch theoretische Überlegungen zu rechtfertigen. Wäre der Sklave als »Sache« unproblematisch, bedürfte es dieser Rechtfertigung nicht. Auch die frühen christlichen Gemeinschaften und die spätere christliche Kirche zeigten hier Klärungsbedarf.

Die Antworten fielen nicht eindeutig aus. So konnten antike Philosophen die Sklaverei aus Vernunftgründen rechtfertigen, neuzeitliche Philosophen lehnten sie aus Vernunftgründen ab. Dies ist nur vor dem Hintergrund des jeweiligen zeithistorischen

Kontextes erklärbar, dessen politische und gesellschaftliche Verhältnisse das Urteil ebenso beeinflussten wie die Lebensweise der Philosophen selbst. Ferner zeigen das antike und mittelalterliche Christentum sehr deutlich, wie Theologen unter Bezugnahme auf ihre individuellen Bibelinterpretationen zu unterschiedlichen Ansichten im Bezug auf die Sklaverei gelangten: Rechtfertigten sie die einen quasi als göttliche Berufung (freilich ohne selbst jemals Sklave gewesen zu sein), so stellte diese Institution für andere eine schwere Sünde dar, derer sich die Sklavenhalter schuldig machten. Sah man zum einen den wirtschaftlichen Nutzen der Sklaverei, so scheute man trotz der ebenfalls sichtbaren Ausbeutung und Gewalt gegen Sklaven dennoch vor offensichtlich zu weit gehenden Forderungen zurück, die das Leben dieser Menschen verbessert hätten. Eine Forderung nach Abolition hätte zu diesem Zeitpunkt sicher auch das gesellschaftspolitische Ansehen der Kirche gefährdet. So wird erklärbar, warum Sklaven zum einen aufgefordert wurden, ihr »gottgewolltes« Schicksal geduldig zu ertragen – warum zum anderen aber auch die (christlichen) Sklavenhalter zur humanen Behandlung und Gleichbehandlung ihrer Sklaven innerhalb der religiösen Gemeinschaft ermahnt wurden.

In diesem Zusammenhang war die Frage des Schicksals nie gänzlich unumstritten. Sie schwankte zwischen der Beurteilung als Zufall, der Menschen als Kriegsgefangene, wehrlose Beute oder unschuldige Opfer einer Wirtschaftskrise in die Sklaverei führte; zwischen der Idee, dass es »natürliche« Sklaven gebe, also Menschen die aufgrund ihres angeblich niedrigen Entwicklungsstandes aus moralischer Sicht bedenkenlos versklavt und ausgebeutet werden dürften, wie es nicht zuletzt im Nationalsozialismus propagiert und durchgeführt wurde, sowie einem angeblich vorhandenen göttlichen Willen, der Menschen in die Sklaverei berief, die daher als eine Art Prüfung für ein gottgefälliges Leben anzusehen sei.

Sklaverei erscheint damit als sehr vielfältige, ambivalente und moralisch hochproblematische Institution selbst zu einer Zeit, als sie noch rechtlich und kulturell abgesichert war. Ihren Rahmen bildete immer ein Machtverhältnis, das den Herrn über »seinen« Sklaven verfügen ließ, ihm das Züchtigungsrecht (teilweise bis hin zur Folter und zur Tötung) zugestand, ebenso das Recht, Freiheiten zu erteilen und nach Belieben wieder zu nehmen. Damit eng verbunden ist die Hochschätzung der eigenen Kultur und der eigenen Lebensweise sowie die Geringschätzung des Fremden, vor dem man zum Teil sogar Angst hatte und glaubte, es daher beherrschen zu müssen.

Der Besitz eines Sklaven und seiner Arbeit diente in vielfältiger Form der politischen Macht, dem wirtschaftlichen Reichtum und dem gesellschaftlichen Ansehen des Sklavenhalters. Nicht nur, dass der Herr durch den Gewinn profitierte, den der Sklave für ihn erwirtschaftete; allein schon der Besitz eines (am besten mehrerer) Sklaven konnte das gesellschaftliche Ansehen steigern, da er Reichtum präsentierte. Befanden sich exotische, beispielsweise dunkelhäutige Sklaven oder hübsche Sklavinnen darunter, konnten sie auch dem »Schmuck« und der Pracht dienen, mit denen man sich umgab.

Dem Sklaven selbst kam seine Arbeit nur in den seltensten Fällen zugute – etwa wenn er mit einem »peculium« wirtschaften durfte, um sich und seine Familie zu ernähren oder sich von dem erwirtschafteten Gewinn freizukaufen. Grundsätzlich basierte und basiert jede Art von Sklavenarbeit auf Ausbeutung durch den Sklavenbesitzer, in manchen Fällen auch durch Institutionen wie Tempel oder den Staat. Staatssklaverei wird besonders durch das Beispiel des antiken Sparta eindrucksvoll belegt.

Da Sklaven als Besitz betrachtet wurden, dem ein wirtschaftlicher Gegenwert zukam, mussten ihre Herren im Grunde darauf bedacht sein, die Gesundheit und die Arbeitsfähigkeit ihrer Sklaven zu schonen. Denn der Verlust eines Sklaven entsprach dem Verlust von Arbeitskraft und eines wirtschaftlichen Wertes. Doch im Grunde waren Sklaven ersetzbar, so dass viele Sklavenhalter auf Kosten anderer Menschen – denen man notfalls das Menschsein und somit alle Rechte per Gesetz absprechen konnte – nach dem eigenen Vorteil strebten.

Genauso wie philosophische und ideologische Rechtfertigungen erzeugte auch dies eine psychologische Unempfindlichkeit für das Leid und den Schmerz dieser Menschen. Sklaven waren und sind massivem Zwang und Gewalt ausgesetzt. Selbst wo akut keine körperliche Gewalt angewandt wird, steht sie aufgrund des immensen Machtgefälles zwischen Herrn und Sklaven sowie der Rechtlosigkeit und der gesellschaftlichen Entfremdung des Letzteren immer als Drohung im Raum. Der Sklave lebt in Angst und Verzweiflung, hat ständig verfügbar zu sein – in manchen Kulturen sogar noch über den Tod hinaus –, verliert Selbstvertrauen, Selbstachtung und irgendwann auch den Mut, aufzubegehren. Neben körperlichen Schädigungen sind schwere Traumatisierungen die Folge.

Spricht man heutzutage von »moderner Sklaverei« oder »sklavereiähnlichen Verhältnissen«, so muss man sich immer vergegenwärtigen, dass Sklaverei zu Beginn des 21. Jahrhunderts nicht mehr als gesellschaftliche, politische und juristische Institution bezeichnet werden kann. Sie ist inzwischen durch eine Reihe von Menschenrechtsabkommen geächtet, durch nationale Gesetze verboten und gilt heute zu Recht als eines der schwersten Menschenrechtsverbrechen. Wie Kevin Bales deutlich herausgearbeitet hat, müssen verschiedene Unterschiede zur herkömmlichen Sklaverei beachtet werden, die bereits besprochen wurden. Sie betreffen v.a. das Besitz-«recht« und den Kaufpreis. Somit wurde dieses Herrschafts- und Ausbeutungsverhältnis weiterentwickelt. Seine Formen, Ausmaße und Folgen sind allerdings nach wie vor erschreckend.

Die weiter oben genannte Liste an Faktoren erweist sich im Vergleich zur herkömmlichen Sklaverei auch hier als Kontinuität: Es gibt ein Machtgefälle vom gesellschaftlich, wirtschaftlich und politisch Starken und Reichen zu Lasten schwacher und armer Menschen. Im Zusammenhang mit militärischen Konflikten und Wirtschaftskrisen ist die Gefahr für Letztere, in Sklaverei zu geraten, noch immer ungleich höher. Rein rechtlich gesehen ist die Sklaverei zwar inzwischen verboten und geächtet. Doch konnten und können Gesetze umgangen und gebrochen werden. Sklaverei zur Ausbeutung von Menschen existiert immer noch! Es handelt sich genauso wie bei der herkömmlichen Sklaverei um Freiheitsberaubung mit der Ausübung permanenter Kontrolle sowie der Androhung und Anwendung von Gewalt zur Einschüchterung, Bestrafung und Unterdrückung von Widerstand.

Doch wie kommt es, dass es Sklaverei trotz aller Veränderungen noch heute – zu Beginn des 21. Jahrhunderts – gibt? Können auch hier Kontinuitäten ausgemacht werden, die aus zu geringer Beachtung ethischer Werte wie Freiheit und Menschenwürde, aus Gewöhnung, Billigung und Akzeptanz bestehen? Ein wirtschaftlicher Nutzen kann nicht bestritten werden, da bestimmte Produkte gegebenenfalls durch Sklavenarbeit billiger produziert werden können. Dies kann ein nützlicher Wettbewerbsvorteil sein. Mangelhafte Information, Wegschauen und Desinteresse der Öffentlichkeit am Schicksal des Anderen tun ihr Übriges, um mit der Situation zu leben und diese unter Umständen noch zu verschlimmern.

Von mutigen Journalisten und Menschenrechtsorganisationen wurden viele zeitgenössische Fälle von Sklaverei dokumentiert. Sie zeigen das erschreckende Bild einer zunehmend globalisierten Gesellschaft, in der – um es mit Hobbes zu sagen – nach wie vor der Mensch dem Menschen ein Wolf ist! Ein Aushängeschild für menschliche Zivilisation und Kultur ist es wahrlich nicht!

Weiterführende Informationen im Internet

Amnesty International
http://www.amnesty.de/

Anti-Slavery International
http://www.antislavery.org/

Bundeszentrale für politische Bildung (Thema: Menschenrechte)
http://www.bpb.de/internationales/weltweit/menschenrechte/

Europäische Union (Thema: Menschenrechte)
http://europa.eu/pol/rights/index_de.htm

Free The Slaves
https://www.freetheslaves.net/

Human Rights Watch
http://www.hrw.org/de

International Labor Organisation (ILO)
http://www.ilo.org/

Slavery Footprint: How many Slaves work for you?
http://slaveryfootprint.org/

Vereinte Nationen (Thema: Menschenrechte)
http://www.un.org/en/rights/

Walk Free Foundation
http://www.walkfreefoundation.org/

Anmerkungen

1 UNO: »Allgemeine Erklärung der Menschenrechte«, Art. 4.
2 Walk Free Foundation 2014, S. 5.
3 Walk Free Foundation 2013, S. 5.
4 Walk Free Foundation 2014, S. 6.
5 Walk Free Foundation 2013, S. 121.
6 Walk Free Foundation 2014, S. 39.
7 International Labour Organisation 2014, S. 7.
8 Anti-Slavery International: Bonded Labor [http://www.antislavery.org/english/slavery_today/bonded_labour/default.aspx; 10.12.2014]
9 Europäisches Parlament 2013, S. 15.
10 Slavery Footprint: »How many slaves work for you?« [http://slaveryfootprint.org/]
11 Vgl.: Jansen: »Kampfansage gegen Sklaverei« [http://www.dw.de/kampfansage-gegen-sklaverei/a-17169533]; Pinker 2011, S. 244–245.
12 vgl. Hellie 2009.
13 vgl. Patterson 1982.
14 Meillasoux 1989, S. 99.
15 vgl. Bales 2001, S. 26.
16 Weiss 1978, S. 212.
17 Tschizewski 1961, S. 42.
18 Herrmann-Otto 2011, S. IX.
19 Rönicke 2013, S. 33–34.
20 UNO: »Zusatzprotokoll Menschenhandel« 2005.
21 Kuhn 1991, S. 189.
22 vgl. Kuhn 1991, S. 407.
23 Kuhn 1991, S. 606.
24 Kuhn 1991, S. 215.
25 »Sklaverei« 1993, S. 404.
26 Hellie 2009.
27 Kuhn 1991, S. 189.
28 Kuhn 1991, S. 289.
29 Kuhn 1991, S. 407
30 Hellie 2009.
31 Rehork 1996, S. 421.
32 vgl. Kuhn 1991, S. 324.
33 vgl. Kuhn 1991, S. 353; Hellie 2009.
34 Kuhn 1991, S. 603.
35 Jacobi (1923), 715.
36 »Sklaverei« 1993, S. 403.
37 vgl. Hellie 2009.

38 »Sklaverei« 1993, S. 403.
39 vgl. »Sklaverei« 1993, S. 404.
40 Hurst 2009.
41 vgl. Hamilton 2005, S. 10–13.
42 vgl. Neumann u.a. 2014.
43 vgl. Neumann u.a. 2014.
44 Flaig 2011, S. 34.
45 vgl. Welles, 1960–1964, S. 528–529.
46 Neumann u.a. 2014.
47 Hellie 2009.
48 Herodot, 2011, II, 124.
49 vgl. Neumann u.a. 2014.
50 2. Mose 5.
51 2. Mose 13.
52 vgl. Schmoldt 2000, S. 71–72.
53 2. Samuel 6.
54 vgl. Clauss 1999, S. 39–40.
55 vgl. Kessler, 2006.
56 Demandt 1995, S. 99.
57 2. Samuel 5, 11.
58 1 Könige 5,15–32.
59 3. Mose 25,46.
60 vgl. Nehemia 5,8.
61 3. Mose 25,44–46.
62 5. Mose 20,13–14.
63 vgl. Demandt, 1995, S. 99.
64 2. Mose 22,2.
65 2. Mose 21,4–6; Amos 2,6–8.
66 vgl. 3. Mose 25,39–45.
67 3. Mose 25,35–38.
68 Dietrich u.a. 2000, S. 370.
69 1. Mose 17,13–27.
70 vgl. Dietrich u.a. 2000, S. 368.
71 Mommsen 1899, S. 638.
72 2. Mose 20,10; Dtn. 5,14.
73 5. Mose 12,12–18; 2. Mose 12,44.
74 vgl. 2. Mose 21,20–32.
75 5. Mose 23,16–17; Dietrich u.a. 2000, S. 368.
76 2. Mose 21, 2–6.
77 2. Mose 21,5–6.
78 5. Mose 15,12–15; vgl. Dietrich 2000. S. 370.
79 Demandt 1995, S. 99.
80 Dietrich u.a. 2000, S. 379.
81 Demandt 1995, S. 119.

82 Neumann u.a. 2014.
83 Demandt 1995, S. 511.
84 Dandamaev 1984, S. 648.
85 Neumann u.a. 2014.
86 vgl. Neumann u.a. 2014; Renger u.a. 2014.
87 2. Könige 17,6.
88 Dietrich u.a. 2000, S. 369.
89 2. Könige 24,12–16; Jeremias 28,6; 52,28–30; 2. Könige 25,11.
90 2. Könige 25.
91 Dandamaev 1984, S. 652.
92 Demandt 1995, S. 119.
93 Demandt 1995, S. 511.
94 Demandt 1995, S. 313.
95 Neumann u.a. 2014; Renger u.a. 2014.
96 Renger u.a. 2014.
97 Dandamaev 1984, S. 649–651.
98 Codex Hammurapi, § 20.
99 Codex Hammurapi, § 175.
100 vgl. Eilers 2009, S. 102.
101 Codex Hammurapi, § 278.
102 Codex Hammurapi, § 32.
103 Dandamaev 1984, S. 648, 654–655.
104 Demandt 1995, S. 312.
105 Dandamaev 1984, S. 656.
106 Demandt 1995, S. 206.
107 vgl. Flacelière 1979, S. 78.
108 Demandt 1995, S. 210.
109 Flacelière 1979, S. 69; vgl. Demandt 1995, S. 207.
110 Flacelière 1979, S. 71–72.
111 Flacelière 1979, S. 73.
112 Cartledge 2014.
113 Flaig 2011, S. 42.
114 Hiltbrunner 1995, S. 540.
115 Flacelière 1979, S. 76.
116 Flacelière 1979, S. 74.
117 vgl. Cech 2010, S. 237–238.
118 vgl. Cech 2010, S. 186.
119 Thukydides 2009, VI, 27.
120 Demandt 1995, S. 211.
121 Ploetz 2002, S. 301.
122 Cech 2010, S. 238.
123 Flaceliére 1979, S. 74.
124 »Sklaverei« 1993, S. 402.
125 vgl. Neumann u.a. 2014; Schiemann 2014.

126 vgl. Mauder 2009.
127 Welwei 1974, S. 175–176.
128 Welwei 1974, S. 177–178.
129 vgl. Demandt 1995, S. 145.
130 vgl. Baltrusch 1998, S. 63–87.
131 vgl. Baltrusch 1998, S. 33.
132 Demandt 1995, S. 144.
133 Baltrusch 1998, S. 33.
134 vgl. Demandt 1995, S. 145.
135 vgl. Demandt 1995, S. 145.
136 vgl. Welwei 1974, S. 180.
137 vgl. Demandt 1995, S. 145; Welwei 1974, S. 180.
138 Welwei 1974, S. 180.
139 vgl. Baltrusch 1998, S. 31–34.
140 Welwei 1974, S. 181.
141 vgl. Schuller 2009.
142 vgl. Demandt 1995, S. 144.
143 vgl. Demandt 1995, S. 388.
144 Demandt 1995, S. 393.
145 Demandt 1995, S. 363 und 388.
146 Demandt 1995, S. 388.
147 Neumann u.a. 2014; Renger u.a. 2014.
148 vgl. Renger u.a. 2014.
149 vgl. Neumann u.a. 2014.
150 Cartledge 2014.
151 Cartledge 2014.
152 vgl. Cech 2010, S. 186.
153 Cartledge 2014.
154 vgl. Cartledge 2014.
155 vgl. Hiltbrunner 1995, S. 540.
156 Hellie 2009.
157 Thébert 2004, S. 162.
158 Heinrichs 2014; Hiltbrunner 1995b, S. 419.
159 Hiltbrunner 1995a, S. 199.
160 Schiemann 2014.
161 Schiemann 2014.
162 Hiltbrunner 1995a, S. 199.
163 vgl. Schiemann 2014; Andreau 2004, S. 200–225.
164 Hiltbrunner 1995a, S. 199.
165 zitiert nach: Flach 2004, S. 52.
166 zitiert nach: Flach 2004, S. 61.
167 vgl. Flach 2004, S. 133.
168 vgl. Flach 2004, S. 160.
169 Hiltbrunner 1995, S. 540.

170 Finkenauer 2010, S. 77.
171 vgl. Finkenauer 2010, S. 9.
172 Finkenauer 2010, S. 69.
173 vgl. Finkenauer 2010, S. 74–75.
174 Wendland 1962, S. 102; Delacampague 2002, S. 109.
175 Neumann u.a. 2014.
176 vgl. Ploetz 2002, S. 243.
177 Ploetz 2002, S. 245.
178 Thébert 2004, S. 162–163.
179 Onken 2014.
180 Ploetz 2002, S. 249.
181 Onken 2014.
182 Ploetz 2002, S. 249.
183 vgl. Thébert 2004, S. 177.
184 vgl. Demandt 1995, S. 582; Delacampague 2002, S. 99.
185 Krause 2014.
186 Tacitus (2009) 25.
187 vgl. Mauersberger 2009, S. 166.
188 Neumann u.a. 2014.
189 Mauder 2009.
190 vgl. Lebecq u.a. 2002, Sp. 1985; Neumann u.a. 2014.
191 vgl. Lebecq u.a. 2002, Sp. 1982.
192 Neumann u.a. 2014.
193 Neumann 2014.
194 Delacampague 2002, S. 110.
195 Herrin 2011, S. 116.
196 vgl. Demandt 1995, S. 639 – 642.
197 Demandt 1995, S. 641.
198 vgl. Neumann u.a. 2014; Lebecq u.a. 2002, Sp. 1977; Delacampague 2002, S. 107.
199 vgl. Nehlsen 1972, S. 266.
200 Demandt 1995, S. 641; vgl. Nehlsen 1972, S. 264.
201 Delacampague 2002, S. 103.
202 Delacampague 2002, S. 111.
203 Lebecq u.a. 2002, Sp. 1980.
204 Demandt 1995, S. 641.
205 vgl. Irsigler 2011, S. 69–72.
206 Delacampague 2002, S. 104.
207 Lebecq u.a. 2002, Sp. 1977; Demandt 1995, S. 641.
208 Lebecq u.a. 2002, Sp. 1982.
209 vgl. Nehlsen 1972, S. 269–272.
210 Nehlsen 1972, S. 262; Dietrich 2000.
211 vgl. Riché 1984, S. 141.
212 vgl. Riché 1984, S. 140.

213 vgl. Delacampague 2002, S. 101–102.
214 vgl. Delacampague 2002, S. 101.
215 Rösener 1985, S. 215–216.
216 vgl. Lebecq u.a. 2002, Sp. 1982.
217 Dietrich u.a. 2000, S. 381–382.
218 Lebecq u.a. 2002, Sp. 1981–1982. Delacampague 2002, S. 115.
219 vgl. Lebecq u.a. 2002, Sp. 1983.
220 Delacampague 2002, S. 118.
221 Lebecq u.a. 2002, Sp. 1985–1986.
222 Delacampague 2002, S. 110–111.
223 Hughes 1995, S. 480 – 509; Tworuschka 1996, S. 165–166.
224 Hughes 1995, S. 640.
225 Hughes 1995, S. 7–8.
226 Heine 2001, S. 1263.
227 Lebecq 2002, Sp. 1986; Heine 2001, S. 1265.
228 Hughes 1995, S. 672.
229 Delacampague 2002, S. 120.
230 Clot 1990, S. 173–174.
231 Heine 2001, S. 1264–1266.
232 vgl. Ploetz 2002, S. 1093.
233 Lebecq 2002, Sp. 1987.
234 vgl. Hughes 1995, S. 671.
235 Heine 2001, S. 1263.
236 vgl. Hughes 1995, S. 671–672.
237 Hughes 1995, S. 674–675.
238 Heine 2001, S. 1263–1264.
239 Hughes 1995, S. 675; vgl. Heine 2001, S. 1264.
240 vgl. Lebecq 2002, Sp. 1986; Ackerman-Lieberman/Yilderim 2014.
241 Ackerman-Lieberman/Yilderim 2014.
242 vgl. Hughes 1995, S. 672–674.
243 Hughes 1995, S. 674; Heine 2001, S. 1263.
244 Ploetz 2002, S. 1097–1098.
245 vgl. Münkler/Münkler 2005, S. 81.
246 Münkler/Münkler 2005, S. 82.
247 »Hausa« 1993, S. 212–213.
248 »Kanem-Borno« 1993, S. 412–413.
249 »Kongo« 1993, S. 475–476.
250 »Luba« 1993, S. 577–578.
251 »Monomotapa« 1993, S. 678–679.
252 vgl. Lobban u.a. 2002, S. 259–261; Bouba 2005, S. 46.
253 Pazzonita u.a. 1994, S. 408.
254 Bouba 2005, S. 39.
255 vgl. Lobban/Halter 1988, S. 105.
256 Walter 2009.

257 Pleticha 1988, S. 13.
258 Quintern 2005, S. 74.
259 Adams 2008, S. 51.
260 Walter 2009.
261 Pleticha 1988, S. 85–92.
262 vgl. Pinker 2011, S. 239.
263 Pleticha 1988, S. 12.
264 Lobban/Halter 1988, S. 104.
265 Walter 2009.
266 Pazzonita u.a.1994, S. 408–409.
267 Ploetz 2002, S. 1144.
268 Lobban/Halter 1988, S. 105–106.
269 Ploetz 2002, S. 1143.
270 Ploetz 2002, S. 1141–1142.
271 zitiert nach: Bouba 2005, S. 50–51.
272 Gardinier 1994, 296–300.
273 vgl. Campbell 2003, S. XI.
274 Hellie 2009; Cambell 2003, S. IX–XXXII.
275 Ploetz 2002, S. 1150.
276 Eckert 2011, S. 314.
277 Lobban/Halter 1988, S. 105.
278 James 2004, S. 151–152.
279 Ploetz 2002, S. 1165.
280 James 2004, S. 152.
281 Adams 2008, S. 45.
282 vgl. Hellie 2009.
283 Konetzke 2004, S. 16087–16088.
284 vgl. Hellie 2009.
285 Séjourne 2004, S. 15368.
286 Séjourne 2004, S. 15368–15369.
287 Konetzke 2004, S. 16092.
288 Konetzke 2004, S. 16089–16090.
289 Konetzke 2004, S. 16090–16091.
290 Konetzke 2004, S. 16093.
291 Ploetz 2002, S. 1295.
292 Konetzke 2004, S. 16097–16098.
293 vgl. Konetzke 2004, S. 16099.
294 Konetzke 2004, S. 16100.
295 Ploetz 2002, S. 1295.
296 vgl. Ploetz 2002, S. 1298.
297 Pleticha 1988, S. 13.
298 Hellie 2009.
299 Ploetz 2002, S. 1299.
300 Hellie 2009.

301 Hellie 2009.
302 Finkelman 2008, S. 43.
303 Ploetz 2002, S. 1272.
304 Mays 2005, S. 259.
305 vgl. Pierer 1863, S. 206586–206587; vgl. auch Quintern 2005, S. 75.
306 Mays 2005, S. 259.
307 Mays 2005, S. 259–260.
308 Mays 2005, S. 260.
309 Wendland 1962, S. 103.
310 Hellie 2009; Quintern 2005, S. 76.
311 Smith 1996, S. 116.
312 Eliade/Culianu 2010, S. 44.
313 Mattes 2006, S. 307–309.
314 vgl. Mattes 2006, S. 308.
315 Eliade/Culianu 2010, S. 45.
316 vgl. Eliade/Culianu 2010, S. 45, Mattes 2006a, S. 4.
317 Mattes 2006a, S. 4.
318 Eliade/Culianu 2010, S. 46.
319 vgl. Quintern 2005, S. 76.
320 Hellie 2009.
321 Quintern 2005, S. 76.
322 Quintern 2005, S. 77.
323 Hofbauer 1989, S. 15.
324 Hofbauer 1989, S. 15.
325 Hofbauer 1989, S. 16.
326 Hofbauer 1989, S. 22.
327 Hofbauer 1989, S. 16–18.
328 Hofbauer 1989, S. 19–23.
329 Dietrich u.a. 2000, S. 389.
330 Quintern 2005, S. 76; Hellie 2009.
331 vgl. Quintern 2005, S. 77.
332 Dietrich u.a. 2000, S. 388.
333 Dietrich u.a. 2000, S. 389.
334 Quintern 2005, S. 75.
335 Quintern 2005, S. 80.
336 Quintern 2005, S. 66.
337 Quintern 2005, S. 79.
338 zitiert nach: Rinke/Fischer/Schulze 2009, S. 10–12.
339 Quintern 2005, S. 80–81.
340 vgl. Schneiders 1995, S. 13.
341 Schneiders 1995, S. 9–11.
342 Kant 1784, S. 481.
343 vgl. Freamon 2007, S. 345–348.
344 Ploetz 2002, S. 1156–1157.

345 Ploetz 2002, S. 1157.
346 Mauder 2009.
347 Hellie 2009.
348 Dietrich u.a. 2000, S. 391.
349 Ploetz 2002, S. 1316.
350 Dietrich u.a. 2000, S. 391.
351 Ploetz 2002, S. 1316.
352 Dietrich u.a. 2000, S. 391.
353 vgl. Rinke 2009, S. 64–66.
354 Bertaux 2004, S. 23997–23999.
355 vgl. Eckert 2011, S. 309–313.
356 Heideking 2009.
357 vgl. Heideking 2009.
358 Heideking 2009.
359 Sandburg 1984, S. 662.
360 Heideking 2009.
361 vgl. Heideking 2009.
362 General-Akte der Brüsseler Anti-Sklaverei-Konferenz
363 Völkerbund 1926: Sklavereiabkommen.
364 Hitler 1936, S. 329–358.
365 Völkerbund 1926, Art. 2.
366 Völkerbund 1926, Art. 2.
367 zitiert nach: Poliakov/Wulf 1983, S. 482.
368 zitiert nach: Mazower 2010, S. 29.
369 Benz 2000, S. 1461–1462.
370 Mazower 2010, S. 290.
371 Luczak 1998, S. 1641.
372 Gruner 2000, S. 2928; Laudan 1998, S. 1643.
373 Gruner 2000, S. 2927.
374 Laudan 1998, S. 1643.
375 Laudan 1998, S. 1643; Mazower 2010, S. 291; Pohl 1998, S. 1645.
376 vgl. Pohl 1998, S. 1645.
377 Widmann 2000, S. 1400.
378 Gruner 2000, S. 2928; Luczak 1998, S. 1642.
379 Mazower 2010, S. 291.
380 Laudan 1988, S. 1644; Luczak 1998, S. 1642.
381 Gruner 2000, S. 2929.
382 Marzower 2010, S. 289.
383 Bergmann 2000, S. 2139.
384 vgl. Eiber 2000, S. 662.
385 vgl. Luczak 1998, S. 1641; Gruner 2000, S. 2930.
386 Mazower 2010, S. 293.
387 UNO: Charta der Vereinten Nationen, Art. 1.
388 vgl. Opitz 2007, S. 141.

389 UNO: Allgemeine Erklärung der Menschenrechte.
390 UNO: Allgemeine Erklärung der Menschenrechte, Art. 1.
391 UNO: Allgemeine Erklärung der Menschenrechte, Art. 3.
392 UNO: Allgemeine Erklärung der Menschenrechte, Art. 5.
393 UNO: Allgemeine Erklärung der Menschenrechte, Art. 6.
394 UNO: Allgemeine Erklärung der Menschenrechte, Art. 13.
395 UNO: Allgemeine Erklärung der Menschenrechte, Art. 16.
396 UNO: Allgemeine Erklärung der Menschenrechte, Art. 17.
397 UNO: Allgemeine Erklärung der Menschenrechte, Art. 29.
398 UNO: Allgemeine Erklärung der Menschenrechte, Art. 4.
399 UNO: Zusatzabkommen über die Abschaffung der Sklaverei, Art. 1.
400 UNO: Zusatzabkommen über die Abschaffung der Sklaverei, Art. 2.
401 UNO: Zusatzabkommen über die Abschaffung der Sklaverei, Art. 3.
402 UNO: Zusatzabkommen über die Abschaffung der Sklaverei, Art. 5.
403 UNO: Zusatzabkommen über die Abschaffung der Sklaverei, Art. 9.
404 UNO: Internationaler Pakt über bürgerliche und politische Rechte, Art. 8.
405 EU: Konvention zum Schutze der Menschenrechte und Grundfreiheiten, Art. 4.
406 UNO: Übereinkommen zur Beseitigung jeder Form von Diskriminierung der Frau, Art. 6.
407 UNO: Übereinkommen zur Beseitigung jeder Form von Diskriminierung der Frau, Art. 16.
408 UNO: Übereinkommen über die Rechte des Kindes, Art. 32.
409 UNO: Übereinkommen über die Rechte des Kindes, Art. 34.
410 UNO: Übereinkommen über die Rechte des Kindes, Art. 35.
411 Zusatzprotokoll zur Verhütung, Bekämpfung und Bestrafung des Menschenhandels, Art. 2.
412 Zusatzprotokoll zur Verhütung, Bekämpfung und Bestrafung des Menschenhandels, Art. 3.
413 Windfuhr 1997, S. 4770.
414 vgl. Gore 2013, S. 35–76.
415 Windfuhr 1997, S. 4778–4779.
416 vgl. Gore 2013, S. 12.
417 vgl. Delacampague 2002, S. 283.
418 Walk Free Foundation 2014, S. 5.
419 International Labor Organisation 2013.
420 Anti-Slavery International: Bonded Labor (http://www.antislavery.org/english/slavery_today/bonded_labour/default.aspx; 10.12.2014)
421 Bales 2001, S. 21–22.
422 Cacho 2011, S. 24.
423 Bales 2001, S. 20–22.
424 vgl. Bales 2001, S. 32–34.
425 vgl. Bales 2001, S. 26.

426 Bales 2001, S. 18.
427 Delacampague 2002, S. 294 und 299.
428 Bales 2011, S. 10–11.
429 Cacho 2011, S. 19–20.
430 Delacampague 2002, S. 288; Bales 2001, S. 10.
431 Eurostat 2014.
432 Bales 2001, S. 30.
433 Bales 2001, S. 36.
434 Platon 1862, 776D–777B.
435 Platon 1862, 777C–777D.
436 Platon 1862, 777E–778 A.
437 vgl. Platon 1862, 777D–777E.
438 Aristoteles 1879, 1254b, 15–20.
439 vgl. Aristoteles 1879, 1256b, 23–26.
440 vgl. Aristoteles 1879, 1254a–1255 b.
441 vgl. Schefold 2012, S. 36.
442 Aristoteles 1879 1253 b 32–1254 a 1.
443 Wendland 1962, S. 101.
444 vgl. Welles 1960–1964, S. 527.
445 Dietrich u.a. 2000, S. 376.
446 Morus 1995, S. 34 und 109.
447 Morus 1995, S. 109–110.
448 Morus 1995, S. 105.
449 Morus 1995, S. 105.
450 Morus 1995, S. 105.
451 Morus 1995, S. 35.
452 Kant 1784, S. 481.
453 Hobbes 2004, S. 13287.
454 Hobbes 2004, S. 13439.
455 Hobbes 2004, S. 13443–13444.
456 Rousseau 2004, S. 21158–21160.
457 Rousseau 2004, S. 21160.
458 Dietrich u.a. 2000, S. 390.
459 vgl. Flaig 2011, S. 303.
460 Freamon 2007, S. 348.
461 vgl. Denzler/Andresen 2003, S. 1650.
462 Kol. 3,22–24; vgl. Eph. 6,5–8; 1 Tim. 6,1; Tit. 2,9–10.
463 1 Petr. 2,18–21.
464 Kol. 4,1.
465 1 Kor. 7,17–24; vgl. Gal. 3,28.
466 vgl. Demandt 1995, S. 583.
467 Dietrich u.a. 2000, S. 380.
468 Wendland 1962, S. 102.
469 1 Mos 9, 20–25.

470 Klein 1988, S. 218–219.
471 vgl. Klein 1988, S. 220–221.
472 Klein 1988, S. 223.
473 Denzer, S. 554.
474 Wendland 1962, S. 103.
475 Denzer, S. 554.
476 vgl. Klein 1988, S. 218; Flaig 2011, S. 302–303.
477 vgl. Klein 1988, S. 218.
478 Lebecq 2002, Sp. 1979.
479 Denzler/Andresen 2003, S. 1173 und 1774.
480 Luther 2008, S. 1181.
481 Dietrich u.a. 2000, S. 384.
482 Freamon 2007, S. 345–348.
483 Denzler/Andresen 2003, S. 1450.
484 zitiert nach: Pinker 2011, S. 240.
485 Bales 2001, S. 36–37.
486 vgl. Buchenberg 2009, S. 688.
487 Smith 1996, S. 119.
488 Rieger 2004, S. 1209 und 1213.
489 vgl. Rieger 2004, S. 1209.
490 vgl. Geulen 2007, S. 71–73.
491 Rieger 2004, S. 1215–1217.
492 Rieger 2004, S. 1218–1219.
493 vgl. Geulen 2007, S. 19–20.
494 vgl. Geulen 2007, S. 20–21.
495 Ptolemaios (1995) II, 3.
496 vgl. Flaig 2011, S. 129.
497 zitiert nach Flaig, 2011, S. 129.
498 vgl. Flaig 2011, S. 129.
499 Flaig 2011, S. 131.
500 Kant 1802, S. 10.
501 Geulen 2007, S. 41.
502 Lovejoy u.a. 2008, S. 65.
503 vgl. Geulen 2007, S. 41; Lovejoy u.a. 2008, S. 65.
504 vgl. Lobban Jr. 2008, S. 53; vgl. Lovejoy u.a. 2008, S. 60.
505 vgl. Geulen 2007, S. 43; Lovejoy 2008, S. 65.
506 vgl. Hellie 2009.
507 vgl. Finkelman 2008, S. 44.
508 vgl. Finkelman 2008, S. 42.
509 Hitler 1936, S. 420–421.

Quellen- und Literaturverzeichnis

Rechtsquellen

EU: »Konvention zum Schutze der Menschenrechte und Grundfreiheiten«, in: Menschenrechte. Dokumente und Deklarationen, 2. Auflage, Bonn 1996, S. 220–238.

Europäisches Parlament: Bericht über organisiertes Verbrechen, Korruption und Geldwäsche. Empfohlene Maßnahmen und Initiativen (Schlussbericht) (2013/2107 (INI)) [http://www.europarl.europa.eu/sides/getDoc.do?pubRef=-//EP//TEXT+REPORT+A7-2013-0307+0+DOC+XML+V0//DE#title2]

General-Akte der Brüsseler Antisklaverei-Konferenz [https://de.wikisource.org/wiki/General-Akte_der_Br%C3 %BCsseler_Antisklaverei-Konferenz]

UNO: »Allgemeine Erklärung der Menschenrechte«, in: Menschenrechte. Dokumente und Deklarationen, 2. Auflage, Bonn 1996, S. 37–43.

UNO: »Charta der Vereinten Nationen«, in: Menschenrechte. Dokumente und Deklarationen, 2. Auflage, Bonn 1996, S. 32–35.

UNO: »Internationaler Pakt über bürgerliche und politische Rechte«, in: Menschenrechte. Dokumente und Deklarationen, 2. Auflage, Bonn 1996, S. 52–72.

UNO: »Übereinkommen über die Rechte des Kindes«, in: Menschenrechte. Dokumente und Deklarationen, 2. Auflage, Bonn 1996, S. 156–178.

UNO: »Übereinkommen zur Beseitigung jeder Form der Diskriminierung der Frau«, in: Menschenrechte. Dokumente und Deklarationen, 2. Auflage, Bonn 1996, S. 135–149.

UNO: Zusatzabkommen über die Abschaffung der Sklaverei, des Sklavenhandels und sklavereiähnlicher Einrichtungen und Praktiken. [http://www.admin.ch/opc/de/classified-compilation/19560177/200804150000/0.311.371.pdf]

UNO: Zusatzprotokoll zur Verhütung, Bekämpfung und Bestrafung des Menschenhandels, insbesondere des Frauen- und Kinderhandels, zum Übereinkommen der Vereinten Nationen gegen die grenzüberschreitende organisierte Kriminalität [http://www.un.org/Depts/german/uebereinkommen/ar55025anlage2-oebgbl.pdf]

Völkerbund (1926): Sklavereiabkommen. [http://www.admin.ch/opc/de/classified-compilation/19260034/index.html]

Literatur

»Hausa« (1993), in: Lexikon Alte Kulturen 2, hg. von Hellmut Brunner/Klaus Flessel/Friedrich Hiller, Mannheim u.a., S. 212–213.

»Kanem-Borno« (1993), in: Lexikon Alte Kulturen 2, hg. von Hellmut Brunner/Klaus Flessel/Friedrich Hiller, Mannheim u.a., S. 412–413.

»Kongo« (1993), in: Lexikon Alte Kulturen 2, hg. von Hellmut Brunner/Klaus Flessel/Friedrich Hiller, Mannheim u.a., S. 475–476.

»Luba« (1993), in: Lexikon Alte Kulturen 2, hg. von Hellmut Brunner/Klaus Flessel/Friedrich Hiller, Mannheim u.a., S. 577–578.

»Monomotapa« (1993), in: Lexikon Alte Kulturen 2, hg. von Hellmut Brunner/Klaus Flessel/Friedrich Hiller, Mannheim u.a., S. 678–679.

»Sklaverei« (1993), in: Lexikon Alte Kulturen 3, hg. von Hellmut Brunner/Klaus Flessel/Friedrich Hiller, Mannheim u.a., S. 402–404.

Ackerman-Lieberman, Phillip/Yilderim, Onur (2014): »Slavery, Slave Trade«, in: Encyclopedia of Jews in the Islamic World. hg. von Norman A. Stillman. Brill Online, 2014. Reference. Bayerische Staatsbibliothek München. 09.01.2014. [http://referenceworks.brillonline.com.encislam.emedia1.bsb-muenchen.de/entries/encyclopedia-of-jews-in-the-islamic-world/slavery-slave-trade-COM_000524]

Adams, Russel L.: »Slave Trade Ideology«, in: Encyclopedia of Race and Racism 3, hg. von John Hartwell Moor, Detroit u.a. 2008, S. 44–53.

Andreau, Jean (2004): »Der Freigelassene«, in: Der Mensch der römischen Antike, hg. von Andrea Geordina, Essen.

Anti-Slavery International (2014): »Bonded Labour« [http://www.antislavery.org/english/slavery_today/bonded_labour/default.aspx; 10.12.2014]

Aristoteles (1879): Politik, hg. von Franz Susemihl, Leipzig 1879.

Bales, Kevin (2001): Die neue Sklaverei, München.

Baltrusch, Ernst (1998): Sparta. Geschichte, Gesellschaft, Kultur, München.

Bergmann, Armin (2000): »Organisation Todt (OT)«, in: Enzyklopädie des Nationalsozialismus, hg. von Wolfgang Benz/Hermann Graml/Hermann Weiß, 2. Auflage, Berlin, S. 2138–2139. [Digitale Bibliothek 25]

Berteaux, Pierre (2004): Afrika. Von der Vorgeschichte bis zu den Staaten der Gegenwart (Fischer Weltgeschichte 32) Berlin. [Digitale Bibliothek 119]

Bouba, Aissatou (2005): »Sklaverei in deutschsprachigen Afrikareiseberichten«, in: Sklaven, Menschen, Rechte, hg. von Hans Jörg Sandkühler. Schriftenreihe der deutschen Abteilung Wissenskulturen, Transkulturalität, Menschenrechte des Europäischen UNESCO-Lehrstuhls für Philosophie 1, Paris.

Buchenberg, Wal (Hg.) (2009): Karl Marx-Lexikon. »Abfall« bis »Zusammenbruch« (Akademische Abhandlungen zu den Politischen Wissenschaften) Berlin.
Cacho, Lydia (2011): Sklaverei. Im Inneren des Milliardengeschäfts Menschenhandel, Bonn.
Cartledge, Paul A. (2014): »Sklavenhandel«, in: Der Neue Pauly. hg. von Hubert Cancik/Helmuth Schneider (Antike)/Manfred Landfester (Rezeptions- und Wissenschaftsgeschichte), Brill Online 2014. Reference. Bayerische Staatsbibliothek München, 09.01.2014. [http://referencework.brillonline,com,encislam,emedia1.bsb-muenchen.de/entries/der-neue-pauly/sklavenhandel-e1115000] First appeared online: 2006.
Campbell, Guyn: »Introduction: Slavery and other Forms of Unfree Labour in the Indian World«, in: Slavery & Abolition 24, S. IX–XXXII.
Cech, Brigitte (2010): Technik der Antike, Darmstadt.
Clauss, Manfred (1999): Das alte Israel. Geschichte, Gesellschaft, Kultur, München.
Clot, André (1990): Harun al-Raschid. Kalif von Bagdad, München.
Codex Hammurabi (2009): Codex Hammurabi. Die Gesetzesstele Hammurabis. In der Übersetzung von Wilhelm Eilers, Wiesbaden.
Dandamaev, Muhammad A. (1984): Slavery in Babylonia. From Nabopolassar to Alexander the Great (626–331 B.C.), Illinois.
Delacampague, Christan (2002): Die Geschichte der Sklaverei, Düsseldorf/Zürich.
Demandt, Alexander (1995): Antike Staatsformen. Eine vergleichende Verfassungsgeschichte der Alten Welt, Berlin.
Denzler, Georg/Andresen, Carl (2003): Wörterbuch der Kirchengeschichte, Berlin. [Digitale Bibliothek 81]
Die Bibel oder die ganze Heilige Schrift des Alten und Neuen Testaments nach der Übersetzung Martin Luthers. Revidierter Text 1975, Stuttgart 1978.
Dietrich, Walter u.a. (2000): »Sklaverei«, in: Theologische Realenzyklopädie 31, hg. von Horst Balz u.a., Berlin/New York, S. 367–396.
Eckert, Andreas (2011): »Der langsame Tod der Sklaverei. Unfreie Arbeit und Kolonialismus in Afrika im späten 19. und 20. Jahrhundert«, in: Sklaverei und Zwangsarbeit zwischen Akzeptanz und Widerstand (Sklaverei. Zwangsarbeit. Untersuchungen zur Sozial-, Rechts- und Kulturgeschichte, hg. von Elisabeth Herrmann-Otto) Hildesheim/Zürich/New York, S. 309–322.
Eiber, Ludwig (2000): »Verfolgung«, in: Enzyklopädie des Nationalsozialismus, hg. von Wolfgang Benz/Hermann Graml/Hermann Weiß, 2. Auflage, Berlin, S. 662–713. [Digitale Bibliothek 25]
Eliade, Mircea/Culianu, Ioan P. (2010): Handbuch der Religionen, Berlin.
Eurostat: Trafficking in Human Beings 2014 [http://epp.eurostat.ec.europa.eu/cache/ITY_OFFPUB/KS-TC-14-008/EN/KS-TC-14-008-EN.PDF]

Finkelman, Paul (2008): »Slave Codes«, in: Encyclopedia of Race and Racism 3, Detroit u.a., S. 42–44.

Finkenauer, Thomas (2010): Die Rechtsetzung Mark Aurels zur Sklaverei (Abhandlungen der Geistes- und sozialwissenschaftlichen Klasse) Mainz/Stuttgart.

Flacelière, Robert (1979): Griechenland. Leben und Kultur in klassischer Zeit, 2. Auflage, Stuttgart.

Flach, Dieter (Hg.) (2004): Das Zwölftafelgesetz. Leges XII Tabularum (Texte zur Forschung 83), Darmstadt.

Flaig, Egon (2011): »Sklaverei«, in: Politische Theorie und Politische Philosophie. Ein Handbuch, hg. von Martin Hartmann/ Claus Offe, München, S. 301–304.

Freamon, Bernard K. (2007): »Ideological Origins of Antislavery Thought«, in: Encyclopedia of Antislavery and Abolition 1, hg. von Peter Hinks/John McKivigan, Westport/London, S. 345–357.

Gardinier, David E. (1994): Historical Dictionary of Gabon (African Historical Dictionaries 58) 2. Auflage, Metuchen/London.

Geulen, Christian (2007): Geschichte des Rassismus, Bonn.

Gore, Al (2013): Die Zukunft. Sechs Kräfte, die unsere Welt verändern, München.

Gruner, Wolf (1998): »Zwangsarbeit«, in: Enzyklopädie des Nationalsozialismus, hg. von Wolfgang Benz/Hermann Graml/Hermann Weiß, 2. Auflage, Berlin, S. 2927–2931. [Digitale Bibliothek 25]

Hamilton, Robert (2005): Das Alte Ägypten. Reich der Pharaonen, Bath.

Heideking, Jürgen (2009): »Vereinigte Staaten von Amerika: Bürgerkrieg und Reconstruction«, in: Der Brockhaus multimedial premium, Mannheim.

Heine, Peter (2001): »Sklaven«, in: Lexikon des Islam. Geschichte, Ideen, Gestalten, Berlin. [Digitale Bibliothek 47]

Heinrichs, Johannes (2014): »Peculium«, in: Der Neue Pauly. hg. von Hubert Cancik/Helmuth Schneider (Antike)/Manfred Landfester (Rezeptions- und Wissenschaftsgeschichte), Brill Online 2014. Reference. Bayerische Staatsbibliothek München, 10.01.2014. [http://referenceworks.brillonline.com.pauly.emedia1.bsb-muenchen.de/entries/der-neue-pauly/peculium-e911190] First appeared online: 2006.

Hellie, Richard (2009): »Slavery«, in: Encyclopedia Britannica. Ultimate Reference Suite, Chicago.

Herodot (2011): Neun Bücher zur Geschichte. Vollständige Ausgabe, 3. Auflage, Wiesbaden.

Herrin, Judith (2001): »Die Krise des Ikonoklasmus«, in: Byzanz, hg. von Franz Georg Maier, 11. Auflage, Hamburg, S. 90–138.

Herrmann-Otto, Elisabeth (2011): »Einführung«, in: Sklaverei und Zwangsarbeit zwischen Akzeptanz und Widerstand (Sklaverei. Knechtschaft. Zwangsarbeit. Untersuchungen zur Sozial-, Rechts-

und Kulturgeschichte, hg. von ders.) Hildesheim/Zürich/NewYork, S. IX–XXIII.

Hiltbrunner, Otto (1995): Kleines Lexikon der Antike. Umfassend die griechisch-römische Welt von ihren Anfängen bis zum Beginn des Mittelalters (6. Jahrhundert n. Chr.), 6. Auflage, Tübingen/Basel.

Hitler, Adolf (1936): Mein Kampf, München.

Hobbes, Thomas (2004): »Grundzüge der Philosophie«, in: Philosophie von Platon bis Nietzsche, 3. Auflage, Berlin, S. 12887–13724. [Digitale Bibliothek 2]

Hofbauer, Andreas (1989): Afro-Brasilien – Vom »Quilombo« zum »Quilombismo«. Vom Kampf gegen die Sklaverei zur Suche nach einer neuen kulturellen Identität (Kleine wissenschaftliche Bibliothek 1) Frankfurt (Main).

Hughes, Thomas Patrick (1995): Lexikon des Islam, Wiesbaden.

Hurst, G. Cameron (2009): »Japan«, in: Encyclopedia Britannica. Ultimate Reference Suite, Chicago.

International Labor Organisation (2013): »Measurement of Forced Labor. Opportunities and Challenges«.

Irsigler, Franz (2011): »Wann wird aus servus = Sklave servus = Knecht?«, in: Sklaverei und Zwangsarbeit zwischen Akzeptanz und Widerstand (Sklaverei. Zwangsarbeit. Untersuchungen zur Sozial-, Rechts- und Kulturgeschichte, hg. von Elisabeth Herrmann-Otto), Hildesheim/Zürich/New York, S. 60–74.

Jacobi, Felix (1923ff.): Die Fragmente der griechischen Historiker, Berlin.

James, W. Martin (2004): Historical Dictionary of Angola (Historical Dictionaries of Africa 92) Lanham/Toronto/Oxford.

Jansen, Klaus (2013): »Kampfansage gegen Sklaverei«, in: Deutsche Welle (19.10.2013) [http://www.dw.de/kampfansage-gegen-sklaverei/a-17169533]

Kant, Immanuel (1784): »Beantwortung der Frage: ›Was ist Aufklärung?‹«, in: Berlinische Monatsschrift, S. 481–494.

Kant, Immanuel (1802): Physische Geographie 2, Königberg.

Kessler, Rainer (2006): »Knechtschaft (AT)«, in: Das Wissenschaftliche Bibellexikon im Internet (www.wibilex.de), hg. von Michaela Bauks/Klaus Koenen/Stefan Alkier (10.12.2014)

Klein, Richard (1988): Die Sklaverei in der Sicht der Bischöfe Ambrosius und Augustinus (Forschungen zur antiken Sklaverei XX, hg. von Heinz Bellen), Wiesbaden.

Konetzke, Richard (2004): Süd- und Mittelamerika I. Die Indianerkulturen Altamerikas und die spanisch-portugiesische Kolonialherrschaft (Fischer Weltgeschichte 22) Berlin. [Digitale Bibliothek 119]

Krause, Jens-Uwe (2014): »Colonatus«, in: Der Neue Pauly. hg. von Hubert Cancik/Helmuth Schneider (Antike)/Manfred Landfester (Rezeptions- und Wissenschaftsgeschichte), Brill Online 2014. Refe-

rence. Bayerische Staatsbibliothek München, 10.01.2014. [http://referenceworks.brillonline.com.pauly.emedia1.bsb-muenchen.de/entries/der-neue-pauly/colonatus-e303020] First appeared online: 2006.
Kuhn, Dieter (1991): Status und Ritus. Das China der Aristokraten von den Anfängen bis zum 10. Jahrhundert nach Christus (Würzburger Sinologische Schriften, hg. von dems.) Heidelberg.
Laudan, Zbigniew (1998): »Zwangsarbeit: Juden im besetzten Polen«, in: Enzyklopädie des Holocaust. Die Verfolgung und Ermordung der europäischen Juden 3, hg. von Israel Gutman u.a., 2. Auflage, München, S. 1643–1644.
Lebecq, S.u.a. (2002): »Sklave«, in: Lexikon des Mittelalters 7, München, Sp. 1977–1987.
Lobban Jr., Richard A.: »Slavery, Racial«, in: Encyclopedia of Race and Racism 3, hg. von John Hartwell Moor, Detroit u.a., S. 53–60.
Luczak, Czeslaw (1998): »Zwangsarbeit: Fremdarbeiter«, in: Enzyklopädie des Holocaust. Die Verfolgung und Ermordung der europäischen Juden 3, hg. von Israel Gutman u.a., 2. Auflage, München, S. 1640–1642.
Lobban, Richard/Halter, Marilyn: Historical Dictionary of the Republic of Cape Verde (African Historical Dictionaries 42) 2. Auflage, Metuchen/London.
Lobban, Richard A. u.a. (2002): Historical Dictionary of the Sudan (African Historical Dictionaries 85) 3. Auflage, Lanham/London.
Lovejoy u.a. (2008): »Slavery and Race«, in: Encyclopedia of Race and Racism 3, hg. von John Hartwell Moor, Detroit u.a., S. 60–66.
Luther, Martin (2008): »Von der Freiheit eines Christenmenschen«, in: Klassiker des Protestantismus, hg. von Christel Matthias Schröder, Berlin, S. 1179–1194. [Digitale Bibliothek 36]
Mattes, Claudio (2006): »Voodoo«, in: Religionen der Welt, hg. von Christoph Auffahrt/Jutta Bernard/Hubert Mohr, Stuttgart, S. 307–310.
Mattes, Claudio (2006a): »Afro-amerikanische Religionen«, in: Religionen der Welt, hg. von Christoph Auffahrt/Jutta Bernard/Hubert Mohr, Stuttgart, S. 3–5.
Mauder, Karl (2009): »Sklaverei. Geißel der Menschheit«, in: Brockhaus multimedial premium, Mannheim.
Mauersberger, Arno (2009): »Erläuterungen«, in: Tacitus: Germania, Köln, S. 141–188.
Mays, Terry M. (2005): Historical Dictionary of Revolutionary America (Historical Dictionaries of U. S. Historical Eras 3) Lanham.
Mazower, Mark (2010): Hitlers Imperium. Europa unter der Herrschaft des Nationalsozialismus, Bonn.
Meillasoux, Claude (1989): Anthropologie der Sklaverei, Frankfurt (Main)/New York.
Mommsen, Theodor (1899): Römisches Strafrecht, Leipzig 1899.

Morus, Thomas (1995): Utopia, Stuttgart
Münkler, Herfried/Münkler, Marina (2005): Lexikon der Renaissance, München.
Nehlsen, Hermann (1972): Sklavenrecht zwischen Antike und Mittelalter. Germanisches und römisches Recht in den germanischen Rechtsaufzeichnungen (Göttinger Studien zur Rechtsgeschichte 7) Göttingen.
Neumann, Hans u.a. (2014): »Sklaverei«, in: Der Neue Pauly. hg. von Hubert Cancik/Helmuth Schneider (Antike)/Manfred Landfester (Rezeptions- und Wissenschaftsgeschichte), Brill Online 2014. Reference. Bayerische Staatsbibliothek München, 09.01.2014. [http://referenceworks.brillonline.com.encislam.emedia1.bsb-muenchen.de/entries/der-neue-pauly/sklaverei-e1115060] First appeared online: 2006.
Onken, Björn (2014): »Spartacus«: Der Neue Pauly. hg. von Hubert Cancik/Helmuth Schneider (Antike)/Manfred Landfester (Rezeptions- und Wissenschaftsgeschichte), Brill Online 2014. Reference. Bayerische Staatsbibliothek München, 10.01.2014. [http://referenceworks.brillonline.com.pauly.emedia1-bsb-muenchen.de/entries/der-neue-pauly/spartacus-e1118620] First appeared online: 2006.
Opitz, Peter J. (2007): Die Vereinten Nationen. Geschichte, Struktur, Perspektiven, 5. Auflage, München.
Patterson, Orlando (1982): Slavery and Social Death. A Comparative Study, Cambridge.
Pazzonita, Anthony G./Hodges, Tony (1994): Historical Dictionary of Western Sahara (African Historical Dictionaries 55) 2. Auflage, Metuchen/London.
Pierers Universal-Lexikon (2005), 4. Auflage (1857–1865) Berlin. [Digitale Bibliothek 115]
Pinker, Steven (2011): Gewalt. Eine neue Geschichte der Menschheit, Bonn.
Platon (1862): Nomoi, nach der Übersetzung von Franz Susemihl, Stuttgart [http://www.opera-platonis.de/Nomoi.html]
Pleticha, Heinrich (Hg.) (1988): Sklaven für Havanna. Der Lebensbericht des Sklavenhändlers Theodore Canot 1826–1839, Stuttgart/Wien.
Ploetz, Carl (Begr.) (2002): Der Große Ploetz. Die Daten-Enzyklopädie der Weltgeschichte. Daten, Fakten, Zusammenhänge, 33. Auflage, Köln 2002.
Pohl, Dieter (1998): »Zwangsarbeit: Juden in der Sowjetunion«, in: Enzyklopädie des Holocaust. Die Verfolgung und Ermordung der europäischen Juden 3, hg. von Israel Gutman u.a., 2. Auflage, München, S. 1644–1646.
Poliakow, Léon/Wulf, Josef (1983): Das Dritte Reich und seine Denker, Berlin/Wien.
Ptolemaios, Claudios (1995): Tetrabiblos. Nach der von Philipp Melanchthon besorgten seltenen Ausgabe aus dem Jahre 1553, Mössingen.

Quintern, Detlev (2005): »Der Kampf gegen die Sklaverei und die Revolution in Haiti 1791–1804, in: Sklaven Menschen Rechte, hg. von Hans Jörg Sandkühler, Bremen, S. 65–86.

Rehork, Joachim (1996): »Sklavenbestattung«, in: Enzyklopädie der Archäologie, hg. von Glyn Daniel, Hamburg, S. 421.

Renger, Johannes u.a. (1914): »Kriegsgefangene«, in: Der Neue Pauly. hg. von Hubert Cancik/Helmuth Schneider (Antike)/Manfred Landfester (Rezeptions- und Wissenschaftsgeschichte), Brill Online 2014. Reference. Bayerische Staatsbibliothek München, 09.01.2014. [http://referenceworks.brillonline.com.pauly.emedia1.bsb-muenchen.de/entries/der-neue-pauly/kriegsgefangene-e623040] First appeared online: 2006.

Riché, Pierre (1984): Die Welt der Karolinger, 2. Auflage, Stuttgart.

Rieger, Günter (2004): »Rassismus«, in: Lexikon der Politik 1, hg. von Dieter Nohlen, Berlin, S. 1209–1225. [Digitale Bibliothek 79]

Rinke, Stefan/Fischer, Georg/Schulze, Frederik (Hg.) (2009): Geschichte Lateinamerikas vom 19. bis zum 21. Jahrhundert. Quellenband, Stuttgart.

Rönicke, Mandy (2013): Die Multikausalität moderner Sklaverei. Ein theoretischer und empirischer Diskurs anhand ausgewählter Fallbeispiele (Chemnitzer Schriften zur europäischen und internationalen Politik 4, hg. von Beate Neuss) Hamburg.

Rösener, Werner (1985): Bauern im Mittelalter, München.

Rousseau, Jean-Jacques (2004): »Der Gesellschaftsvertrag oder die Grundsätze des Staatsrechts«, in: Philosophie von Platon bis Nietzsche, 3. Auflage, Berlin, S. 21141–21380. [Digitale Bibliothek 2]

Sandburg, Carl (1984): Abraham Lincoln. Heldentum und Legende, München.

Schefold, Bertram (2012): »Platon (428/427–348/347) und Aristoteles (384–322)«, in: Klassiker des ökonomischen Denkens I: Von Platon bis John Stuart Mill, Hamburg, S. 19–55.

Schiemann, Gottfried (2014): »Freilassung«, in: Der Neue Pauly. hg. von Hubert Cancik/Helmuth Schneider (Antike)/Manfred Landfester (Rezeptions- und Wissenschaftsgeschichte), Brill Online 2014. Reference. Bayerische Staatsbibliothek München, 10.01.2014. [http://referenceworks.brillonline.com.pauly.emedia1.bsb-muenchen.de/entries/der-neue-pauly/freilassung-e414860] First appeared online: 2006

Schmoldt, Hans (2000): Biblische Geschichte. Chronologie – Texte – Analysen, Stuttgart.

Schneiders, Werner (1995): »Das Zeitalter der Aufklärung«, in: Lexikon der Aufklärung. Deutschland und Europa, hg. von dems., München, S. 9–23.

Schuller, Wolfgang (2009): »Griechische Städte und Staaten«, in: Der Brockhaus multimedial premium, Mannheim.

Smith, Adam (1996): Vorlesungen über Rechts- und Staatswissenschaften (Klassiker der Freiheit 2) Sankt Augustin.
Séjourne, Laurette (2004): Altamerikanische Kulturen (Fischer Weltgeschichte 21) Berlin. [Digitale Bibliothek 119]
Slavery Footprint: »How many slaves work for you?« [http://slaveryfootprint.org/]
Tacitus (2009): Germania, Köln.
Thébert, Yvon (2004): »Der Sklave«, in: Der Mensch der römischen Antike, hg. von Andrea Giordina, Essen.
Thukydides (2009): Der Peloponnesische Krieg, Stuttgart.
Tschizewski, Dmitri (1961): Rußland zwischen Ost und West. Russische Geistesgeschichte 2: 18.–20. Jahrhundert, Reinbek bei Hamburg.
Tworuschka, Monika/Tworuschka, Udo (1996): Religionen der Welt. Grundlagen, Entwicklungen und Bedeutung in der Gegenwart, München.
Walk Free Foundation (2013): Global Slavery Index 2013. [http://www.ungift.org/doc/knowledgehub/resource-centre/2013/GlobalSlaveryIndex_2013_Download_WEB1.pdf]
Walk Free Foundation (2014): Global Slavery index 2014. [http://d3mj66ag90b5 fy.cloudfront.net/wp-content/uploads/2014/11/Global_Slavery_Index_2014_final_lowres.pdf]
Walter, Rolf (2009): »Sklavenhandel: Menschen als Ware«, in: Der Brockhaus multimedial 2009, Mannheim.
Weiss, Eberhard (1978): Propyläen Geschichte Europas 4: Der Durchbruch des Bürgertums 1776–1847, Frankfurt (Main).
Welles, C. Bradford (1960–1964): »Die hellenistische Welt«, in: Propyläen Weltgeschichte 3: Griechenland. Die hellenistische Welt, hg. von Golo Mann u.a., S. 401–552.
Welwei, Karl-Wilhelm (1974): Unfreie im antiken Kriegsdienst (Forschungen zur antiken Sklaverei V, hg. von Joseph Vogt/Hans Ulrich Instinsky) Wiesbaden.
Wendland, H.-D. (1962): »Sklaverei und Christentum«, in: Religion in Geschichte und Gegenwart 6, hg. von Kurt Galling, 3. Auflage, S. 101–104.
Widmann, Peter (2000): »Fremdarbeiter«, in: Enzyklopädie des Nationalsozialismus, hg. von Wolfgang Benz/Hermann Graml/Hermann Weiß, 2. Auflage, Berlin, S. 1400–1401. [Digitale Bibliothek 25]
Windfuhr, Michael (1997): »Globalisierung«, in: Lexikon der Politik 4, hg. von Dieter Nohlen, Berlin, S. 4770–4786. [Digitale Bibliothek 79]